図解

日本人なら知っておきたい しきたり大全

岩下宣子

講談社

はじめに

現代人は、時間に追われ、かなり忙しくしているようです。忙しいという漢字の「りっしんべん」は、心を表し、それが亡くなるので、「心を亡くす」と教わったことがあります。忙しさのあまり心を亡くした現代人は、人に対して寛容でなくギスギスしているように思います。この本は、そのような方にも是非お読みいただいて、一服の清涼剤になればと願っています。

日本人には、**「ハレ」**と**「ケ」**の考え方があります。ハレとは、**晴れ着**とか**晴れの日**というように**お祝いや五節供**などの特別な日です。それに対してケとは普段の生活、日常のことをいいます。

ハレの日に晴れ着を着て、美味しいご馳走を食べて心と体のエネルギーを充電し、発散してまた普段の生活に戻るということをくり返してきました。平凡な日常があるからハレの日が輝くのです。ケばかり続いてもつまりませんし、ハレの日ばかり続いても疲れてしまいます。

伝統行事は、家族総出で用意します。家族で力を合わせて作り上げていくのが日本の伝統行事です。それをしないと**伝統文化の継承**にもなりません。それがまた、よい思い出になっていたのだと思います。**七夕**のときは、皆でそれぞれの想いを短冊に書いてつるしたね。**お月見**のときこんなことをしたね……お金で買えない**宝物のような思い出**が伝統行事を通じてたくさんできます。

また、自然の中で生きている私たちにとって、**二十四節気や七十二候**などの暦は、**心を豊かにしてくれる**ものです。**月の満ち欠け**を知るだけでも心が豊かになります。

七十二候を開くと、**「桃始めてさく」**とか**「桜始めて開く」**とか**「菊の花開く」**など季節の先取りもできますし、より季節を味わうこともできます。**心豊かな一年**がおくれるようになります。

今の日本の若者は、外国の方の質問に答えられない人が多いと聞いています。例えば、「三人官女が持っている提子《ひさげ》や長柄は、どのような役割で持っているのですか?」と訊かれて、皆さんは答えられますか。ひな壇では、向かって左にいる人より、右にいる人のほうが格が高いのです。日本は内裏雛から見て左上位の考え方だからです。向かって右、内裏雛から見て左にいる官女が持っている長柄は本酌です。お酌をするためです。提子は長柄にお酒がなくなったときに補給する道具です。

長柄を持った官女と提子を持った官女とどちらが格が上かといったら、偉い人に直接お酌ができる長柄のほうが格が上になるので向かって右（内裏様から見て左）に飾るのです。

世界中で多くの方が日本に興味をもってくださっています。その方たちに**日本の伝統の意味**を伝えられる皆様になっていただけたらと存じます。

イラストは花札の絵が好きな私好みにしてくださいました。あらためて講談社の藤枝部長、デザインを考えてくださった稲田様、片柳様にお礼申し上げます。

岩下宣子

金木犀のかおる10月

図解 日本人なら知っておきたい しきたり大全 目次

人生儀礼　人生の節目のお祝い

本書について

二十四節気・七十二候や年中行事などの日付、「旧暦」「新暦」について、本書では以下のように定義して表記しています。

●二十四節気・七十二候（P18〜95）の表記と日付は、国立天文台図書室所蔵の文献『懐中要便 七十二候略暦』、日付は、国立天文台2019年度発表に従っています。

●旧暦と新暦の定義
日本での改暦が施行された1873年1月1日以降を「新暦」、それ以前に使用されていた暦法を「旧暦」としています。※以下（　）内は旧暦の日付

旧暦　天保暦　1872年12月31日まで使用されていた暦法
1844年2月18日（天保十五年一月一日）〜1872年12月31日（明治五年十二月二日）まで約29年間使用された「太陰太陽暦」による暦法。「天保壬寅元暦（てんぽうじんいんげんれき）」と呼ぶこともあります。

新暦　グレゴリオ歴　日本では1873年1月1日から使用されている暦法
現在の日本では、1872年12月31日（明治五年十二月二日）まで使用していた太陰太陽暦の天保暦を指して「旧暦」と呼ぶとき、現在使用している「太陽暦」であるグレゴリオ暦を「新暦」と呼びます。

●旧暦の日付は漢数字、新暦は算用（アラビア）数字で表記しています。※例外として「令和1年（2019年）」は、慣例に基づき、新暦での表記を「令和元年」としています。

●行事や祝祭日は、地域のしきたりによって異なることや、その年の状況で主催者に変更される場合があります。

「金封」は、お祝いや香典などの現金を包む際に使う祝儀・不祝儀袋のこと、「白無地袋・封筒」は、のしも水引もついていない和紙の袋、または封筒のことです。

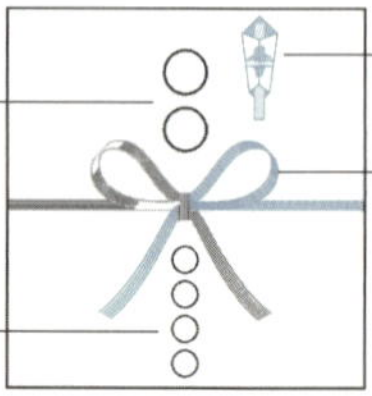

表書き
印刷されている場合もあるが、正式には毛筆で手書きする
名入れ
贈り主の姓名を書くのが基本
のし
水引
金封、掛け紙（のし紙）ともに、印刷された物は略式、水引を結び、折りのしを添えるのが正式

●「表書き」は、一般によく使われるものを記しています。複数ある場合は、どれを使用してもかまいません。

●贈り物やお祝い金の金額は、相手との関係性や地域のしきたりによって変わりますが、本書では参考として、目安額を紹介しています。

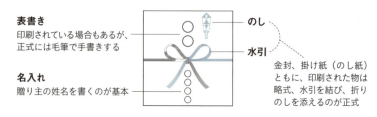

季節のしきたり

二十四節気　七十二候
暮らしと暦　年中行事

旧暦について——二十四節気と七十二候

しきたりや行事を理解するために知っておきたい和の暦

旧暦とは、月の満ち欠けによる太陰暦と、太陽暦を取り入れて作られた「太陰太陽暦」のこと。明治6年（1873年）の改暦で「新暦（グレゴリオ暦）」になるまで、季節や行事の基準として長い間親しまれた日本の暮らしの暦です。

太陰暦　たいいんれき

月の満ち欠けをもとに日を数える暦法。季節感にズレが生じる。

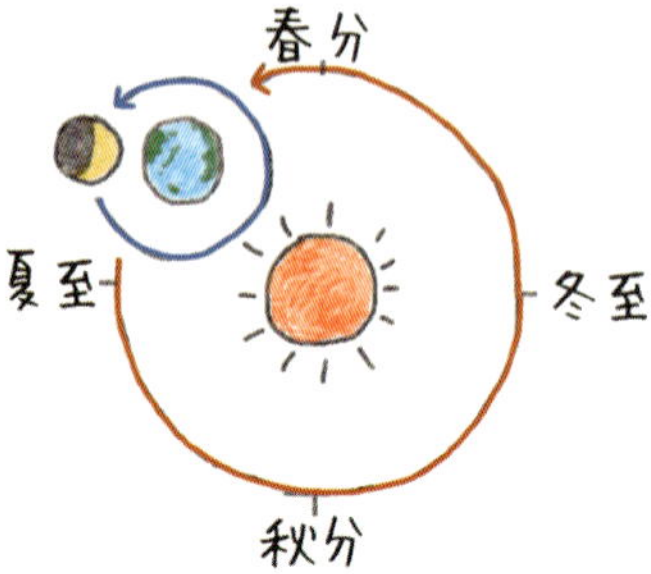

太陽暦　たいようれき

太陽の運行をもとにした暦法。「二十四節気」などの指標を取り入れ、季節と調和させている。

月が新月から次の新月になるまでを1ヵ月とする「太陰暦」。地球が太陽のまわりを一周する時間の長さを1年とする「太陽暦」。日本の「旧暦」は、この2つを取り入れた「太陰太陽暦」です。

「二十四節気」は、太陽の運びをもとに季節を知る目安としたもの。1つの節気は約15日間、大きく春夏秋冬の4つに分けています。「七十二候」は、一つの「節気」を3段階に分け、より詳しい季節の指標を示したものです。

二十四節気《にじゅうしせっき》

二十四節気は太陽の動きをもとにしています。毎年同じ時期に同じ節気が巡ってきますが、第１日目の日付は毎年同じとは限りません。一つの節気は約15日間。間隔が一定で半年ごとの季節変化に対応できるので、天候に左右される農業の目安として重用されました。

各節気には天候や生き物の様子を表す名前がつけられ、季節を知るよりどころとして年中行事や時候の挨拶など暮らしの中のさまざまなことに取り入れられています。

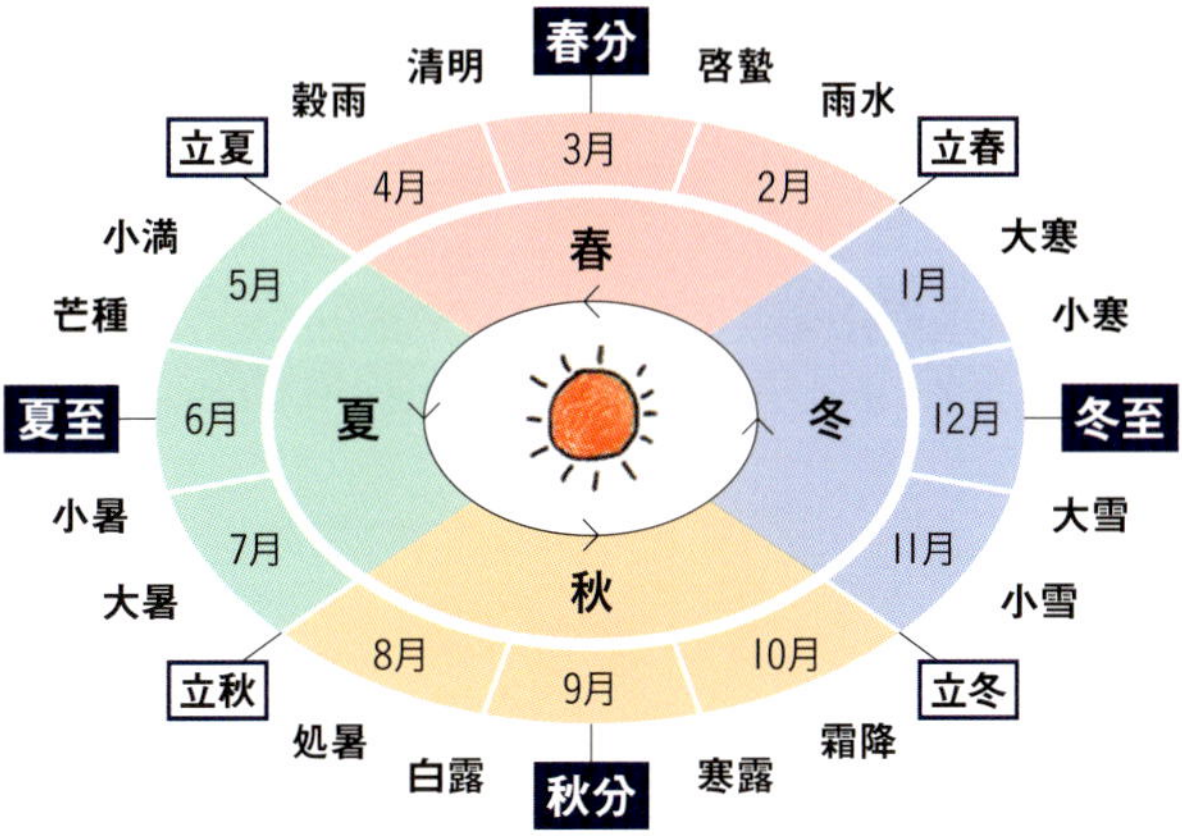

七十二候《しちじゅうにこう》

「二十四節気」をさらに約5日おきに分けて、気象の動きや動植物の変化を知らせるのが「七十二候」です。日本の気候風土に合うように何度も改定され、気候の変化や動植物の様子を短文で表現しています。

旧暦と新暦の日付の表記について

本書では、旧暦と新暦の日付を以下のように表記しています。
旧暦→漢数字　例：三月二十日　新暦→算用数字（アラビア数字）例：3月20日

旧暦と新暦の日付のズレ幅はほぼ1ヵ月、その年によって異なります。
例：春分　2020年（令和2年）の場合
新暦3月20日→旧暦二月二十六日　旧暦三月二十日→新暦4月12日

明治6年（1873年）1月1日の改暦以降、原則として季節の節目や伝統行事は、旧暦の日付をそのまま新暦に置き換えています。こうした新旧の暦のズレに加え、旧暦は、古代中国の華北地方の気候風土をもとに作られたため、現代日本の季節感とは大きくズレている点があります。

二十四節気　七十二候

春

立《りっ》春《しゅん》

正月節

2月4日（節分の翌日）頃から2月18日頃まで

寒さも峠を越え、春の気配が感じられる頃

この日から暦のうえでは春となり、さまざまな決まりごとや節目の基準になります。旧暦では立春近くに正月が巡ってきたので、立春は春の始まりであり、一年の始まりでもありました。

二十四節気の最初の節気で、この日から暦のうえでは「春」。さまざまな決まりごとや節目の基準になっています。旧暦では立春近くに正月が巡ってきたので、立春は春の始まりであり、一年の始まりでもありました。まだまだ寒さは厳しいですが、立春を過ぎてから初めて吹く強い南風を「春一番」といいます。

関連事項

2月　如月↓P74

二十四節気 第一節　立春　七十二候

初候　第一候　2月4日頃

東風解氷《はるかぜこおりをとく》

春の風が川や湖の氷を解かし始める頃。「東風（こち）」とは春風を表す代名詞。

次候　第二候　2月9日頃

黄鶯睍睆《うぐいすなく》

山里で鶯が鳴き始める頃。春の訪れを告げる鶯は「春告鳥（はるつげどり）」とも呼ばれる。

末候　第三候　2月14日頃

魚上氷《うおこおりをいずる》

水がぬるみ、割れた氷の間から魚が飛び跳ねる頃。春先の氷を「薄氷（うすごおり）」と呼ぶ。

啓蟄 ←―― 雨水 ←―― 立春　節分　大寒 ← 冬至 ← 立冬

初春：2月4日～3月5日頃
※節分が2月3日の場合

一年で最も昼の短い日である冬至と、昼と夜の長さがほぼ同じ日である春分の中間に設けられたのが立春です。

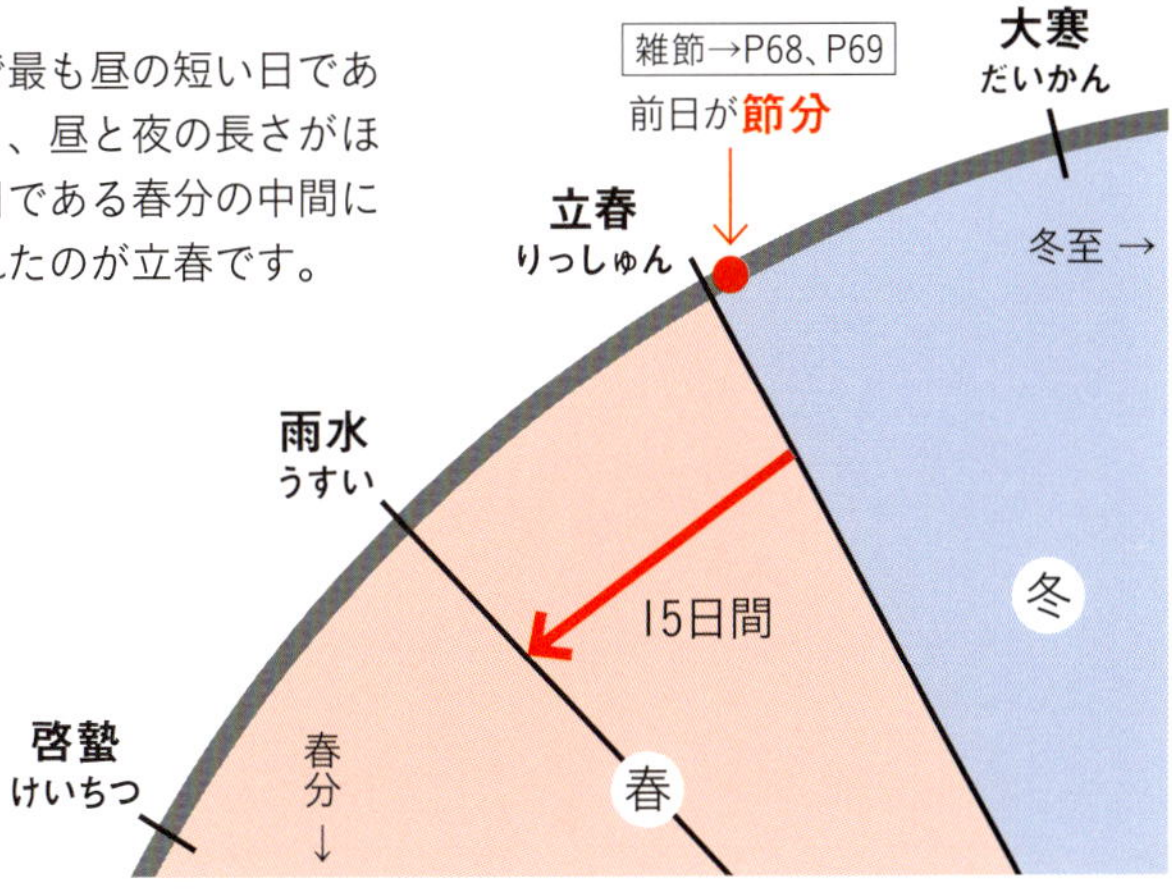

雑節→P68、P69
前日が節分
大寒《だいかん》
立春《りっしゅん》
冬至 →
雨水《うすい》
15日間
冬
春
啓蟄《けいちつ》
春分 ↓

二十四節気　七十二候

春

雨《う》水《すい》

正月中

2月19日頃から
3月5日頃まで

雪や氷が解け始め、雪が雨に変わる頃

昔から、農耕の準備を始める目安とされてきました。大雪が降るほど寒い日が3日続くと、その後4日間ぐらいは春めいた暖かい日が続く「三寒四温」をくり返しながら、だんだん暖かくなり、春へと向かいます。

冷たい雪が暖かい雨へと変わる頃。山に積もった雪がゆっくりと解け出して、田畑を潤します。春本番はまだ先ですが、雨水の頃は、霧やもやが現れては消え、野山の情景に趣が加わります。

また、雛祭りは昔は水に関する行事だったことから、雨水の日に雛人形を飾ると、良縁に恵まれるといわれています。

関連事項

3月　弥生→P76

二十四節気 第二節　雨水　七十二候

初候　第四候　2月19日頃

土脉潤起《つちのしょううるおいおこる》

雪が春の雨に変わり、大地が潤い始める頃。「脉」は、山や川が筋だって続く様を表す「脈」の俗字（民間で通用する異体字）。

次候　第五候　2月24日頃

霞始靆《かすみはじめてたなびく》

大気中に細かな水滴やちりが増え、春霞がたなびき始める頃。春の霞んだ月を「朧月（おぼろづき）」と呼ぶ。

末候　第六候　3月1日頃

草木萌動《そうもくめばえいずる》

暖かい日差しに誘われるかのように、草木が芽吹き始める頃。草の芽が萌え出すことを「草萌え（くさもえ）」という。

季節は3段階で移ろいゆく

一月	初春《しょしゅん》	立春 →	雨水
二月	仲春《ちゅうしゅん》	啓蟄 →	春分
三月	晩春《ばんしゅん》	清明 →	穀雨

二十四節気では、四季をそれぞれ「気」という6つの段階に分類。さらに、各気を2つずつの組にして、季節の移ろいを「初・仲・晩」の3区分でとらえる呼び方もあります。

二十四節気　七十二候

春

啓《けい》蟄《ちつ》

二月節

3月6日頃から
3月20日頃まで

冬ごもりしていた生き物が這い出てくる頃

「啓」は「開く」、「蟄」は、虫だけではなく冬ごもりをする生き物すべてを表しています。生き物たちがやっと冬眠から目覚める頃。日ごとに暖かくなり、春らしさを感じられるようになっていきます。

　立春を過ぎて初めての雷は「初雷」「春雷」。冬眠していた生き物が目覚める時期でもあり、この頃の雷は、「虫出しの雷」とも呼ばれますが、夏のような激しさはありません。春雷は、春の到来を告げるめでたいものとされる一方、ときに雹や雪をもたらすことも。春本番はもう少し先、生き物たちが活動を始めるのは木々の若芽が芽吹き、草花の蕾が開く頃です。

関連事項

3月　弥生→P76

二十四節気 第三節 啓蟄 七十二候

初候 第七候 3月6日頃

蟄虫啓戸《すごもりむしとをひらく》

戸を開（啓）いて顔を出すかのように、冬ごもりをしていた生き物が姿を現す頃。

次候 第八候 3月11日頃

桃始笑《ももはじめてさく》

桃の花が咲き始める頃。花が咲くことを「笑う」と表現、「山笑う」は春の季語。

末候 第九候 3月16日頃

菜虫化蝶《なむしちょうとなる》

青虫が紋白蝶になる頃。「菜虫」は菜を食べる青虫のこと。菜の花が咲いてまさに春本番。

啓蟄は雷の多い時期

啓蟄の頃は大気が不安定になりやすく、突然雷が鳴り響くことがあります。

雷鳴は急速に膨張した大気が音速を超えたときに生じる巨大なエネルギーの衝撃波。

大和言葉（和語）では

神鳴り《カミナリ》

古来、雷は神が鳴らすものと信じられていました。気象用語でも、雷は「雷電（雷鳴および電光）がある状態」、つまり「音」を伴うものとされ、昔から絵画や彫刻に描かれる雷神は、太鼓を背負い、手にバチを握っています。

二十四節気　七十二候

春

春《しゅん》分《ぶん》

二月中

3月21日頃から
4月4日頃まで

初日は昼夜がほぼ等しくなる日。春本番を感じる頃

太陽が真東から昇って真西に沈み、昼夜がほぼ等しくなる春分の初日は、春の彼岸の中日にあたります。春と秋、年2回のお彼岸にお墓参りをする風習は、現在でもしっかり日本人の生活に定着しています。

二十四節気では、節気の名称が、その節の初日をさすことが多くあります。「春分」も、初日が昼と夜がほぼ同じ長さになる「春分の日」。現在でも、季節の節目を示す言葉に使われ、〝生き物をいつくしむ日〟として国民の祝日に定められています。また「春分の日」をはさんで前後3日間は春の彼岸。うららかな春日和が続く時期です。

関連事項

3月　弥生→P76

二十四節気 第四節 春分 七十二候

初候 第十候 3月21日頃

雀始巣《すずめはじめてすくう》

雀が巣を作り始める頃。昼の時間が少しずつ延び、多くの小鳥たちが繁殖期を迎える。

次候 第十一候 3月26日頃

桜始開《さくらはじめてひらく》

桜の花が咲き始める頃。桜前線の北上を日本中が待ち望む、お花見の季節の到来。

末候 第十二候 3月31日頃

雷乃発声《かみなりこえをはっす》

春の訪れを告げる雷が鳴り始める頃。この頃の雷は「虫出しの雷」とも呼ばれる。

［春の彼岸］お墓参りで先祖を偲ぶ

国民の祝日「春分の日」は、二十四節気［春分］の初日であり、春の彼岸の「中日」にあたります。この日をはさんで、前後3日間を合わせた7日間が「春の彼岸」です。

お墓参りの作法

- 墓前にて一礼する
- お墓を清める

雑草や落ち葉を取り除き、墓石についたコケなどを洗い落とす。
花を飾り、供物を供える。

- お参りする

束のままの線香に火をつけ、手であおいで消す。お参りする人それぞれに線香を分け、縁の近い人から、１人ずつ手を合わせて拝む。
※線香はまとめて、最初に備えてもよい。

お彼岸のお墓参りは、この期間内のいつでもかまいませんが、「春分の日」は変わることもあるので、その年のカレンダーで確認しておきましょう。

二十四節気　七十二候

春

清《せい》明《めい》

三月節

4月5日頃から
4月19日頃まで

すべてのものが生き生きとして、清らかに見える頃

「清明」とは、春先の清らかで生き生きとした様子を表した「清浄明潔」という語を略したもの。澄んだ空に蝶が舞い、野山には花が咲き、爽やかな風が吹き渡ります。そして、春といえば桜。花見を楽しむ時期です。

「清明」は、桜が満開を迎える頃。もともと農耕民族であった日本人は、季節ごとに自然への感謝を表す行事を設けてきました。

四季折々の自然を楽しむ行事がたくさんありますが、日本人にとって花といえば「桜」、「花見」といえば、桜の花を見るために野山に出かけること。ほかの花を見に行くときは、「梅見」「観菊」などとその花の名前をつけて表します。

関連事項

4月　卯月→P78
子どものお祝い→「十三詣り」P105

二十四節気 第五節 清明 七十二候

初候 第十三候 4月5日頃

玄鳥至 つばめきたる

燕が南の国から渡ってくる頃。「玄鳥（げんちょう）」は燕の別名。稲の害虫を食べる燕は、昔から大切にされていた。

次候 第十四候 4月10日頃

鴻雁北 こうがんかえる

雁が北へ帰っていく頃。雁は夏場をシベリアで、冬は日本で過ごす渡り鳥。春の「北（かえる）」に対応して秋は「来（きたる）」と表す。

末候 第十五候 4月15日頃

虹始見 にじはじめてあらわる

雨上がりに虹が見え始める頃。冬の間、乾燥していた大気が潤うようになり、春の訪れを知らせる自然現象のひとつ。

十三詣り じゅうさんまいり

数え年で十三歳になった男女が、虚空蔵菩薩にお詣りをすることで、福徳と知恵を授かる行事です。

虚空蔵菩薩（こくうぞうぼさつ）

福徳や知恵を授けるといわれる菩薩

- 男女とも数え年十三歳になった年の三月十三日（新暦4月13日頃）に、虚空蔵菩薩にお詣りをする。
- 子ども自身が授かりたいご利益を表す漢字一字を半紙に書いて「お身代わり」として奉納する。

[数え年] 生まれた年を一歳として、新年のたびに一歳を加える年齢の数え方。満年齢で換算する場合は1歳加える。

十三歳という年齢は、最初の厄年にあたり、十三詣りは、子どもの成長祈願と厄除けを兼ねた大切な行事とされている。

二十四節気　七十二候

春

穀《こく》雨《う》

三月中

4月20日頃から
5月4日頃まで

穀物を潤す春雨が降る、過ぎゆく春を惜しむ頃

「穀雨」とは、田畑を潤し、穀物の生長を促す春の雨のこと。雨の多いこの時期は、「行く春」という言葉でも表現され、日によっては気温が上昇し夏の訪れを感じられます。

雨の多い時期ですが、日ごとに草花や野菜は生き生きと、樹木の葉は青々と空に向かって伸びていきます。穀雨が終わる頃には、「八十八《はちじゅうはち》夜《や》」が訪れます。茶葉の収穫時期として知られる「八十八夜」ですが、霜による田畑の被害もなくなるとあって、農家にとっても特別な日とされてきました。その3日後は「立夏」。夏の準備に取りかかる時期です。

関連事項
雑節→P69
5月　皐月→P80

二十四節気 第六節 **穀雨** 七十二候

初候 第十六候 4月20日頃

葭始生《あしはじめてしょうず》

水辺の葭が芽吹き始める頃。葭は夏に背を伸ばし、秋に黄金色の穂をなびかせる。

次候 第十七候 4月25日頃

霜止出苗《しもやみてなえいずる》

霜が降りなくなり、苗代で稲の苗が生長する頃。霜は作物の大敵とされている。

末候 第十八候 5月1日頃

牡丹華《ぼたんはなさく》

牡丹が大きな花を咲かせる頃。豪華で艶やかな牡丹は「百花の王」と呼ばれている。

立春から88日目、夏も近づく［八十八夜］

立春 2月4日頃

↓ **75日**

穀雨 4月20日頃から5月4日頃まで

↓

立春から88日目［八十八夜］

↓

立夏 5月5日頃

「八十八夜の別れ霜」といわれ、油断していると、季節外れの寒気で霜が降りるのもこの頃。霜害を受けないように、農家総出で茶摘みが行われます。春の陽気に満ち、日光をたっぷりと浴びた新芽は味と香りのよさはもちろん、「長寿のお茶」といわれ縁起物とされています。

二十四節気　七十二候

夏

立《りっ》夏《か》

四月節

5月6日頃から
5月20日頃まで

暦のうえで夏が始まる日。夏の気配が感じられる頃

春分と夏至のちょうど間に位置する節気です。この頃になると急に気温が上昇し、昼間は夏の盛りの陽気になることがあります。季節の変わり目で大気は不安定ですが、全般に暖かく湿気が少ないので過ごしやすい時期です。

昔から短歌や俳句には、立夏の頃に咲く橘や卯の花と合わせてホトトギスを詠んだものが多くあります。

ホトトギスは、南方で冬を越して、立夏にあたる5月頃に日本に渡来する渡り鳥。『古今和歌集』には、その鳴き声は「田植えを促すようだ」と詠んだ歌もあるように、ホトトギスが戻るこの頃から、田植えや種まきを始める時期になっていきます。

関連事項

5月　皐月→P80

二十四節気 第七節 **立夏** 七十二候

初候 第十九候 5月6日頃

蛙始鳴《かわずはじめてなく》

蛙が鳴き始める頃。水田の中をスイスイ泳ぎ、活発に活動を始めます。「かわず」は、短歌や俳句で使う「カエル」の歌語・雅語。

次候 第二十候 5月11日頃

蚯蚓出《みみずいずる》

ミミズが地上に出てくる頃。畑土をほぐしてくれるミミズは、「啓蟄」で目覚めるヘビや虫よりも動き始める時期が遅い。

末候 第二十一候 5月16日頃

竹笋生《たけのこしょうず》

タケノコが生えてくる頃。日本原産の真竹は、この時期に地表に頭を出し、5〜6月に旬を迎える。

端午の節供の習わし［菖蒲湯］

端午の節供は別名「菖蒲の節句」ともいわれ、「厄祓い」の行事として古代中国から伝わり、菖蒲湯に入る習わしがあります。

葉菖蒲を使う

香りがよく
煎じ薬にも
使われる
血行促進
保湿効果

束ねて浴槽に入れる

蓬も加えるとより効果的
菖蒲の葉か
輪ゴムなどで束ねる
泥がついていたら
洗い流す

菖蒲湯に使うのは、サトイモ科の植物で、蒲の穂のような細長い花の穂をつける「葉菖蒲」。血行促進や肌の保湿に有効。紫の花をつける花菖蒲にはとくに効能はない。

二十四節気　七十二候

夏

小《しょう》満《まん》

四月中

5月21日頃から
6月5日頃まで

陽気がよくなり、万物が成長して満ちる頃

小満は、気持ちのいい晴れの日が多いけれど、梅雨入り間近で農家では田植えの準備を始める頃。大きな行事はない時期ですが、田植え前、稲荷神社に五穀豊穣・商売繁盛を祈願するお祭りが開かれます。

古代中国で農業の目安として作られた暦に由来する二十四節気や七十二候には、作物の種まき・収穫時期に関する記述がよく出てきます。「小満」は、二毛作で、稲の収穫を終えた後に植えた麦の収穫期。田植えが始まると忙しくなるけれど、麦の穂が育って一安心、つまり「小さな満足」を得られる時期ということから「小満」とされたともいわれます。

関連事項

5月　皐月→P80

二十四節気 第八節 小満 七十二候

初候 第二十二候 5月21日頃

蚕起食桑《かいこおきてくわをはむ》

蚕が桑の葉を盛んに食べ出す頃。蚕がたてる食音が小雨のようであることから、梅雨入り支度を喚起させる表現とも。

次候 第二十三候 5月26日頃

紅花栄《べにばなさかう》

紅花が咲き誇る頃。古くから染料や、口紅の材料とされた紅花の濃厚な色合いが夏らしさを感じさせる。

末候 第二十四候 6月1日頃

麦秋至《むぎのときいたる》

麦の穂が実り始める頃。「秋」は「実りのとき」を意味し、「麦秋（ばくしゅう）」は、夏の季語とされている。

［麦秋《ばくしゅう・むぎあき》］は夏の季語

鎌倉時代に始まった二毛作は、同じ土地で一年に2回、違う作物を作る農法。稲刈りが終わった秋に植えた麦は、初夏の「小満」の頃に、穂が実り、収穫期を迎えます。

「麦秋や 子を負ひながら いはし売り」。この俳句は、江戸時代後期の俳人、小林一茶が、麦畑のあぜ道を行く、子どもを背負った行商人の姿を詠んだもの。たわわに実る麦と出盛りの鰯、まさに「初夏」の情景が思い浮かびます。

二十四節気　七十二候

夏

芒《ぼう》種《しゅ》

五月節

6月6日頃から
6月21日頃まで

もうすぐ梅雨入り、穀物を植える目安の時期

爽やかな初夏の気候から梅雨入りの時期へ。だんだんと蒸し暑さを感じるようになってきます。「芒種」は、本格的な梅雨に入る前に、田植えを始める目安となる時期です。

「芒」は「のぎ」とも読み、稲や麦などイネ科の植物の穂先にある、細い毛のような部分のこと。読みが同じ「禾」は、穀物の穂が頭を垂れた様子を表す象形文字で、漢字の部首の「のぎへん」にもなっています。

日本国の美称に使われる「瑞穂の国」は、みずみずしく美しい稲穂が実る国という意味。「芒種」の時期には、現在でも多くの神事が行われています。

関連事項

6月　水無月→P82

二十四節気 第九節 芒種 七十二候

初候 第二十五候 6月6日頃

蟷螂生《かまきりしょうず》

カマキリが卵からかえる頃。穀物の種をまくこの時期、肉食性のカマキリは、育ち始めた稲や麦に手をつけず害虫の駆除役になる。

次候 第二十六候 6月11日頃

腐草為蛍《くされたるくさほたるとなる》

草の中から蛍が舞い、光を放ち始める頃。地中の蛹が羽化して現れる様を、昔の人は「朽ちた草が蛍になる」と表現した。

末候 第二十七候 6月16日頃

梅子黄《うめのみきばむ》

梅の実が黄ばんで熟す頃。〝梅の実が熟す頃の雨〟ということから「梅雨」になったともいわれ、梅雨が近づいていることを示す。

「芒」ある穀類、稼「種」する時なればなり

芒種の頃に行う田植えは、重労働であると同時に、神様に祈りながら行う神聖な作業でした。旧暦と新暦には約1ヵ月のズレがあり、農耕技術も進歩しているため、現在では、芒種を迎える前にほぼ全国で終わっています。

実際の稲作は、事前に育てた苗を植え替える手法のため、農家は芒種を迎える前に準備を整えて田植えに備える。

[豊葦原千秋長五百秋水穂国《とよあしはらのちあきのながいほあきのみずほのくに》]

日本最古の歴史書『古事記』では、日本は、「豊かな広々とした葦原のように、みずみずしく美しい稲穂が実る国」と記述。

- 神の願いが込められた **[米 こめ]**
- 命の根（源）である **[稲 いね]**

瑞穂の国である日本では田植えは神聖なものとされ、芒種の時期には、豊作を祈念する行事［御田植祭 おたうえまつり］が各地で執り行われています。

二十四節気　七十二候

夏

夏《げ》至《し》

五月中

6月22日頃から7月6日頃まで

一年で昼間が最も長く、夜が最も短くなる頃

夏至の初日は、一年で昼間が最も長く、夜が最も短い日。旧暦では、夏季の真ん中「仲夏」にあたりますが、新暦の日付では、この時期は梅雨の真っ只中で、暑さのピークは、1ヵ月ほど先になります。

南北に長い日本列島では、季節感に大きな違いがあります。沖縄では、夏至の頃に吹く風を「夏至南風（かーちーべー）」といい、梅雨が明け、本格的な夏の訪れを知らせます。また、梅雨がないという北海道にも、まれに梅雨空が続くことが。これを「蝦夷梅雨（えぞつゆ）」、あるいは北海道に初夏を告げるライラックの別名を用いて「リラ冷え」と呼んでいます。

関連事項

雑節→P69
6月　水無月→P82

二十四節気 第十節 **夏至** 七十二候

初候 第二十八候 6月22日頃

乃東枯《なつかれくさかるる》

夏枯草の花が黒ずみ枯れたように見える頃。「夏枯草（かこそう）」は「靫草（うつぼくさ）」の異名、和漢の生薬として用いられてきた。

次候 第二十九候 6月27日頃

菖蒲華《あやめはなさく》

あやめの花が咲き始める頃。端午の節供の菖蒲湯に用いる葉菖蒲（はしょうぶ）ではなく、花菖蒲のこと。

末候 第三十候 7月2日頃

半夏生《はんげしょうず》

半夏が生え始める頃。田植えを終える目安とされた。「半夏」は、生薬に用いる「烏柄杓（からすびしゃく）」、ドクダミ科の植物とする説もある。

田植えを終える目安［半夏生《はんげしょうず》］

日本には、雑節という暦日があります。これは、日本の気候風土や生活に合わせて考えられたもの。七十二候の末候「半夏生」は、雑節のひとつにもなっています。

烏柄杓《からすびしゃく》

夏至の頃に生える、半夏という生薬に用いられる植物。

ハンゲショウ

夏至の頃に、葉の表面だけが白くなることから「半化粧」と名がついたといわれる。

烏柄杓が生え、ハンゲショウの葉が白く染まる頃。夏至から数えて11日目から七夕（7月7日頃）までの雑節［半夏生］は、農事の節目とされ、田植えを終わらせる目安とされています。

二十四節気　七十二候

夏

小《しょう》暑《しょ》

六月節

7月7日頃から
7月22日頃まで

梅雨が明け、蟬も鳴き始めて暑さが本格的になる頃

梅雨が明け、七夕の節供を迎え、暑さが本格的に。集中豪雨が多く発生する時期でもあります。夏本番の「大暑」には少し早めですが、この頃から「暑中見舞い」を出し始めます。

「小暑」には、暑さがどんどん強くなっていくという意味があり、梅雨明けとともに、日差しが強くなり、気温も一気に上がる時期です。暑中見舞いは、お盆前に贈り物を持って直接訪問した名残で、挨拶状を出すようになったのが始まりといわれています。「大暑」に入ってから出すのが正式ですが、梅雨が明けていれば、夏の土用から出してもよいとされています。

関連事項

雑節→P69
7月　文月→P84

二十四節気 第十一節 小暑 七十二候

初候 第三十一候 7月7日頃

温風至《あつかぜいたる》

「温風（あつかぜ）」は梅雨明けの頃に吹く南風のこと。熱い風が吹き始め、日に日に暑さが増す頃。

次候 第三十二候 7月13日頃

蓮始開《はすはじめてひらく》

蓮の蕾がほどけ、花を咲かす頃。「天上の花」にたとえられる優美で清らかな蓮は、開花から4日ほどで散ってしまう。

末候 第三十三候 7月18日頃

鷹乃学習《たかがくしゅうす》

初夏に孵化した雛が、巣立ちの準備をする頃。子鷹は、親鳥から独り立ちができるよう、飛び方、獲物の捕り方を学ぶ。

春夏秋冬それぞれに［土用《どよう》］は年4回

五行説は古代中国の自然哲学の思想。「万物は木・火・土・金・水の5種類の性質を持つ」という考えに基づいて設けられたのが「土用」です。

五行説

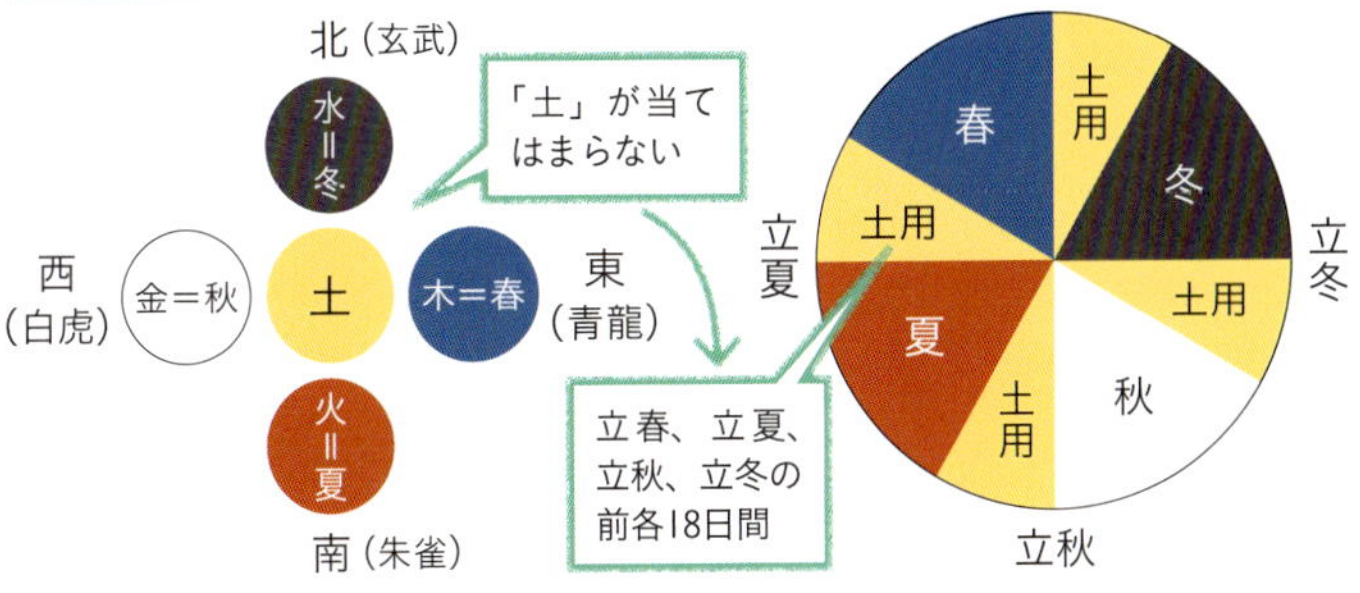

「土用」は、季節の変わり目を意味し、土の「気=エネルギー」が盛んになるとされています。「五つの気が均衡を保つことが好ましい」という五行説に基づき、土用の間は、土いじりを控えるよう言い伝えられています。

二十四節気　七十二候

夏

大《たい》暑《しょ》

六月中

7月23日頃から8月7日頃まで

夏の土用の時期。一年で最も暑さが厳しくなる頃

最も暑い頃、夕立や台風などの夏の雨が激しく降る時期でもあります。立夏から始まった夏が終わる節気。大暑が過ぎると一年の半分が終わります。「暑中見舞い」は、大暑の期間中に届くように出しましょう。

二十四節気では夏の最後の節気ですが、土用の丑の日にはうなぎ、8月1日にはハッサクなどを食べて、暑気払いをするのがこの時期。この頃、晴れた空に湧き上がる雲は、坊主頭に見えることから入道雲と呼ばれています。入道雲は、夕立や突然の激しい雨の兆し。雨がやむと、つかの間の涼風に秋の気配を感じますが、まだまだ暑い日は続きます。

関連事項

7月　文月→P84

二十四節気 第十二節 **大暑** 七十二候

初候 第三十四候 7月23日頃

桐始結花《きりはじめてはなをむすぶ》

桐の花が実を結び始める頃。日本の気候風土に適した桐材は、昔から家具や暮らしの道具に欠かせないものとされてきた。

次候 第三十五候 7月28日頃

土潤溽暑《つちうるおうてむしあつし》

土がじっとりとして蒸し暑くなる頃。「溽暑（じょくしょ）」とは、熱気がまとわりつくような蒸し暑さを表す言葉。

末候 第三十六候 8月2日頃

大雨時行《たいうときどきにふる》

ときどき激しい雨が降る頃。「大雨（たいう）」は、夏の終わり頃の集中豪雨や夕立のこと。入道雲が夕立になり、乾いた大地を潤す。

庭に桐の若木がある家には年頃の娘がいる

桐は、伝統的に神聖な木とされてきました。夏の盛りに咲く花を愛でるだけでなく、生長が早い桐の木は、湿気の多い日本に適した材質として、昔から家具や生活道具に使われています。

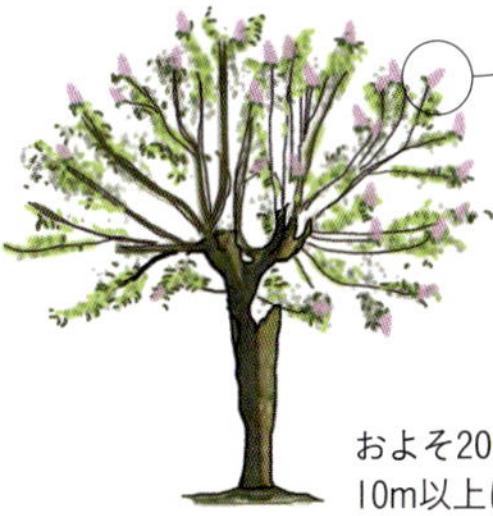

初夏に淡い紫色の花を咲かせる

およそ20年で高さ10m以上に生長

桐花紋 とうかもん

室町幕府や豊臣政権などが使用、現在では、日本政府の紋章として用いられている。

「女の子が生まれたら桐の木を植える」という習わしは、桐箪笥が一般にも広まった江戸時代に始まったといわれています。通気性に優れ、軽くて燃えにくい桐材は、嫁入り道具として欠かせない箪笥はもちろん、進物用の箱、下駄などにも使われています。

二十四節気　七十二候

秋

立《りっ》秋《しゅう》

七月節

8月8日頃から
8月22日頃まで

朝夕が涼しくなり、秋の気配が立つ頃

立春から半年、立秋の初日から立冬の前日までが暦のうえでは「秋」。日中はまだ暑さが厳しく、真夏日になる日もありますが、「暑中見舞い」は、立秋に入った日から「残暑見舞い」になります。

暦のうえでは夏から秋へと季節が移りますが、月遅れのお盆を前に夏祭りが開催される時期です。実際の8月の中旬は夏真っ盛りの頃。でも、空や風に秋の気配を感じることが。「秋きぬと目には清かに見えねども　風の音にぞ驚かれぬる」と平安時代の歌人、藤原敏行が詠んだように、昔から日本人は、花鳥風月の中に季節の兆しを敏感に感じとっています。

関連事項

8月　葉月→P86

二十四節気 第十三節 **立秋** 七十二候

初候 第三十七候 8月8日頃

涼風至

すずかぜいたる

涼しい風が吹き始める頃。まだ暑いこの時期、ときおり吹く涼風が、秋の訪れを感じさせる。

次候 第三十八候 8月13日頃

寒蟬鳴

ひぐらしなく

カナカナと甲高くひぐらしが鳴き始める頃。暑さもおさまる夕暮れ時に響く虫の声は「一服の清涼剤」に。

末候 第三十九候 8月18日頃

蒙霧升降

ふかききりまとう

少しずつ秋が深まり、深い霧がまとわりつくように立ち込める頃。秋の「霧」に対して、春は「霞」と呼ぶ。

春は「七草」、秋は「七種」

「秋の七種」は、奈良時代の歌人、山上憶良が『万葉集』において選定したもの。月見の際に月の神様に捧げる供花にも用いられました。

萩

尾花（ススキ）

葛

瞿麦（ナデシコ）

姫部志（オミナエシ）

藤袴

朝貌（キキョウ）

いずれも秋を代表する草花ですが、現在では野生のものは少なく、キキョウとフジバカマは絶滅危惧種（環境省のRDB種）に指定されています。

秋の野に 咲きたる花を 指折《およびお》り
かき数ふれば 七種《ななくさ》の花
萩《はぎ》の花 尾花《をばな》 葛花《くずはな》 瞿麦《なてしこ》が花
姫部志《をみなへし》 また藤袴《ふぢばかま》 朝貌《あさがほ》が花

山上憶良 『万葉集』巻八

二十四節気　七十二候

秋

処《しょ》暑《しょ》

七月中

8月23日頃から
9月7日頃まで

暑さが和らぎ、穀物が実り始める頃

厳しい暑さは峠を越し、朝夕には涼しい風が吹き始めます。実りの秋を迎えるこの時期は、台風シーズンでもあり、「二百十日」「二百二十日」は、ともに歴史に残る大きな台風の特異日です。

稲穂がこぼれるように実り、色づき始める頃。暑さも和らいで、作物の収穫も始まるこの時期には、台風の被害を避け、豊作を祈願する「風祭り」が行われます。

日本の季節の移り変わりをより適確につかむために作られた「雑節」の9つの暦日で、この時期にあたるのが「二百十日」と「二百二十日」。田畑も山も海も荒れる「厄日」として警戒されてきました。

関連事項

雑節→P69
8月　葉月→P86

二十四節気 第十四節　処暑　七十二候

初候　第四十候　8月23日頃

綿柎開《わたのはなしべひらく》

綿を包むがくが開き始める頃。「柎（うてな・ふ）」は、花のがくのこと。がくが開き始めると中から綿毛が飛び出し、収穫時期を迎える。

次候　第四十一候　8月28日頃

天地始粛《てんちはじめてさむし》

暑さがおさまり始める頃。「粛（しゅく）」は縮む、しずまるという意味。日中は夏の暑さでも、吹く風の冷たさに秋を感じる。

末候　第四十二候　9月3日頃

禾乃登《こくものみのる》

いよいよ稲が実り、穂を垂らす頃。「禾（のぎ・か）」は稲穂が実ったところを表した象形文字。台風が多い時期でもある。

台風・落雷除けの「風切り鎌」

　現在のように台風の予測ができなかった時代、人々は作物に被害をあたえる台風や暴風を恐れて警戒し、風を鎮める祭りやおまじないで収穫の無事を祈りました。

風切り鎌

作物を台風や強風から守るためのおまじない。台風が近づくと、先に鎌を付けた竹竿を軒先に立てかけたり、屋根の上に取り付けたりした。

法隆寺五重塔
水煙の九輪

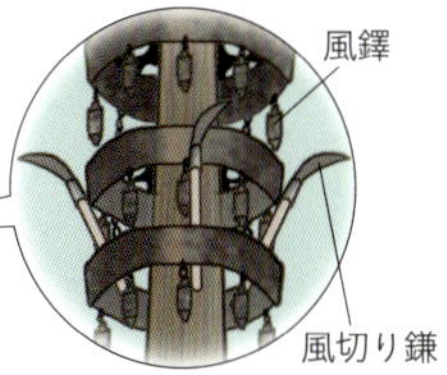

台風や落雷除けに、相輪に4本の「風切り鎌」が取り付けてある。

野原の草をかき分けるように風と雨が吹きすさぶ台風は、「野分」と呼ばれ、『枕草子』や『源氏物語』にも記述があります。気象予報ができない時代、台風除けのおまじないだったのが「風切り鎌」。金（鎌）は木（風）の「気（エネルギー）」を鎮めるという五行説の「相剋」に基づいています。

二十四節気　七十二候

秋

白《はく》露《ろ》

八月節

9月8日頃から
9月22日頃まで

夜の冷え込みが強まり、草花に朝露が宿る頃

「白露」から「秋分」までが仲秋。〝天高く馬肥ゆる〟秋の到来です。日中はまだ暑さを感じても、朝夕は一気に移り変わり、山間部では朝冷えがする季節に変わっています。

二十四節気に取り入れられている「五行説」では「白」は秋の色とされ、「白露」とは、草の葉にうっすらと露が結ぶという意味。野にはススキの穂が揺れ、太陽が離れていくため空が高くなったように見える頃。昼間は暑さが残るものの、朝夕の肌寒さに深まりゆく秋を感じられる時期です。

関連事項

9月　長月→P88

二十四節気 第十五節 白露 七十二候

初候 第四十三候 9月8日頃

草露白《くさのつゆしろし》

草に降りた露が白く光って見え、朝夕の涼しさが際立つ頃。夏から秋へと変わる時期、草花に朝露が降りると「晴天」になるという。

次候 第四十四候 9月13日頃

鶺鴒鳴《せきれいなく》

「鶺鴒（せきれい）」が鳴き始める頃。「鶺鴒」は、『日本書紀』や『古事記』にも登場し、「恋教え鳥」「石叩き鳥」の別名がある冬鳥。

末候 第四十五候 9月18日頃

玄鳥去《つばめさる》

春先に日本にやってきた燕が、暖かい南の地域へと帰っていく頃。「玄鳥（げんちょう）」は、燕の別名。

日々変わる月の呼び方

旧暦を使っていた時代、月は、日付を知るよりどころとなる存在。人々は、月への親しみを込めた名前をつけて呼んでいました。

旧暦日付	主な呼び方	旧暦日付	主な呼び方
一日頃	新月（しんげつ）、朔（さく）	十六日頃	十六夜（いざよい）、既望（きぼう） 不知夜月（いざよいづき）
二日頃	繊月（せんげつ） 二日月（ふつかづき）	十七日頃	立待月（たちまちづき）
三日頃	三日月（みかづき）、蛾眉（がび） 若月（わかづき）、眉月（まゆづき）	十八日頃	居待月（いまちづき）
七日頃	上弦の月（じょうげんのつき）	十九日頃	寝待月（ねまちづき） 臥待月（ふしまちづき）
十日頃	十日夜の月（とおかんやのつき）	二十日頃	更待月（ふけまちづき） 亥中の月（いなかのつき）
十三日頃	十三夜（じゅうさんや） 十三夜月（じゅうさんやづき）	二十三日頃	下弦の月（かげんのつき） 二十三夜月（にじゅうさんやづき）
十四日頃	小望月（こもちづき）、幾望（きぼう） 待宵の月（まつよいのつき）	二十六日頃	有明月（ありあけづき） ※十六夜以降の月の総称
十五日頃	満月（まんげつ）、望月（もちづき） 十五夜（じゅうごや）	三十日頃	三十日月・晦日月（みそかづき）、 月隠・晦（つごもり）

二十四節気　七十二候

秋

秋《しゅう》分《ぶん》

八月中

9月23日頃から
10月7日頃まで

暑さも和らぎ、だんだんと秋が深まる頃

昼夜の長さがほぼ同じになる秋分の初日を境に、日の出は遅く、日の入りが早くなって秋の深まりが感じられるようになります。秋分の始まりの日を「中日」として前後3日間を合わせた7日間が「秋の彼岸」です。

秋分とは、春分と同じように、太陽が真東から昇り、真西に沈む日のことで、これが、お彼岸が春と秋にある理由にも。「彼岸」とは、仏教の言葉で「極楽浄土」、遥か西にあるとされ「西方浄土」ともいい、太陽が真西に沈む春分と秋分の頃を「彼岸」と呼ぶように。種まきの春、収穫の秋という自然への感謝、西方浄土に思いをはせて祖先を敬う大切な行事です。

関連事項

9月　長月→P88

二十四節気 第十六節 **秋分** 七十二候

初候 第四十六候 9月23日頃

雷乃収声《かみなりこえをおさむ》

春に始まり夏の間鳴り響いた雷が鳴らなくなる頃。「春分」の末候「雷乃発声（かみなりこえをはっす）」に対応。

次候 第四十七候 9月28日頃

蟄虫坏戸《むしかくれてとをふさぐ》

虫たちが土にもぐり、入り口の戸（穴）をふさいで、冬ごもりの支度をする頃。「蟄虫（ちっちゅう）」は、地中で越冬するヘビや虫のこと。

末候 第四十八候 10月3日頃

水始涸《みずはじめてかるる》

稲刈りに備えて、畦の水口を切って田を乾かす「水落とし」をする頃。川や泉などの水源の水の量が下がってくる頃という説も。

秋分の日を境に季節は秋から冬へ向かう

昔から「暑さ寒さも彼岸まで」というように、秋の彼岸の中日である「秋分の日」を境に、少しずつ昼の時間が短くなり、日射量が減るため気温が下がり、冬へと近づいていきます。

太陽が真南にあるときの地平線との間の角度（東京・北緯35°の場合）

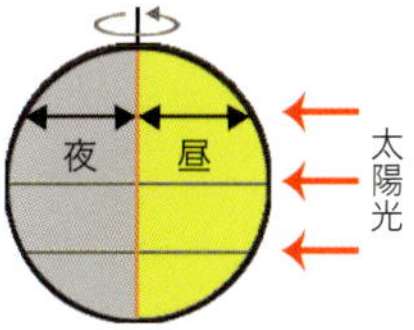

「秋分の日」の位置に地球があるとき、地軸に対して太陽光は水平に射し込むため、昼夜の長さがほぼ等しくなる。「秋分の日」以降は、少しずつ日射量が減って気温が下がっていく。

●夏至 約78° 日照時間が長く、気温が高くなる。
●春分・秋分 約54° 昼夜の長さがほぼ等しい。
●冬至 約30° 日照時間が短く、気温が低くなる。

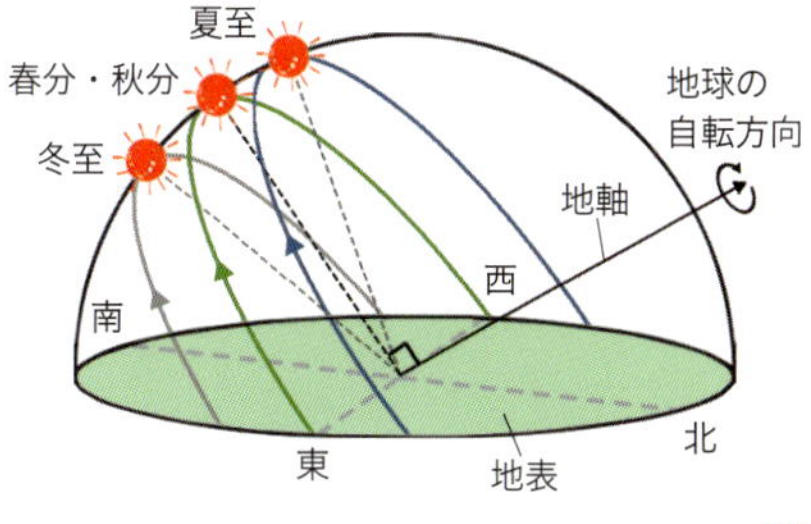

二十四節気　七十二候

秋

寒《かん》露《ろ》

九月節

10月8日頃から
10月23日頃まで

夜が長くなり、露が冷たく感じられる頃

朝晩の冷え込みは強くなりますが、空気が澄んだ秋晴れの過ごしやすい日が多いのもこの時期です。夜空を見上げると、美しく輝く月が見られます。

寒露とは、晩秋から初冬にかけて野草につく冷たい露のこと。冷たい空気と接した露が、霜に変わる直前、秋の長雨が終わり、本格的な秋が始まります。

大気の状態が安定し、空気が澄んだ晴れの日が多く、夜には月も美しく輝く、秋の清々しさを感じられるのもこの頃。米、麦、粟など穀物の収穫時期を迎え、農家は繁忙をきわめます。

関連事項

10月　神無月→P90

二十四節気 第十七節 **寒露** 七十二候

初候 第四十九候 10月8日頃

鴻雁来《こうがんきたる》

燕と入れ違いに、清明の時期に北へ帰った雁が渡ってくる頃。この時期、初めに訪れる雁を「初雁（はつかり）」と呼ぶ。

次候 第五十候 10月14日頃

菊花開《きくのはなひらく》

菊の花が咲き始める頃。旧暦では、菊で長寿を祈願する「重陽の節供」の時期にあたる。

末候 第五十一候 10月19日頃

蟋蟀在戸《きりぎりすとにあり》

野にいた虫たちが、秋が深まるにつれて人家に近づき、戸口で秋の虫が鳴く頃。昔は「蟋蟀（こおろぎ）」を「きりぎりす」と呼んだ。

［重陽の節供 ちょうようのせっく］の室礼

季節の節目ごとにある五節供のうちでも、旧暦九月九日の［重陽の節供］は、その年の締めくくりとなる最も重要なものとされています。

●菊の花を飾り、長寿を願う

菊は、邪気を祓い、長寿に効く薬花とされ、「翁草（おきなくさ）」「千代見草（ちよみくさ）」などとも呼ばれていた。

●菊酒 きくざけ

菊の花びらを浮かべた「菊酒」をくみ交わす習わしがある。

●菊の被綿 きくのきせわた

旧暦九月八日の夜に菊の花を綿で覆って、その露や香りを移し取り、翌朝、その綿で身体を拭く、という宮中の習慣。「長寿を保つ」とされ、平安時代から続く「重陽の節供」として、宮中では現在も行われている。

二十四節気　七十二候

秋

霜《そう》降《こう》

九月中

10月24日頃から
11月7日頃まで

朝晩の冷え込みが増し、山里では霜が降り始める頃

露が霜に変わり、冬が近づいてきたことを実感します。昔は、朝に外を見たとき、霜で真っ白になっていることから、雨や雪のように空から「降ってくるもの」と思われていました。そのため、霜は「降る」ともいいます。

秋が一段と深まり、朝霜が見られる頃。朝晩の冷え込みが厳しくなり、日が短くなったことを実感します。初霜の知らせが聞かれるのも大体この頃で、山は紅葉で彩られます。

降ったりやんだりする晩秋の小雨を「時雨(しぐれ)」といいます。初時雨は、人や動物も冬支度を始める合図。ひと雨ごとに気温が下がっていきます。

関連事項

10月　神無月→P90

二十四節気 第十八節 **霜降** 七十二候

初候 第五十二候 10月24日頃

霜始降 しもはじめてふる

山里に霜が降り始める頃。農家では、草木や作物を枯らす霜に警戒が必要になる時期。

次候 第五十三候 10月29日頃

霎時施 こさめときどきふる

ときどき小雨が降る頃。「霎（こさめ・そう）」を「しぐれ」と読むことも。ひと雨ごとに気温が下がっていく。

末候 第五十四候 11月3日頃

楓蔦黄 もみじつたきばむ

カエデやツタの葉が色づく頃。葉が赤色に変わることを「紅葉（こうよう）」、晩秋の山が紅葉することを「山粧う（やまよそおう）」という。

旧暦の九月十三日は［十三夜 じゅうさんや］

〝中秋の名月〞から約1ヵ月後の旧暦九月十三日は、〝後の月〞といわれる「十三夜」。昔の人は、十五夜または十三夜のどちらか一方しか見ないことを「片月見」と呼び、縁起が悪いこととしていました。

十三夜
この時期に収穫されるものにちなんで「栗名月」「豆名月」とも呼ばれる。

月見団子
十三夜に供える団子は、13個か3個。月から見て右側に置く。

三方 **さんぽう**
神事や儀式で供える供物を載せる台。

ススキ
稲刈り後に行う月見では、稲穂を供える代わりにススキが用いられた。

栗、柿、豆
供え物は、月から見て左側に置く。「霜降」の時期に穫れる栗。柿は「嘉来（かき）」に通じ、喜ばしいことが来る、幸福をかき集めるとする縁起物。豆やぶどうなど蔓になるものなどが使われる。

古代中国から伝わり、日本の季節行事として定着した「月見」。十三夜の月見は、日本固有の風習で、十五夜の頃はすっきりしない夜空が多いのに対して、「十三夜に曇りなし」という言葉も残っています。

二十四節気　七十二候

冬

立《りっ》冬《とう》

十月節

11月8日頃から
11月21日頃まで

木枯らしが吹き始め、冬の気配が感じられる頃

日暮れが一段と早くなり、いよいよ冬の訪れです。木々の葉もだんだんと色あせ、冷たい木枯らしが吹き始めるこの時期、北国からは初雪の便りも届きます。

「立冬」とは冬の始まりのこと。〝立つ〟には「始まり」という意味があり、立春、立夏、立秋、立冬の「四立（しりゅう）」は、季節の大きな節目です。

この時期に、北から吹く乾いた冷たい風を「木枯らし」といい、冬の到来を告げます。朝夕は冷え込み、木枯らしに木々の葉が散らされる頃。早いところでは初雪の知らせが聞かれるようになります。

関連事項

11月　霜月→P92

二十四節気 第十九節　立冬　七十二候

初候　第五十五候　11月8日頃

山茶始開　つばきはじめてひらく

山茶花（さざんか）の花が咲き始める頃。読みは「つばき」だが、椿の開花は真冬、秋から冬への変わり目に咲き始めるのは山茶花。

次候　第五十六候　11月13日頃

地始凍　ちはじめてこおる

冬の冷気のなかで、大地が凍り始める頃。夜は冷え込みがいっそう厳しくなり、朝は霜が降り、霜柱が見られるようになる。

末候　第五十七候　11月18日頃

金盞香　きんせんかさく

水仙が咲き芳香を放つ頃。「金盞（きんせん）」は金の盃のことで、水仙の黄色い冠を見立てている。

旧暦十一月十五日［七五三　しちごさん］

七五三は、子どもが数え年七歳、五歳、三歳のときに行われていた「祝児詣（いわいごもうで）」が起源になっています。

破魔矢　はまや
神棚など頭より上の位置に、矢の部分を下向きにして飾るのが決まりだが、できない場合は、横向きでも。

六瓢箪　むびょうたん
6つのヒョウタンは、無病（六瓢）息災のお守りとして。

神楽鈴　かぐらすず
七、五、三と実をつける桐の枝に見立てた神楽鈴を、晴れ着とともに飾る。

柿、烏瓜　からすうり
慶事を招くとする縁起物の柿。烏瓜に「ツルは万代に続く」の願いを託して、千歳飴に添えられる。

数え年七歳、五歳、三歳の子どもが同じ日にお参りするようになったのは江戸時代中期から。子どもの成長を祝い、厄除けの行事として、明治時代からは［七五三］と呼ばれるようになりました。

二十四節気　七十二候

冬

小《しょう》雪《せつ》

十月中

11月22日頃から12月6日頃まで

木枯らしが吹き、雪が降り始める頃

まだ積もるほど降らないことから、小雪といわれたようです。年の瀬を前に、お世話になった方に、感謝の気持ちを贈るお歳暮の準備をする期間でもあります。

日を追うごとに冷え込みが増す頃。里山では雪が降る一方で、平野部では暖かい日も。そんな春のように穏やかな日を「小春日和（こはるびより）」といい、小春日和が続くと、桜やたんぽぽなどの春の花が咲くことがあります。冬に咲く春の花は「忘れ花」「帰り花」と呼ばれ、干ばつや台風で樹木が傷んでしまった年に多いといわれています。

関連事項

11月　霜月→P92

二十四節気 第二十節 小雪 七十二候

初候 第五十八候 11月22日頃

虹蔵不見《にじかくれてみえず》

空気が乾燥し、陽光も弱まるため、虹を見かけなくなる頃。春の「清明」の末候「虹始見（にじはじめてあらわる）」と対になる候。

次候 第五十九候 11月27日頃

朔風払葉《きたかぜこのはをはらう》

北風が木の葉を吹き払う頃。「朔」は「ついたち」、十二支の一番目「子」が方位で北にあたり、「朔風（さくふう）」は北の風、木枯らしのこと。

末候 第六十候 12月2日頃

橘始黄《たちばなはじめてきばむ》

橘の実が黄色く色づき始める頃。葉が枯れることのない常緑樹の橘は、めでたいもの、永遠の象徴。平安時代から御神木とされている。

11月23日［新嘗祭《にいなめさい》］

［新嘗祭］は、十一月「中卯の日」に行う稲などの作物の収穫を感謝する行事。新暦に変わった明治6年（1873年）から毎年11月23日に行われるようになりました。

中卯の日《なかうのひ》

1日ごとに十二支を割りあてる「日干支」では、1ヵ月の間に同じ干支の日が2～3回ある。「中卯」は、月の2番目の「卯の日」のこと。11月中旬にあたる。

収穫を祝う行事

その年に採れた野菜などを供えて、自然の恵みに感謝する。

稲穂は神様への捧げ物。［新嘗祭］まで新米を食べてはいけない？

「食べてはいけない」という決まりがなくても、新米が食べられるのはちょうど［新嘗祭］の頃。ほとんどが手作業だった時代、稲刈りから米を俵に入れるまで2ヵ月ほどかかりました。

［新嘗祭］が行われる11月23日は、1948年（昭和23年）に「勤労感謝の日」と名称を改めて、国民の祝日に制定されました。飛鳥時代に始まり、国中こぞって収穫物に感謝する大事な行事は、天皇陛下が臨まれる宮中祭祀のひとつにもなっています。

二十四節気　七十二候

冬

大《たい》雪《せつ》

十一月節

12月7日頃から
12月21日頃まで

平野にも雪が降り積もり、本格的に冬が到来する頃

山々は雪に覆われ、平野にも雪が降り積もります。重い雪から木の枝を守るために施される「雪吊り」が見られる頃。新しい年の準備を始める「正月事始め」もこの時期から行われます。

木々の葉が散り終えて、景色は冬の佇まいに変わる時期。日中は暖かい日もありますが、朝晩は冷え込みが厳しく、池や川に氷が張るようになります。熊やカエルが冬眠に入って、里山に静けさが訪れる一方で、海では、ブリやハタハタなど冬の魚の漁が最盛期に。12月13日は「正月事始め」といい、この日から新年を迎える準備に取りかかります。

関連事項

12月　師走→P94

二十四節気 第二十一節 大雪 七十二候

初候 第六十一候 12月7日頃

閉塞成冬《そらさむくふゆとなる》

空が閉ざされ真冬となる頃。重苦しい空の下、生き物が息をひそめているかのような冬の静けさを表す。

次候 第六十二候 12月12日頃

熊蟄穴《くまあなにこもる》

熊が穴に入って冬ごもりする頃。秋に木の実や果実などを食いだめした熊は、食べ物がなくなるこの時期に、冬ごもりに入る。

末候 第六十三候 12月17日頃

鱖魚群《さけのうおむらがる》

鮭が群がって川を上る頃。川で生まれた鮭は、海へ下って育ち、産卵のために川へと帰る。北国では冬を代表する光景のひとつ。

日本の冬を美しくする「雪」の呼び方

月や花とともに、古くから文学や絵画などの題材になり、日本の冬の美しさを象徴する「雪」にはさまざまな呼び方があります。

象形文字「雪」

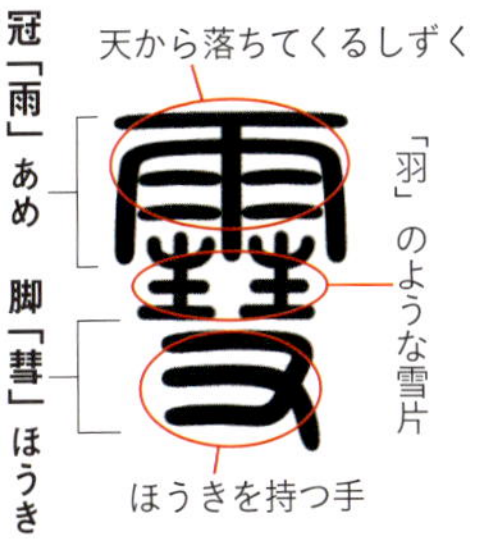

天から落ちてくるしずく
冠「雨」あめ
脚「彗」ほうき
「羽」のような雪片
ほうきを持つ手

雨のように空から降ってくるが、ほうきで掃き集めることができる、凍ったしずくを表している。

不香の花《ふきょうのはな》

香りのない花という意味の雪の別名。

小米雪《こごめゆき》

粉のようにさらさらとした細かい雪。積もらないのが特徴。

瑞雪《ずいせつ》

雪の多い年は雪の保温作用で豊作になる、ということから「めでたいことの兆しの雪」。

風花《かざはな》

冬の晴れた日、風が吹き始める前などに、花びらが舞うようにちらつく雪。

去年の雪《こぞのゆき》

春になっても解けずに残っている雪。

太平雪《たびらゆき、だんびらゆき》

春に降る薄くて大きな雪。

二十四節気　七十二候

冬

冬《とう》至《じ》

十一月中

12月22日頃から
1月5日頃まで

一年で最も昼が短く、夜が長い日から始まる冬本番の頃

冬至の初日は、一年中で太陽が最も南に寄り、北半球にある日本では昼が最も短い日。寒さを乗り切るために、冬至の日には、栄養価の高いかぼちゃを食べ、柚子湯につかるのが習わしです。

冬至を過ぎると少しずつ日足が伸びていきますが、「冬至冬なか冬はじめ」ともいわれるように、寒さはこれからが本番。年末年始の慌ただしさに体調を崩しがちな時期でもあります。

そこで、冬至日にはかぼちゃを食べ、柚子湯に入って、無病息災を願うのが習わし。新年を迎えると、二十四節気も残すところあと2つ、春夏秋冬の季節が一巡します。

関連事項

12月　師走→P94

二十四節気 第二十二節　冬至　七十二候

初候　第六十四候　12月22日頃

乃東生《なつかれくさしょうず》

草木のほとんどは枯れていくなか、夏枯草が芽を出す頃。「夏至」の初候「乃東枯」と対をなし、夏枯草とは「靫草（うつぼぐさ）」のこと。

次候　第六十五候　12月27日頃

麋角解《さわしかのつのおつる》

鹿の角が落ちる頃。「麋（おおじか）」は、ヘラジカのこと。この時期に古い角が抜け落ち、春に新しい角が生え始める。

末候　第六十六候　1月1日頃

雪下出麦《ゆきくだりてむぎのびる》

雪の下で麦が芽を出す頃。根張りをよくするために、霜が降りる前に、浮き上がった芽を踏む作業「麦踏み」は日本独特の風習。

「ん」のつくもの［冬至の七種 とうじのななくさ］

「ん」のつくものは「運盛り」といって縁起がよく、冬至の日に食べると〝運がつく〟、風邪をひかない、出世するといわれています。

な**ん**き**ん**
（かぼちゃ）

に**ん**じ**ん**

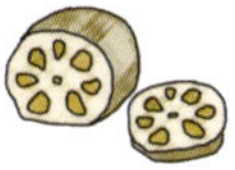

れ**ん**こ**ん**

ぎ**ん**な**ん**

か**ん**て**ん**
（寒天）

き**ん**か**ん**
（金柑）

う**ん**ど**ん**
（うどん）

「ん」が2つつくものを集めた「冬至の七種」。いろは四十七文字が「ん」で終わることから、一年を締めくくり、新しい年を迎えること、冬が終わり春が来ること、また、よくないことが続いた後にいいことが巡ってくる「一陽来復」の願いも込められています。

二十四節気　七十二候

冬

十二月節

小《しょう》寒《かん》

1月6日頃から
1月19日頃まで

これより「寒の入り」、さらに寒さが厳しくなる頃

「小寒」の始まる日から「大寒」の最後の日にあたる節分までの約30日間を「寒の内」といい、この間に出すのが「寒中見舞い」です。池や湖の氷も厚みを増し、吐く息の白さに「春はまだ遠し」を実感します。

「小寒」の4日目は、この日が晴天だとその年は豊作になるといわれる「寒四郎」。また、9日目に降る雨は、「寒九の雨」と呼ばれ、やはり豊作の兆しとされます。「寒」に入ったばかりなのですが、「小寒の氷、大寒に解く」という故事もあり、実際は大寒の頃より寒さが厳しくなることも。その寒さを利用して、凍み豆腐や寒天作りなど「寒の仕事」が始まります。

関連事項

1月　睦月→P72

二十四節気 第二十三節 **小寒** 七十二候

初候　第六十七候　1月6日頃

芹乃栄《せりすなわちさかう》

芹が盛んに育つ頃。冷たい水辺に競り合うように生えることが「芹（せり）」の名の由来。春の七草のひとつ。

次候　第六十八候　1月10日頃

水泉動《しみずあたたかをふくむ》

地中で凍っていた泉が動き始める頃。厳しい寒さが続く時期、地中では水が温かくなり始め、春に向けて少しずつ動き出す。

末候　第六十九候　1月15日頃

雉始雊《きじはじめてなく》

雉が鳴き始める頃。雉は日本の国鳥。胴に羽を打ちつけるように激しく振る羽音は、「母衣打ち（ほろうち）」と呼ばれる早春の風物詩。

正月七日、粥に用いる［春の七草《はるのななくさ》］

お正月に粥を食べる風習は、平安時代に始まり、「春の七草」が使われるようになったのは鎌倉～室町時代の頃。江戸時代には、正月七日の朝、「七草粥」を食べる習慣が定着していました。

芹 せり
薺 なずな
繁縷 はこべら
御形 ごぎょう
仏の座 ほとけのざ
鈴菜 すずな
（かぶ）
清白 すずしろ
（だいこん）

旧暦一月七日は、新暦では2月初旬。改暦後の1月7日は「春の七草」が手に入らない時期です。ただ、昔から、七草が採れない地域では、芹や干し柿など縁起がいいものならいいとされ、現在でも「七草」の種類は地方で違いがあります。

二十四節気　七十二候

冬

大《だい》寒《かん》

十二月中

1月20日頃から2月3日頃（節分）まで

冬の終わり、一年でいちばん寒さが厳しくなる頃

二十四節気最後の節気。春は目前といっても、寒さが厳しい時期です。一年のうちで最低気温になる日が多く、氷点下に達する地域も少なくありません。

次第に昼間の時間が長くなり、春の気配が感じられる頃とはいっても、まだ「寒の内」。この時期に汲んだ水は、「寒の水」と呼ばれ、寒さと乾燥のため雑菌が少なく、腐りにくいといわれ、酒や味噌の仕込み水に用いられてきました。

「大寒」の最後の日は「節分」、その翌日は「立春」。旧暦では一年が終わり、春から始まる新しい年が巡ってきます。

関連事項

1月　睦月→P72
節分のしきたり→P75

二十四節気 第二十四節 **大寒** 七十二候

初候 第七十候 1月20日頃

款冬華 ふきのはなさく

凍てついた地面に蕗の花が咲き始める頃。強い寒さのなかで、動植物は春に向けて動き出している。

次候 第七十一候 1月25日頃

水沢腹堅 さわみずこおりつめる

沢の水が氷となり厚く張りつめる、厳冬ならではの風景が見られる頃。気温が氷点下に達する地域が多いのもこの時期。

末候 第七十二候 1月30日頃

鶏始乳 にわとりはじめてとやにつく

鶏が小屋に入って卵を産み始める頃。本来、鶏は冬は産卵せず、春が近づくと卵を産むことから「たまご」は春の季語。

季節の節目の大切な行事［節分 せつぶん］

旧暦では、立春の前日（2月3日頃）の節分は、大晦日に相当する大事な日。さまざまな厄祓いが行われたなかでも、節分の行事として根付いているのが、災いを鬼に見立てて追い払う「豆まき」です。

柊鰯 ひいらぎいわし

ひいらぎの小枝に焼いたイワシの頭を刺した「柊鰯」を、戸口に飾るのも、節分の古くからの習わし。

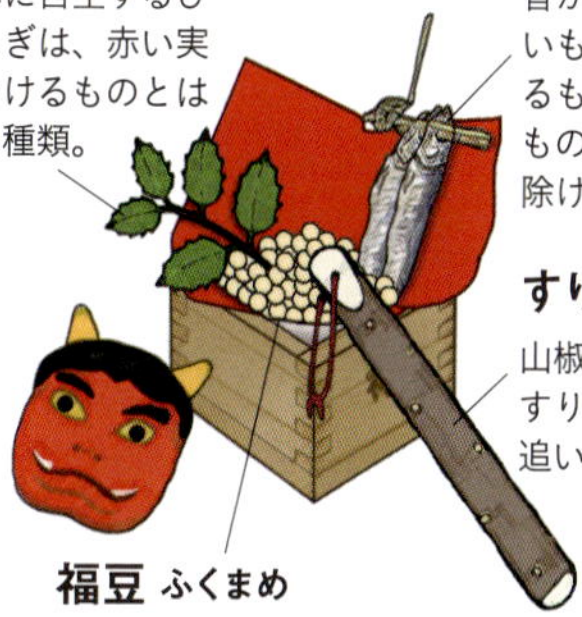

柊 ひいらぎ

日本に自生するひいらぎは、赤い実をつけるものとは別の種類。

鰯 いわし

昔から、臭いの強いもの、トゲのあるもの、音の出るものは魔除けや厄除けに使われた。

すりこぎ

山椒の木で作ったすりこぎは〝鬼を追い出す道具〟。

福豆 ふくまめ

鬼を追い払う豆は「福豆」と呼び、炒った大豆を使う。

和の暦の読み方

——五節供・雑節・暦注

昔の暦には、二十四節気や七十二候のほか、日本の気候や独自の文化に合わせて作られた「雑節」や、その日の吉凶などについても事細かに記されていました。「暦注」と呼ばれるこうした情報は、時代とともに多くが消えてしまいましたが、現在でもカレンダーに用いられているものがいくつかあります。

日本の伝統的な行事やお祭りは、旧暦に合わせて行われることが多いため、旧暦の日付とともに記されている「暦注」。暦の中の言葉は、現在でも、私達の生活と深くつながっています。日めくりカレンダーに記された暦注をいくつかご紹介しておきましょう。

暦の中の言葉

五節供《ごせっく》

奇数は吉を表す陽数、偶数は凶を示す陰数とする古代中国の考え方に基づく行事。陽数が連なる日はめでたい反面、不吉な兆しがあると邪気祓いを行う日。年間の「節」目に「供」御を供する日で「節供」。現在では「節句」の表記が一般的。

雑節《ざっせつ》

二十四節気・七十二候などのほかに、季節の移り変わりをより適確につかむために設けられた、特別な暦日。

暦注《れきちゅう》

日付、曜日、二十四節気、七十二候、雑節のほか、暦には、物事を行う際の日時、方位などの吉凶、その日の運勢などさまざまな事項が記載される。現在でもよく知られている「六曜(ろくよう)」は、主に冠婚葬祭などの儀式と結びついて使用され、一般のカレンダーや手帳にも記載されていることが多い。

五節供

日本には、二十四節気とともに伝わり、日本古来の儀礼や祭礼などと結びついた行事として始まり、江戸時代に「五節供」が式日（祝日）に制定されました。旧暦で行われていた行事を、改暦後も日付をそのまま新暦に置き換えたため、季節感がズレてしまったり、本来の意味合いが失われたりしたものもありますが、現在でも、年中行事として暮らしの中に定着しています。

一月七日	三月三日	五月五日	七月七日	九月九日
人日	上巳	端午	七夕	重陽
じんじつ	じょうし	たんご	しちせき	ちょうよう
七草の節供	桃の節供	菖蒲の節供	笹の節供	菊の節供

一月一日は別格とされ、七日の「人日」以外は、奇数の重なる日。また、植物の生命力は邪気を祓うとされ、それぞれの節供には、植物の名にちなんだ呼び方もあります。

雑節

節分 せつぶん	立春の前日（2月3日頃）→ 2月の行事 P74
彼岸 ひがん	春分と秋分の前後7日間 → 春 P76、秋 P76
社日 しゃにち	春分と秋分に最も近い戊の日 → 春社 P76、秋社 P88
八十八夜 はちじゅうはちや	立春から88日目（5月1日頃）→ 5月の行事 P80
入梅 にゅうばい	立春から135日目（6月11日頃）→ 6月の行事 P82
半夏生 はんげしょう	夏至から11日目（7月2日頃）→ P39
土用 どよう	立春、立夏、立秋、立冬の前各18日間 → 土用の丑の日 P84
二百十日 にひゃくとおか	立春から210日目（9月1日頃）→ 9月の行事 P88
二百二十日 にひゃくはつか	立春から220日目（9月11日頃）

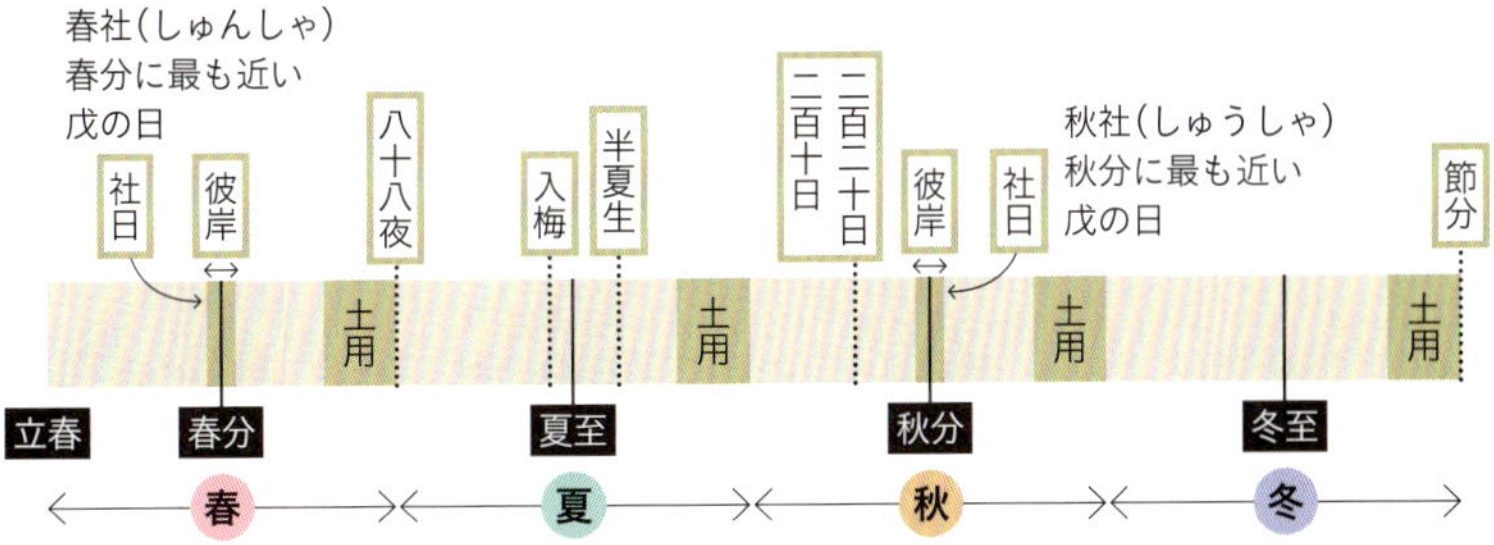

旧暦の日付

一日（ついたち）は、新月「朔（さく）」の日。天候などにより目測で新月を確認できない場合は、三日月の日から2日遡って月替わりとしていました。また、旧暦では、およそ19年に7回の割合で「閏月」を入れて、季節と月日のズレを調整。日付の感覚は、「盆と正月」で帳尻を合わせる大変おおらかなものでした。

新暦		日	月	火	水	木	金	土
		1/19	20	21	22	23	24	25
旧暦	月	十二月						一月
	日	廿五 酉・赤口	廿六 戌・先勝 大寒	廿七 亥・友引	廿八 子・先負	廿九 丑・仏滅	三十 寅・大安 大晦日	一 卯・先勝 旧正月
月齢		23.9	24.9	25.9	26.9	27.9	28.9	29.9

月の周期は約30日

季節に対して月日が、一年に約11日ずつ前にズレていく。

一日は新月

「新月（朔 さく）」になると月が替わる。

六曜 ろくよう／りくよう

6つの言葉で、その日の吉凶を知らせる暦注のひとつ。14世紀頃に古代中国から伝わりましたが、広く知られるようになったのは幕末以降。現在では、主に冠婚葬祭の日取りを決める際に用いられます。

六曜	意味
先勝 せんしょう	急ぐことは吉。午前は吉、午後は凶。
友引 ともびき	友を引く。祝い事はよいが葬式などの凶事を忌む。 朝夕は吉、正午は凶など。
先負 せんぶ	何事も控えめに平静を保つ日。午前は凶、午後は吉。
仏滅 ぶつめつ	万事凶。葬式や法事は構わない。
大安 たいあん	万事大吉。とくに婚礼に良い。
赤口 しゃっく	凶日。とくに祝事は大凶。火の元、刃物に要注意。 正午は吉、朝夕は凶。

旧暦の一月、七月の一日（朔）に「先勝」をあて、以下順に割り当てていきます。意味の解釈はさまざまで、一時は「迷信」とされ使用禁止になったことも。もともとは日の順序を数えるために生まれたものといわれています。

暦の読み方

ひと昔前は、普段の生活でも何かにつけて暦の「暦注」を見て決めていました。「暦注」には、「六曜」のほかにも「選日」「十二直」などがあり、それぞれが、その年やその日の方位、時刻などの吉凶を示します。

また、年、月、日ごとに割り振られた干支は、行事の日を確かめるためにも欠かせないもの。稲荷神社の縁日の「初午の日」といえば、二月の最初の午の日という意味です。

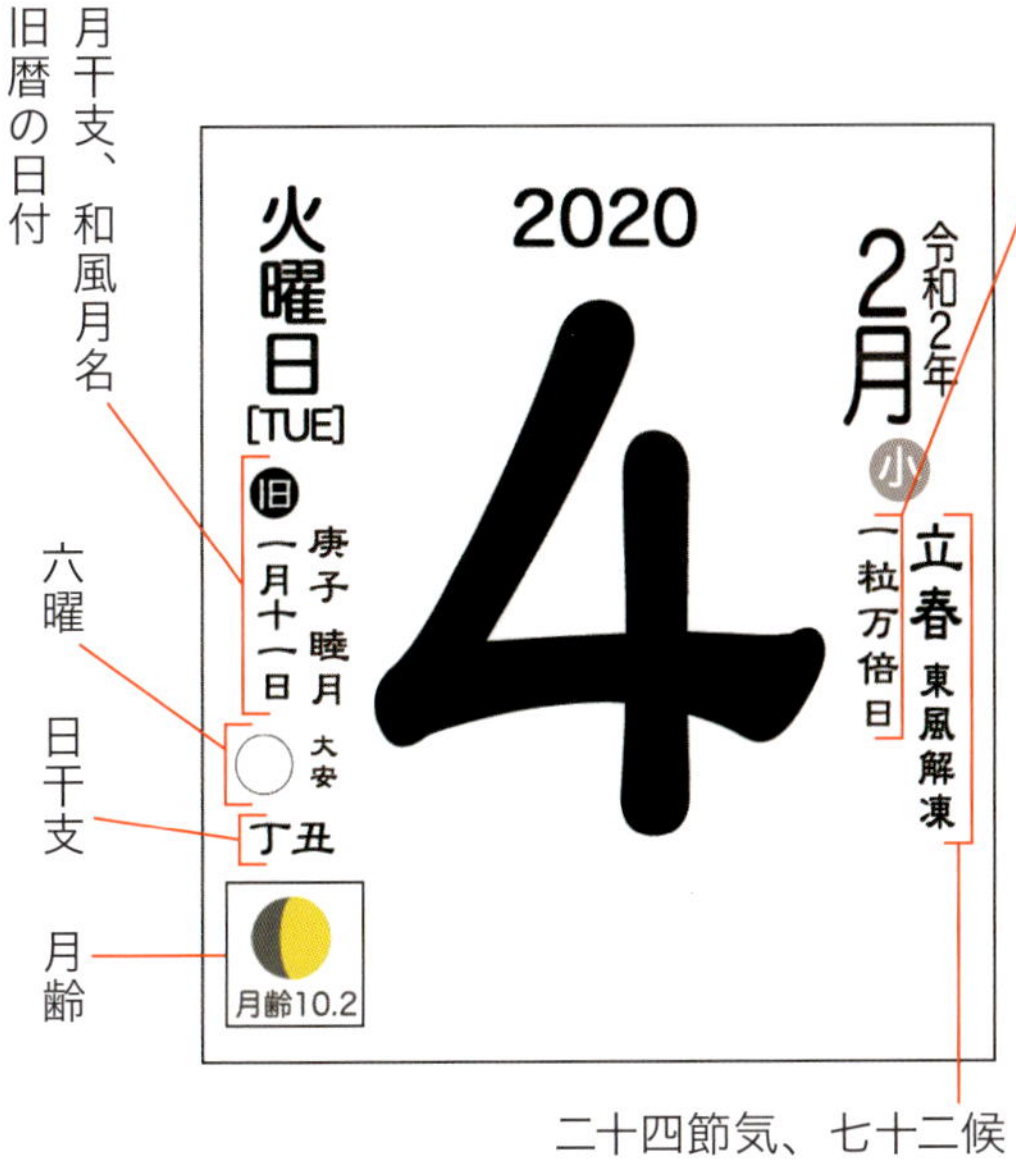

旧暦の日付
月干支、和風月名
六曜
日干支
月齢
火曜日
[TUE]
2020
4
令和2年
2月
小
旧
一月十一日
庚子
睦月
大安
丁丑
月齢10.2
立春
東風解凍
一粒万倍日
二十四節気、七十二候

選日 せんじつ

その日の吉凶を判断する特別な日柄を示す暦注。

●一粒万倍日
いちりゅうまんばいび
何事も大きな結果を生む吉の日。

●不成就日
ふじょうじゅび
何事をやっても悪い結果を招く凶日。

●八専　はっせん
仏事、供養、破壊的な物事（造作など）の着手、嫁取りの凶日。

●三隣亡
さんりんぼう
移転、建築の大凶日。その災いは近隣（三隣）にまでおよぶ。

●天赦日　てんしゃび
一年中で最上の大吉日。

十干十二支 じっかんじゅうにし

六十干支ともいい、10種類の「干」と12種類の「支」の組み合わせで年、月、日を表す。60を周期とし、ひと周りして生まれた年と同じ干支になることを「還暦」という。

十干は甲・乙・丙・丁・戊・己・庚・辛・壬・癸の10種類からなり、十二支は子・丑・寅・卯・辰・巳・午・未・申・酉・戌・亥の12種類からなっており、これらを合わせて「干支（かんし）」と呼びます。暦を始めとして、時間、方位などに用いられるほか、建物や会社名に使われることも。たとえば、高校野球が行われる「甲子園球場」もその一つ。竣工した1924年（大正13年）の干支、甲子（きのえね・こうし）にちなんで名付けられたそうです。

1月 睦《む》月《つき》

二十四節気
晩冬
小寒・大寒

雑節
冬土用

新しい年を迎えて家族や親族が集まる「睦び月」

1月の和名は「正月」。お正月に家族や親族が集まって、仲睦まじく過ごす「睦び月（むつびつき）」であることから「睦月（むつき）」とも。1日から3日までを「三が日」、正月飾りをつけておく7日頃までを「松の内」といいます。

一年の幸せや健康をもたらす「年神様」は初日の出とともに現れるとされ、元日の早朝に天皇が、災いを祓い、豊作を祈願する「四方拝」という儀式があります。それが一般にも広がり、「初日の出」を拝むようになったといわれています。「元日」は1月1日のこと。「元旦」は、年明け初日の朝を意味します。年賀状は、1月1日の朝に届くように出すのが礼儀。日付は「元日」ではなく、「元旦」と書きます。

1月の行事

1日 元日 がんじつ
松飾りを立てておく、正月7日（または15日）までを「松の内（まつのうち）」という。※歌舞伎座は15日までが「松の内」。地方によっては、3日、10日、15日（小正月）、20日（二十日正月）までとするところも。

7日 人日 じんじつ
五節供のひとつ、「七草の節供」とも呼ぶ。若草の生命力をいただき、一年の健康を祈願する。「人日」は、文字通り〝人の日〟という意味。元日から7日までの各日に動物をあてはめた古代中国の占いで、7日は「人の日」であったことに由来する。

11日 鏡開き かがみびらき
正月の鏡餅を食べる日。

15日
小正月 こしょうがつ
小豆粥を食べて、その年の豊作を祈る。

左義長 さぎちょう（どんど焼き）
正月の松飾りや古札を納めて焚き上げる。

20日 二十日正月 はつかしょうがつ
正月の行事を終了する節目の日。

お正月のしきたり

行事食 →P226

年神様への供物として、五穀豊穣や健康、子孫繁栄の願いを込めた「おせち料理」は、素材のひとつひとつに意味があり、重箱の使い方にも決まりごとがあります。

「めでたさが重なる」五段重ねの重箱を使う

4段目は「シ」を連想させる「四」を避けて「与の重（よのじゅう）」と呼び、五の重は、年神様から授かった福を詰める場所として空にしておきます。
供物をあとでいただくことは、「神人共食」といい、神様と共に食事をすること。季節ごとの行事やお祝いの日に食べる「行事食」は、それぞれに特別な意味があります。

各段の品数は、3、5、7の吉数（奇数）にし、四隅を空けないように詰める。

年齢が若い人から順に「お屠蘇（おとそ）」を飲んでから、おせちをいただくのもお正月のしきたり。

5段目は年神様から授かった福を詰める場所として空にしておく。

鏡開き かがみびらき

もともと武家から始まったため、切腹を連想させる刃物は使わず、手や木槌を使うように。また、年明けに「割る」という表現も縁起が悪いため、末広がりを意味する「開く」になりました。

「松明け」の行事のため、地域で違いがあり、関東は1月11日、関西では旧暦の二十日正月にあたる1月20日に行うところもある。

小正月 こしょうがつ

小正月には、小豆を加えて炊いた「小豆粥」を食べる風習があります。小豆といってもお汁粉のように甘くはなく、七草粥と同様に、麦、あわなど7種類の穀物を加える場合も。お正月のごちそうが続いたあとに、消化のよいお粥で胃をいたわる食養生も兼ねていました。

旧暦の小正月は、満月（望月）だったため、お正月に残った餅を入れて「望粥」と呼ぶことも。

小豆のように赤い色の食べ物は邪気を祓うといわれ、冬至の日に小豆粥やかぼちゃと一緒に煮た「いとこ煮」を食べる地域もある。

2月 如月《きさらぎ》

二十四節気
初春
立春・雨水

雑節
節分

「衣を重ね着」したくなるほど、春まだ遠くに感じる頃

「きさらぎ」は、「衣更着」の読みを古代中国の月名「如月」に当て字をしたもの。厳しい寒さに衣を更に重ねる「更衣（きさらぎ）」の時期という意味がある月ですが、旧暦の日付をそのまま新暦に置き換えて春の行事が行われます。

2月は、旧暦で年末年始にあたる頃。伝統的な行事を旧暦で祝う習慣のある国や地域では、「立春」からの数日をお正月として祝います。日本では「旧正月」と呼んで、とくにお祝いはしませんが、「立春」前日の「節分」は、今も続く伝統行事のひとつになっています。冬と春、季節の境目にあたる「節分」は、昔でいえば「大晦日」のようなもの。新しい年を迎える前に厄祓い、魔除けとして行うのが「豆まき」です。

2月の行事

3日頃 節分 せつぶん
暦を補足する雑節のひとつで、季節の始まりの日のこと。もとは、立春、立夏、立秋、立冬の各前日にあったが、江戸時代以降は立春の前日をさすようになった。

豆まき
宮中で行われていた「追儺（ついな）」という行事が民間にも広まった邪気祓いの風習のひとつ。

4日頃 立春 りっしゅん
旧暦で春の始まりとする日。太陽の位置を基準に一年を区分した二十四節気の第一節。

旧正月
旧暦の正月。「節分」は「大晦日」、「立春」は「元日」にあたる。

8日 針供養 はりくよう
「事八日（ことようか）」とも呼ばれ、裁縫を休み、折れた針の供養をする。

その他
初午 はつうま
2月最初の「午」の日に、豊作や火事除けを祈願する、稲荷神社のお祭り。旧暦二月の「初午」（3月初旬）に行う場合も。

節分のしきたり 柊鰯、福豆 →P67

古くから豆には生命力と魔除けの力があるとされ、節分の日には、豆をまくことで邪気を祓い、一年の無病息災を願うようになりました。

豆まきは、その家の主の役目

窓を開けて、ひと部屋ずつ豆をまいたら、すぐに閉めます。最後に玄関にまいて、戸をしっかりと閉めます。

自分の年の数の豆を食べる

まいた豆から芽が出ると縁起が悪いので、豆は必ず炒る（=射る）。

自分の年の数、地方によっては年の数より1つ多い豆を食べることで、鬼退治ができるとされる。

福茶

豆に昆布、梅干しなどを加えたお茶を飲んでもよい。

旧正月

1873年の改暦に伴い、年中行事は、旧暦の日付をそのまま新暦で採用するように定められました。旧暦の日付に近い時期に行事を行うことは「月遅れの○○」や「旧○○」という呼び方に。昭和20年代までは、ほぼ半数の人々が、「旧正月」で新年を祝っていたそうです。

ここで改暦

旧暦	元号	明治五年	明治6年
	日付	十二月二日	1月1日
新暦	西暦	1872年	1873年
	日付	12月31日	1月1日

明治五年の十二月は2日間で終了！

針供養《はりくよう》

2月8日（京都では12月8日）は、「事八日」といい、道具を供養する風習があります。行事の内容は地域で大きく異なりますが、「針供養」は、その代表的なもの。縫い仕事をする人を労い、裁縫上達を祈る祭りとして、江戸時代中期以降に全国に広まりました。

折れた針や古くなった針を、感謝の気持ちを込めて柔らかい豆腐やこんにゃくに刺し、神社に奉納する。

3月
弥《や》生《よい》

二十四節気
仲春
啓蟄・春分

雑節
彼岸、春社

春を迎えて草木がどんどん育つ、「いやおい」茂る月

3月の和風月名は「弥生」。大和言葉（和語）で「やよひ＝いやおひ」は、いやがうえにも、ますます、いよいよといった意味。春を迎えて、草木がますます生い茂る時期、「木草弥や生ひ茂る月」が詰まって「弥生」になったといわれています。

旧暦の三月「弥生」は、現在でいえば4月頃。現在の季節感とは大きくずれています。まして現代は、昔ほど四季を感じられない時代。3月は「木草いやおい茂る月」ではないけれど、本来3月3日頃には咲かない桃の花を愛でることができます。

だからこそ、年中行事で季節を味わい、昔の人の思いを感じ、日本の文化や知識を得ることが大切。行事は、季節感を伝え、親から子へと日本の心を伝えていくものでもあるのです。

3月の行事

3日 上巳 じょうし
桃の節句、雛祭りとも呼び、女の子の幸せを願う五節供のひとつ。

13日 十三詣り じゅうさんまいり
数え年十三歳を迎えた男女が、旧暦三月十三日に虚空蔵菩薩にお参りする行事。現在では、3月13日から5月13日の間に行うのが一般的。

21日頃 春分 しゅんぶん
二十四節気の第四節。昼と夜の長さがほぼ等しくなる日を「春分日（しゅんぶんび）」と呼び、日本では、3月20日または21日になることが多い。

春の彼岸 はるのひがん
春分日は、春の彼岸の中日にあたり、国民の祝日「春分の日」でもある。

その他
春社 はるしゃ
雑節のひとつ社日は、生まれた土地の守護神「産土神（うぶすながみ）」を祀る日。春分または秋分に最も近い戊（つちのえ）の日の年2回あり、種まきの時期にあたる春の社日は、五穀豊穣を祈願する。

雛人形の飾り方 行事食 →P226

最上段に飾る、天皇・皇后の姿になぞらえた男女一対の人形「内裏雛」の配置、道具や持ち物は地方によって異なります。

関東風（右上位）

男雛は向かって左、女雛は向かって右
明治以降、皇室が、欧米の儀礼に合わせて女性を向かって右（上位）に配する方式を採用したことから始まる。

関西風（左上位）

男雛は向かって右、女雛は向かって左
自分の左側（向かって右）を上位とする日本古来の礼法「左上右下」に基づく配置。

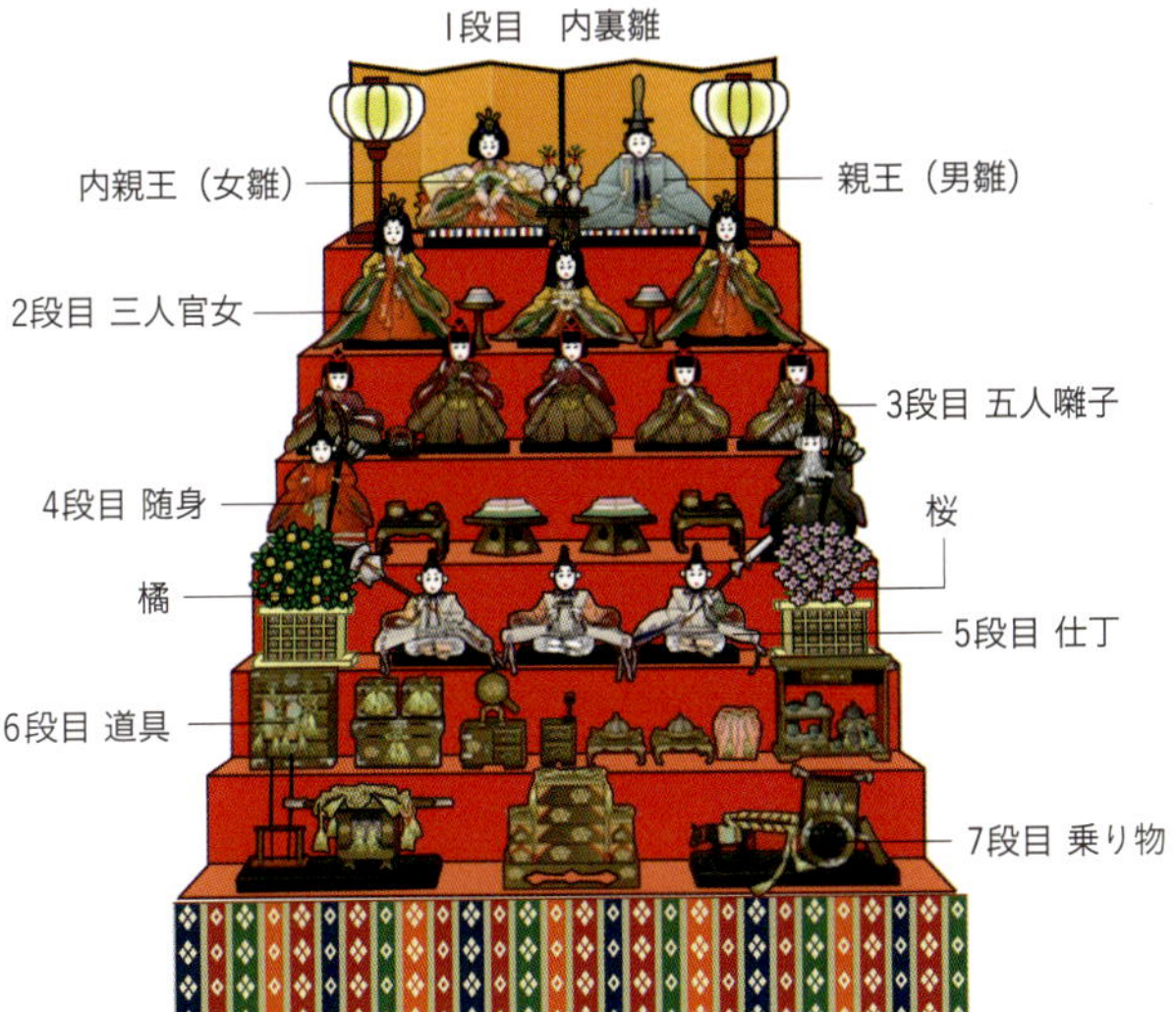

1段目　内裏雛
内親王（女雛）
親王（男雛）
2段目 三人官女
3段目 五人囃子
4段目 随身
桜
橘
5段目 仕丁
6段目 道具
7段目 乗り物

三人官女 **さんにんかんじょ**	向かって右に長い柄のある酒器（長柄）、中央に三方、左に持ち手のついた酒器（提子）を持った女官を配し、間に高坏を飾る。
五人囃子 **ごにんばやし**	向かって右から、扇子を持った「謡（うたい）」、「笛」「小鼓」「大鼓」「太鼓」と順に手にした楽器が大きくなるように並べる。
随身 **ずいしん**	向かって右に年配の「左近衛中将（さこんえのちゅうじょう）」、左に年若の「右近衛少将（うこんえのしょうしょう）」。
仕丁 **しちょう**	三人仕丁の持ち物は、関西では掃除道具、関東では旅支度。右から「怒った顔」「泣いた顔」「笑った顔」の順に並べ、向かって右側に「桜」、左側に「橘」を飾る。
道具 **乗り物**	6段目には、箪笥、長持、表刺袋、火鉢、鏡台、茶道具など。並べ方に決まりはなく、見た目にバランスよく飾る。 御所車、御駕籠などの乗り物は、最下段に飾る。

4月 卯《う》月《づき》

二十四節気
晩春
清明・穀雨

雑節
春土用

卯の花、うさぎ、生き物すべてが生き生きとする月

十二支の4番目「卯」を当てはめた、稲を植える月という意味の「植月（うえつき）」が転じたなど、卯月の意味や由来のなかで、有力なのが「卯の花が咲く月」を略したという説。万物が生き生きとし、明るさに満ちあふれる頃です。

旧暦の卯月は、現代の4月下旬から6月上旬、初夏にあたります。古来の日本では、卯月を境に衣替えしたともいわれています。今では、空調が整っているので、一年を通して服の入れ替えをしない人もいるでしょう。でも、衣替えには、日本人が育んできた季節感や文化があります。現代の4月は、夏服どころか上着が手放せない時期ではあるけれど、衣替えの準備にとりかかってはいかがでしょうか。

4月の行事

5日頃 清明 せいめい

二十四節気の第五節。「草木が芽吹き清々しいから、草木の種類が明らかになる頃合い」という意味がある「清明」の初日をさすことも。

8日 灌仏会 かんぶつえ

旧暦四月八日に生誕した伝承に基づく、釈迦の誕生を祝う仏教行事。花々が咲く季節でもあり、花に彩られた御堂に誕生仏を祀ることから、一般的には「花祭り」と呼ばれている。

卯月八日 うづきようか

旧暦四月八日に行われる、山の神が田へ降りてくるのを迎える祭日。「卯月八日に種まかず」といわれ、農事を休んで神事を行ったり、花見を楽しんだりしたことから、「お山始め」「花見八日」とも呼ばれる。虫封じをする習わしもある。

灌仏会《かんぶつえ》

全国の仏教寺院でさまざまなお祝いが行われますが、共通する行事が、お釈迦様の像に甘茶をかける儀式。「灌」という文字は〝液体を注ぎ込む〟という意味を持つことから、産湯を意味するともいわれています。

お釈迦様の誕生像

甘茶

材料は、日本で突然変異した日本独自の植物で、甘茶をかける儀式も日本独自の風習。

甘茶には虫除けの効能もあるといわれ、「虫除け」のおまじないにも使われる。

お釈迦様の誕生を祝福して、龍が甘露を注いだという故事に由来。

虫除けのおまじない

甘茶ですった墨で白い紙に「千早振る卯月八日は吉日よ 神下げ虫を成敗ぞする」と書き、逆さまにして戸口の柱に貼る。

数え年と満年齢の違い

旧暦の時代、日本では、年齢を「数え年」で数えてきました。今は「満年齢」で行う人が増えていますが、七五三や十三詣り、厄祓い、長寿のお祝いといった伝統行事は、数え年で行うのが昔からのしきたりです。

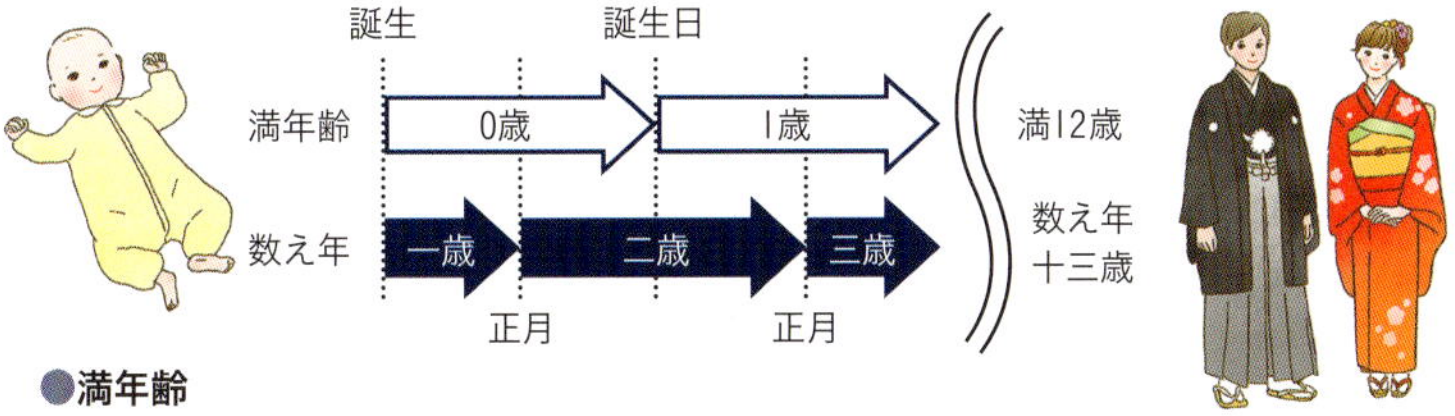

●満年齢

生まれた日を「0歳」と数え、誕生日がくると「1歳」年をとる。
※厳密には誕生日前日の正午。

●数え年

生まれた日を「一歳」と数え、新年がくると「一歳」年をとる。

満年齢から「数え年」を知る方法

誕生日前 → 満年齢＋2歳
誕生日後 → 満年齢＋1歳

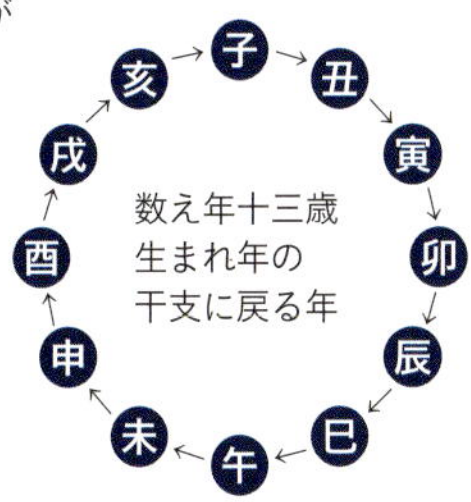

十三詣り

数え年十三歳は、干支が初めて一回りして最初の厄年にあたる年齢。「十三詣り」は、子どもが大人となる節目の年齢に、成長を祝い、健康と成功を祈願する儀式。

5月 皐《さ》月《つき》

二十四節気
初夏
立夏・小満

雑節
八十八夜

梅雨の晴れ間に、夏の気配が感じられる頃

苗代で育てた「早苗」を田に植え替える「早苗月」、耕作を意味する古語「さ」から、稲作の月として「さつき」になったなど諸説ありますが、いずれも稲作と関係が深いもの。現在でも、日本各地で田植えが行われる月です。

5月5日「こどもの日」は、旧暦の五節供のひとつ「端午」。古代中国から伝わった、邪気や災厄を祓う行事「端午」が、時代とともにかたちを変え、男の子の成長を祝う節供となりました。

男の子がいる家では、兜に道具を組み合わせた「五月人形」を飾るのが習わし。3月の女の子の節句で飾る雛人形と同様に、人の形をしたものに穢れをうつして厄落としをする意味が込められています。

5月の行事

1日頃 八十八夜 はちじゅうはちや

立春から数えて88日目。初夏の訪れを告げる季節の変わり目で、種まきやお茶の収穫など農作業の目安とする、雑節のひとつ。

5日 端午 たんご

この時期に盛りを迎える菖蒲や蓬を用いて邪気を祓う、古代中国の風習に由来。武家社会に入ると、「菖蒲」が「尚武」に通じるとして、男児の成長と健康を祈る行事として定着、江戸時代中期に「五節供」のひとつに制定された。1948年に「国民の祝日に関する法律」で、男女の別なく「こどもの幸福をはかるとともに、母に感謝する」日として「こどもの日」に制定。

15日 葵祭 あおいまつり

京都・賀茂御祖神社と賀茂別雷神社で行われる例祭。流鏑馬や平安装束をまとった人々が練り歩く「路頭の儀」など、日本の祭りのなかでも数少ない王朝風俗の伝統が残されている。

八十八夜 はちじゅうはちや

末広がりの「八」が重なる八十八夜は、縁起がよいとされ、農の吉日。この日に摘んだお茶の新葉は、昔から「不老長寿の薬」ともいわれ、珍重されています。

八十八を縦に書くと……

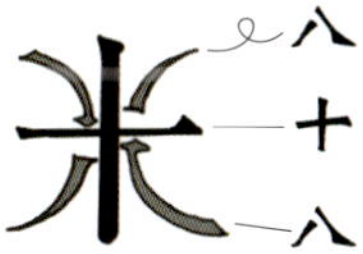
八
十
八

米という文字になる

米作りには88の手間がかかる、といわれ、八十八夜は、稲作とも関係深い日。立夏も近いこの頃、農家では、種まきや田植え、茶摘みを始めます。

新茶は贅沢な一芯二葉摘み

芯「芽」の状態の葉
上から3枚目は、生長が進んで葉が大きくなる
一芯二葉
いっしんによう
一芯三葉
いっしんさんよう

一芯二葉摘み
芯と、その下の2枚の葉を摘む。新茶の繊細な味わいは、この摘み方が決め手。葉が若く、紫外線をあまり浴びていないので、渋みのもとになるカテキンが少なく、甘みの強いおいしいお茶になる。

一芯三葉摘み
芯と、その下の3枚の葉を摘む。3枚目の葉は大きく、2枚目との間の茎も使えるので収穫量が増える。

4枚目以降の葉になるとさらに生長が進み、カテキンやポリサッカライドなど健康によいとされる緑茶の成分が豊富に。葉が硬めなので、冷水で抽出すると、さっぱりとした味わいの爽やかな冷茶になる。

五月人形 ごがつにんぎょう

端午の節供に鎧兜（よろいかぶと）を飾り、男の子を中心とするお祝いの日となったのは、室町時代くらいから。子どもの身代わりに災厄を受ける意味が込められ、本来男の子一人に一つ用意するもの。男の子の初節句には、母親の実家から五月人形を贈るのが習わしでした。

1段目　向かって右に刀、左に弓、中央に、櫃（ひつ）を置き、鎧兜を飾る。

2段目　向かって右から、陣笠（じんがさ）、陣太鼓（じんだいこ）、軍扇（ぐんせん）を並べ、両脇に篝火（かがりび）を置く。

3段目　中央に瓶子（へいし）、左右に粽、柏餅を三方や八足台などに載せて置く。

五月人形

柏餅 かしわもち

柏は、若い芽が出ないと古い葉が落ちないため「跡継ぎが絶えない」縁起のよい木。

粽 ちまき

戦国時代、戦に行くのに携帯する保存食に用いられた。鉄砲の形に似ているので、自分の身を守るという意味も。

関東はあん入りの餅を柏の葉で包んだ「柏餅」、関西では米や米の粉などを笹や竹の皮で巻いた「粽」が多く食べられている。

季節のしきたり

暮らしと暦
年中行事

6月 水《み》無《な》月《づき》

二十四節気
仲夏
芒種・夏至

雑節
入梅

稲作に欠かせない「水」と関わる梅雨明けの月

旧暦六月は、今の6月下旬から8月上旬。暑さで田の水が干上がってしまうから「水無月」と呼ばれた、という解釈もありますが、梅雨明けの頃、田に水を引く時期で「水の月」とする説もあります。

6月1日は衣替えの日。「身だしなみ」という言葉があるように、日本人にとって、服装は自分のためだけでなく、まわりの人に与える印象も考えて身支度する「礼儀」のひとつでもありました。

とくに大切なのが季節感。暑い時期は、着物の色や柄で涼やかさを取り入れるといったように季節を先取りした装いは「粋」、人目に暑苦しい素材や色柄の衣類で、過ぎた季節を引きずるのは「野暮」とされてきました。

6月の行事

1日 衣替え ころもがえ
平安時代から続く季節ごとに衣類を入れ替える習慣。当初は、衣類を重ね着する「更衣（こうい）」と呼ばれたが、後に女官の役職名に用いられるようになったため、「衣更」に改められた。

6日 稽古始め けいこはじめ
子どもが諸芸の稽古を始めるのによいとされる日。室町時代に能を大成した世阿弥が記した『風姿花伝』が原典とされ、江戸時代に歌舞伎で「6歳の6月6日の……」という語呂のよい言い回しが使われ、芸事や武道、学問を始める適齢として定着した。

11日頃 入梅 にゅうばい
雑節のひとつで、「梅雨入り」の目安。二十四節気「芒種」に入った最初の壬(みずのえ)日。

30日 夏越の祓 なごしのはらえ
神社で、年2回行われる「大祓」の夏の行事。境内に設けられた茅の輪をくぐり、半年分の厄を祓い、残り半年の無病息災を祈願する。

衣替え　ころもがえ

平安時代には年2回、江戸時代に入ると、武家社会では年4回の衣替えが定められ、各季に着るものにも決まりがありました。衣替えの習慣は、一般にも定着し、衣類の入れ替えのほか、「建具替え」「しつらえ替え」で季節に合わせて調度を整え、夏をより心地よく暮らすための工夫もしています。

しつらえ替え

夏の衣替えのときには、簾をかけたり、建具を夏用に替える「建具替え」や、風鈴やうちわを出して、室内に涼を取り込む「しつらえ替え」も行われました。

エアコンのない時代、うちわは欠かせない夏の生活道具。風鈴の音で涼を呼び込む工夫も。

衣替えの時期　※漢数字は旧暦

●平安時代　宮中行事として年2回

六月 夏装束　十月 冬装束

●江戸時代　武家社会のしきたり

四月一日～　袷（あわせ・裏地付き）
五月五日～　帷子（かたびら・裏地なし）
九月一日～　帷子または袷
九月九日～　綿入れ（表布と裏布の間に綿を入れた着物）

●改暦以後の一般的な衣替えは年2回

6月1日～夏服　10月1日～冬服
学校や官公庁、制服のある会社などは、現在もこの日をめどに衣替えを行っている。

夏越の祓　なごしのはらえ

年2回ある「大祓（おおはらえ）」の行事で、6月30日の大祓を「夏越の祓」といいます。神社の境内に立てられた「茅の輪」をくぐり、半年間の穢れを祓い清め、残り半年の無病息災を祈願する行事です。

茅の輪

チガヤというイネ科の植物で作られた輪。引き抜いて持ち帰るのは厳禁。

6月末から一定期間設置され、期間中は輪くぐりができる。※期間は神社によって異なる。

厄除けのお菓子
水無月　みなづき

夏越の祓の日、京都では厄除けとして「水無月」と呼ばれるお菓子を食べる習慣があります。

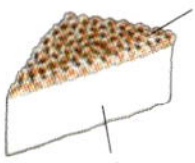

小豆
邪気を祓うといわれる

ういろう

三角の形は氷を表す。四角の半分で「半年」の意味とも。

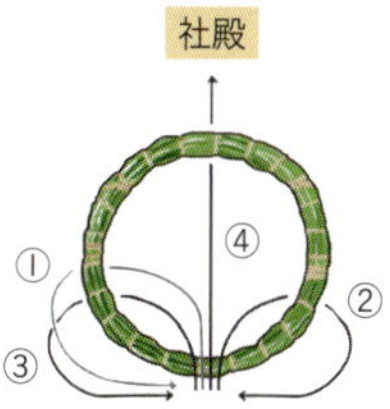

茅の輪のくぐり方

「∞」の文字を描くように、左回り（①）、右回り（②）、左回り（③）と3回くぐってから、社殿に進む（④）。なお、くぐり方は、地方によって異なる場合もあるので、お詣りする神社の指示に従うこと。

7月 文《ふ》月《づき》

二十四節気
晩夏
小暑・大暑

雑節
半夏生、夏土用

七夕の月。書道の上達を祈った行事に因む「文」の月

短冊に歌や願い事を書くのは、古くから伝わる七夕の習わし。七夕は書道の上達を祈る行事でもあり、詩歌を献じたり、書物を夜風にあてる「文披月（ふみひらきづき）」が転じて「文月」になりました。

旧暦七月七日は、七夕の節供。天の川に隔てられた彦星（わし座のアルタイル）と織姫星（こと座のベガ）が年に一度出会うという古代中国の伝説から生まれた、星を祭る行事です。

日本では奈良時代から行われ、江戸時代に民間にも広まり、今も続く伝統行事のひとつ。中国、韓国、台湾、ベトナムなどアジアの国々でも夏の行事として古くから親しまれていますが、短冊に願い事を書くのは日本独自の風習だそうです。

7月の行事

1日〜31日 祇園祭 ぎおんまつり

京都三大祭のひとつ。7月1日から1ヵ月を通して祭事が行われる。平安時代に、祇園社（現・八坂神社）で66本の鉾をたてて、疫病の退散を祈願したのが始まり。

7日 七夕 たなばた（しちせき）

古代中国の伝説に由来する行事「七夕(しちせき)」と、日本古来の「棚機津女(たなばたつめ)」の故事が合わさって生まれた行事。江戸時代に五節供のひとつに制定され、現在も続く伝統行事で「笹の節句」とも呼ばれる。

10日頃 四万六千日 しまんろくせんにち

観音様にお参りすると、4万6000日分の功徳（よい行い）を積んだとされる功徳日。浅草寺（東京都台東区）などでは「ほおずき市」が開かれる。

13日 お盆 おぼん

先祖の霊を迎えて供養する行事。14日を中日として15日(地域によっては16日)まで。
※旧盆（月遅れのお盆）→P86〜87

29日頃 土用の丑の日 どようのうしのひ

暑さを乗り切るための風習が生まれ、「土用の丑の日」といえば夏の土用をさすようになった。

七夕 たなばた

古来「一日の始まりは日没である」という説があり、七夕飾りは6日の夕方に飾るものとされます。短冊や飾り物、吊るす糸などは、古代中国の陰陽五行説に基づいて、赤・青・黄・白・黒の5色を使います。

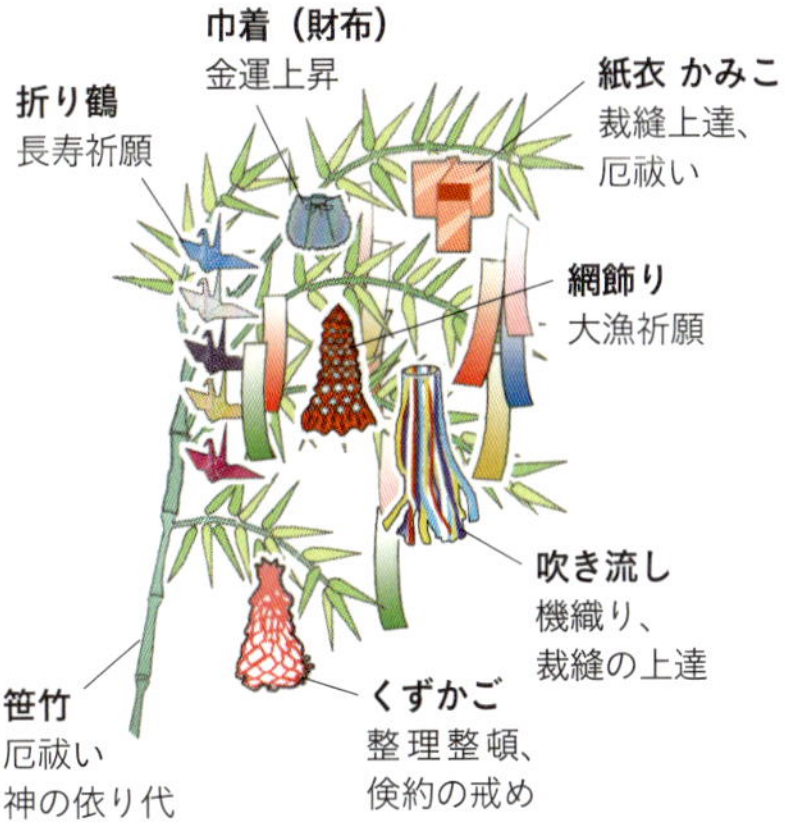

巾着（財布）
金運上昇
折り鶴
長寿祈願
紙衣 かみこ
裁縫上達、
厄祓い
網飾り
大漁祈願
吹き流し
機織り、
裁縫の上達
笹竹
厄祓い
神の依り代
くずかご
整理整頓、
倹約の戒め

七夕素麺

索餅 さくべい

遣唐使によって七夕の節供とともに渡来。七夕に食べると熱病にかからないといわれる点心（お菓子）。素麺の原形となる。

素麺 そうめん

奈良、平安時代から細い糸状の素麺が作られるようになる。江戸時代には、細く長い麺を糸に見立てて裁縫の上達を祈願して、七夕に素麺を供え、暑気払いに食べる習俗が広まった。

お中元 おちゅうげん

季節の贈り物 →P194

昔は、風呂敷に包んで持参するのが礼儀とされていましたが、時代とともに交友関係が広がり、輸送システムが発達したことから、宅配便などで届けるのが一般的になりました。

贈り物は、用途によって、包み方が異なります。お店から直接送ることが多く、あまり意識しませんが、しきたりとして心得ておきましょう。

持参する場合

外のし 包装してから掛け紙をかける

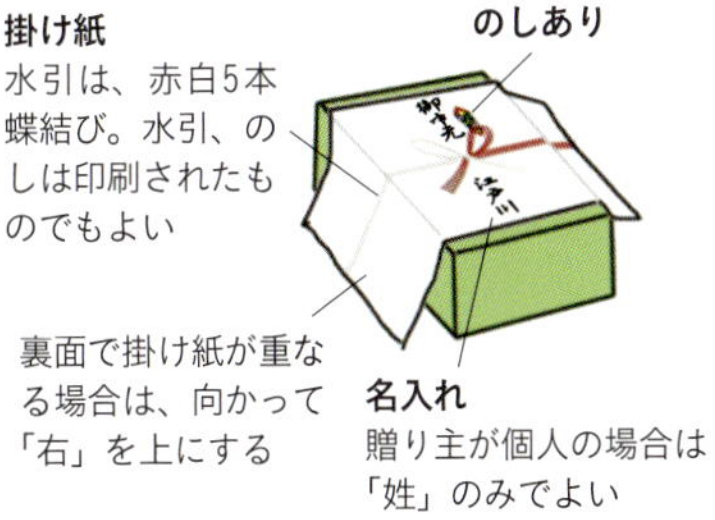

掛け紙
水引は、赤白5本蝶結び。水引、のしは印刷されたものでもよい
のしあり
御中元
江戸川
裏面で掛け紙が重なる場合は、向かって「右」を上にする
名入れ
贈り主が個人の場合は「姓」のみでよい

郵送、宅送にする場合

内のし 掛け紙をかけてから包装する

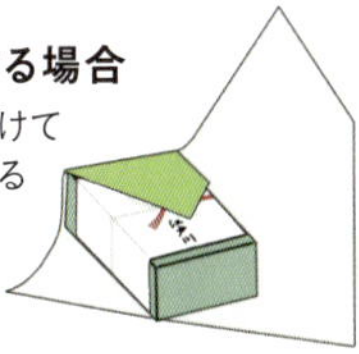

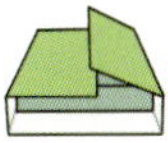

「合わせ包み」の場合は、裏面で、右側の紙を上に重ねる

- **外のし** 表書きがすぐ見える →結婚や出産祝いなど
- **内のし** 控えめな印象→内祝

季節のしきたり

暮らしと暦
年中行事

8月 葉《は》月《づき》

二十四節気
初秋
立秋・処暑

8月は「葉落ち月」、暦のうえでは秋が始まる月

旧暦八月は、新暦の8月下旬から10月上旬頃。和風月名は、木の葉が黄色く色づき、落葉が始まる「葉落ち月」が転じて「葉月」となったとか。現代の8月は暑さが厳しい頃ですが、ふとした風や虫の声に季節の移ろいが感じられます。

お盆は、正式には「盂蘭盆会（うらぼんえ）」といいます。お釈迦様の弟子であった目連尊者が、旧暦七月十五日に多くの僧侶たちに供物を施し、供養したことで、夢の中で苦しんでいた亡き母の魂が救われたという説法に由来。東京では7月、その他の地域では8月に行われますが、お盆の入りは同じ13日です。「迎え火」で先祖の霊を迎え、盆の明けには「送り火」で送り出します。有名な京都の大文字焼きも送り火のひとつです。

8月の行事

1日 八朔 はっさく

「朔」とは「一日」のこと。八朔は農業の厄日とされる。「田の実の節句」とも呼ばれ、「頼み」に通じることから、恩のある人にお礼をする日でもあり、京都の祇園では舞妓や芸妓が挨拶回りをする習わしがある。

7日頃 立秋 りっしゅう

二十四節気第十三節。暦のうえで秋が始まる日。二十四節気は中国古代の文化の中心地、黄河中流域の気候に基づいているため、旧暦か新暦かに関係なく、日本の季節感とは大きくずれている。

13日 旧盆 きゅうぼん

8月13日～16日、地域によっては15日まで。明治の改暦で、お盆は新暦7月15日となったが、農繁期と重なって支障が出る地域では「旧盆」あるいは「月遅れのお盆」として、8月15日に行うようになった。

23日頃 処暑 しょしょ

二十四節気の第十四節。「暑中見舞い」は、立秋を境に「残暑見舞い」として処暑が終わる日までに届くようにする。※季節の挨拶状→P216

迎え盆と精霊送り

行事食 →P227

お盆は、飛鳥時代から続く、大切な行事。明治の改暦以降、7月15日頃と、地方によっては8月15日頃に行われるようになりました。13日の盆の入りに先祖の霊をお迎えし、16日（地域によっては15日）に「送り火」を焚いて見送ります。

12日 お迎えの準備

お盆の間、ご先祖様の霊をお迎えする特別な祭壇を「精霊棚」といいます。精霊馬やお供え物などを用意して、お盆の入りの前日、四十九日の忌明け後に迎える新盆の家では、数日前までに飾り付けます。

13日 お盆の入り

夕方に、家の前で焙烙という素焼きの皿の上で麻幹を焚いて、「迎え火」として故人や先祖の霊を迎えます。

15日 お盆の中日

お盆の間は、毎食ごとに精霊棚に食事とお茶を供え、読経して先祖の霊を慰めます。14日、15日には、菩提寺の住職が檀家を回ってお経をあげる、棚経（たなぎょう）が行われることも。

16日 精霊送り（送り盆・盆の明け）

戸外が暗くなったら、家の門口や玄関で「送り火」を焚き、「来年もお会いしましょう」という気持ちを込めて送ります。

※お迎えの仕方、供物、飾り方などは宗派や地域によって異なります。

麻幹 おがら

迎え火、送り火に使う、皮をはぎ取った麻の茎。

精霊馬 しょうりょうま

お迎えは足の早い馬で。帰りは牛でゆっくりと、お供え物を持ち帰ってもらう意味も。

盆提灯 ぼんちょうちん

一対、または二対を仏壇や精霊棚の両脇に置く。新盆の場合は、軒下に白張り提灯を吊るす。

精霊棚 しょうりょうだな

仏壇の前に置いた棚や経机に、精進料理を供えた霊供膳（仏膳）や、季節の野菜、果物などを供えるお盆のしつらえ。

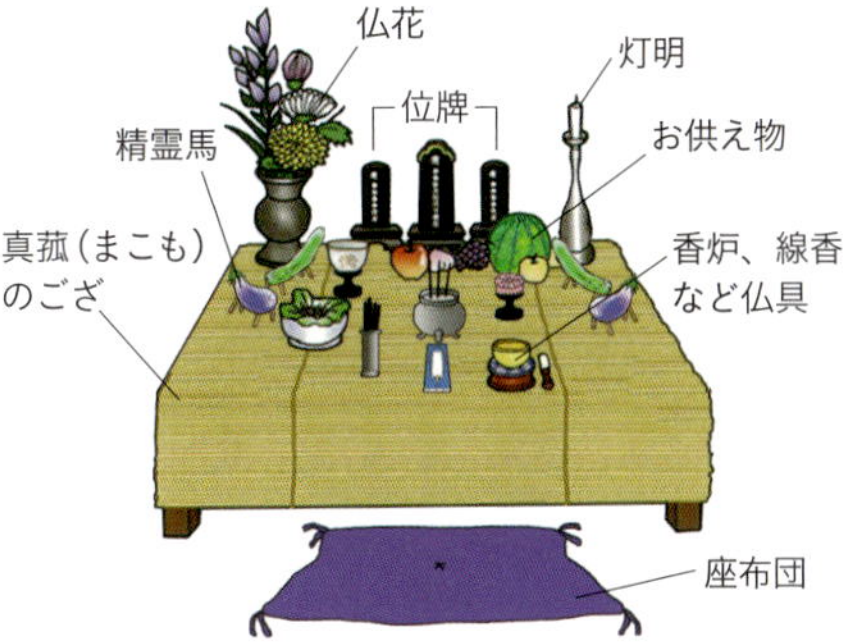

送り火

麻幹を適当な長さに折って、焙烙の上で焚く。火を焚くのが難しい場合は、ロウソクを灯さずに盆提灯を飾って迎え火、送り火としても。

9月 長《なが》月《つき》

二十四節気
仲秋
白露・秋分

雑節
二百十日、二百二十日、彼岸、秋社

和歌や俳句にも多く詠まれた観月の月

夜がだんだんと長くなる「夜長月」、雨が多く降る時期であるため「長雨月」を略したという説。稲刈りをするこの時期、豊作が続くことを願って「長」の月としたという説や、「紅葉月」「菊月」と秋ならではの別名も数々あります。

「中秋の名月」とは、旧暦八月十五日の夜に出る月のこと。日本古来の月を愛でる慣習と、遣唐使によって伝えられた「中秋の名月」を観賞する風習、江戸時代に入り収穫に感謝する秋祭りが結びついた「お月見」は、長い歴史を持つ行事です。

古くから月を詠い、一夜ずつに名前をつけ、月を愛し、満ち欠けする姿のはかなさにも美を見出してきた日本人。とりわけ澄みきった秋の夜空に輝く月は、昔も今も、私たちを魅了し続けています。

9月の行事

1日頃 二百十日 にひゃくとおか

旧暦九月十日の「二百二十日」とともに、過去に大きな台風に見舞われたことから、雑節で農業や漁業の厄日とされる。

9日 重陽 ちょうよう

旧暦九月九日。縁起がよいとされる奇数の中でも一番大きな「九」が重なる日となるため「重陽」と呼ばれ、不老長寿や繁栄を願う行事として、旧暦時代は盛大に祝われた。

23日頃 秋分 しゅうぶん

二十四節気の第十六節。昼と夜の長さのほぼ等しい日を初日（現在の「秋分の日」）とする15日間。この日を「中日」とする前後3日間は「秋の彼岸」。

その他

中秋の名月 ちゅうしゅうのめいげつ

旧暦八月十五日の夜に出る月。新暦では、毎年日付が異なり、旧暦八月十五日にあたる9月7日～10月8日の夜の月を指し、満月とは限らない。

秋社 あきしゃ

雑節のひとつ。秋分に一番近い戊（つちのえ）の日。秋の社日は「秋社」といい、穀物を刈り取り、田の神を祭る。

お月見のしきたり 行事食 →P227

縁側や庭先など月がよく見える場所に、お供え物を置き、秋の七種を飾るのが、お月見の伝統的なしつらえです。

月見団子 つきみだんご

お米で作った「満月」のように丸い団子を供えることには、その年の五穀豊穣の願いが込められています。また、月と同じ丸いものを食べることで、自らにも健康と幸福がもたらされるとし、お月見のあとに、家族で団子をいただくのも習わしです。

少しつぶす

大きさは、十五夜に因んで一寸五分（約4.5cm）ほどに。

三方（さんぽう）に盛って供える

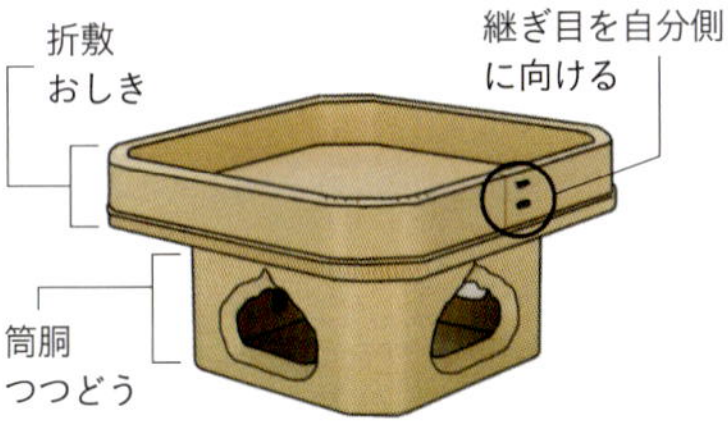
折敷
おしき
継ぎ目を自分側
に向ける
筒胴
つつどう

三方がない場合は、白いお皿や木製のお盆を使っても。

団子の数と並べ方

十五夜には、十五にちなんで15個お供えします。また、1年の満月の数に合わせて12個（閏年には13個）、15を簡略して5個にする場合もあり、十三夜には、13個または3個をお供えします。

●15個

1段目に9個（3×3）、2段目に4個（2×2）、3段目は、正面から見て縦になるように2個並べる。※仏事では横に2個並べる。

●13個

1段目に9個（3×3）、2段目に4個（2×2）並べる。

●12個

1段目に9個（3×3）、2段目に3個。

●5個

1段目に4個（2×2）、2段目に1個。

三方の折敷に奉書紙か半紙を敷く

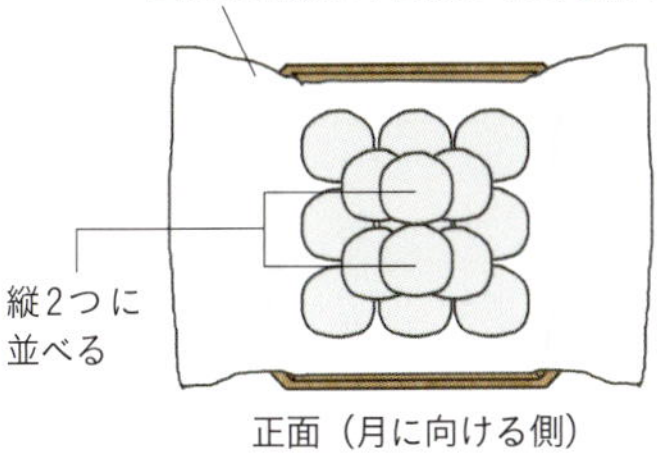
縦2つに
並べる
正面（月に向ける側）

月の側から見た場合

左（自分から見ると向かって右）

自然のものを飾る。

秋の七種（P45）のなかでも、稲穂に見た目が似ているススキがとくによいとされる。

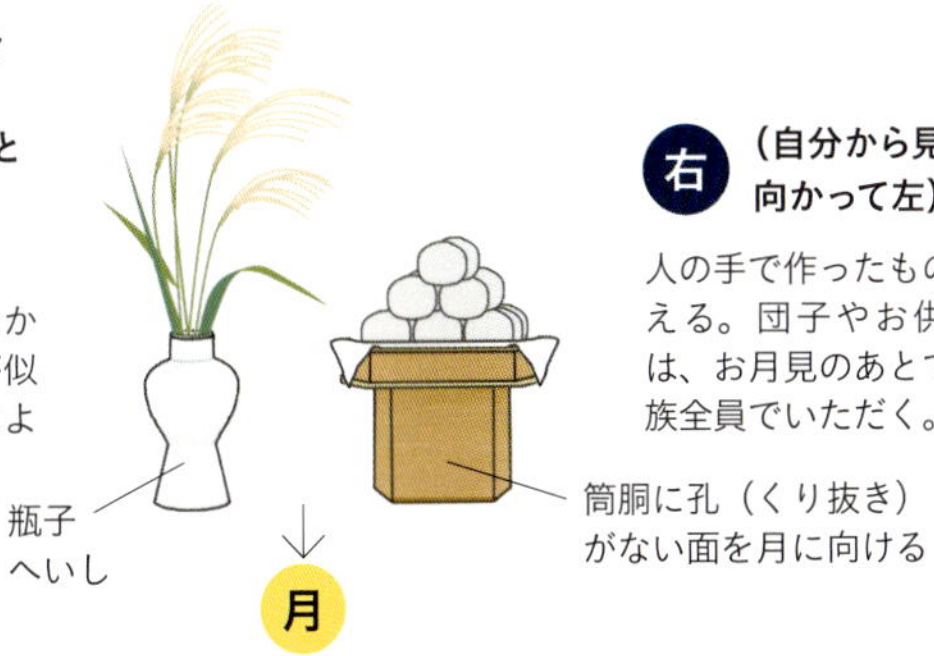
瓶子
へいし
筒胴に孔（くり抜き）
がない面を月に向ける
月

右（自分から見ると向かって左）

人の手で作ったものを供える。団子やお供え物は、お月見のあとで、家族全員でいただく。

季節のしきたり

暮らしと暦
年中行事

10月 神《かん》無《な》月《づき》

二十四節気 晩秋 寒露・霜降

雑節 秋土用

収穫の秋を迎え、神様に感謝する「神の月」

旧暦十月は、八百万の神々が出雲大社（島根県）に集まる月。出雲地方以外では鎮守神が不在になるから「神無月」というのは俗信だとか。現在では「無」は「〜の」の意味で、「神の月」と解する説が有力です。

紅葉を観賞する習慣は、奈良時代から始まったといわれ、『万葉集』には、紅葉を詠んだ歌が100首以上も収められています。紅葉を愛でる宴の様子は『源氏物語』に描かれ、江戸時代には、庶民も「紅葉狩り」を楽しむようになりました。山々が紅葉で色づくことを「山粧う(やまよそおう)」。目の前に広がる紅葉を見れば、この言葉の奥深さがわかるはず。日本語の豊かさと四季の美しさをこの目で味わってみましょう。

10月の行事

1日 衣替え ころもがえ

明治6年に新暦が採用されて以後、衣替えは年2回になり、10月1日から翌年5月31日までは冬服を着用する期間。学校や官公庁、制服のある会社などは、現在もこの日をめどに衣替えを行っている。

11日頃 十三夜 じゅうさんや

十五夜を中秋の名月と呼ぶのに対し、旧暦九月十三日の十三夜は「後の月（のちのつき）」「栗名月」「豆名月」ともいう。→P55

17日 神嘗祭 かんなめさい

天皇陛下がその年の新米を伊勢神宮に供える祭事。11月の新嘗祭とともに宮中恒例祭典の中でも重要なものとされる。

22日 時代祭 じだいまつり

葵祭、祇園祭とともに、京都三大祭のひとつ。1895年（明治28年）に平安神宮が造営された記念祭の一環として行われたのが始まり。例年10月22日に行われるが、2019年（令和元年）は、同日が即位礼正殿の儀に当たるため、26日に行われた。

神嘗祭 かんなめさい

神嘗祭は、10月17日、その年の最初に収穫した稲穂「初穂」を天照大神にお供えし、五穀豊穣を感謝するお祭りです。神嘗とは、「神饗」が語源といわれ、酒や食べ物などを供えて神を祀ることを意味します。儀式は、宮中および伊勢神宮で執り行われ、これに合わせて、伊勢市内では、全国各地のお祭りや伝統芸能が奉納される「神嘗奉祝祭」が行われます。

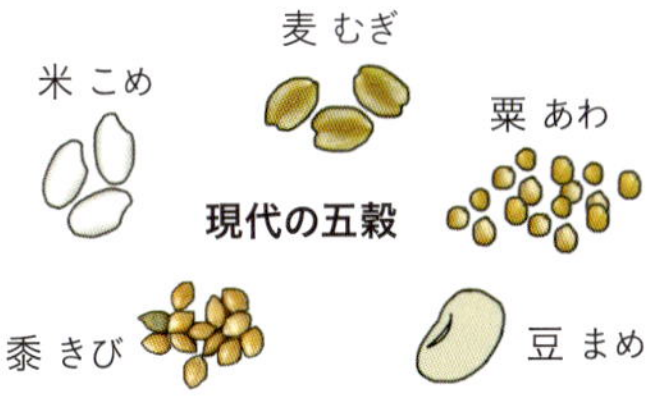

五穀 いつくさのたなつもの

時代によって違いがあり、近世に入ると、重要な作物の意味で「五穀」の言葉が使われ、必ずしも5種類に限定されなくなりました。

「食べ物」は「賜《た》べ物」

「食べ物」は、は神々からの「賜り物」が語源といわれ、日々の食事は、神々に感謝をして、ともに同じものをいただく「神人共食」の神事とする考えが古くからあります。

衣替えと土用の虫干し

江戸時代になると、武家社会では衣替えは年4回に増え、季節の衣での出仕（勤めに出ること）が制度化されました。庶民も、これに従ってはいましたが、皆が季節ごとの着物を持っていたわけではありません。

庶民にとって衣替えは、衣類の出し入れというより、季節に合わせて仕立て直す時期。また、生地の傷みを抑えるために、季節の変わり目になる土用には、虫干しも行っていました。

土用の虫干し

●夏土用　7月下旬
夏に発生しやすい害虫を防止。
●秋土用　9月下旬〜10月中旬
夏の間についた虫を追い出す。
●冬土用：1月下旬〜2月上旬
「寒干し」ともいい、冬の乾燥を生かして湿気を抜く。

奈良・正倉院の虫干し「曝涼（ばくりょう）」は有名。例年10月〜11月に奈良国立博物館で開催される「正倉院展」は秋の風物詩となっています。

十月は綿を入れ、四月は綿を抜く

十月には、着物をほどいて綿入れに仕立て直し、四月は、綿を抜いて袷に戻します。

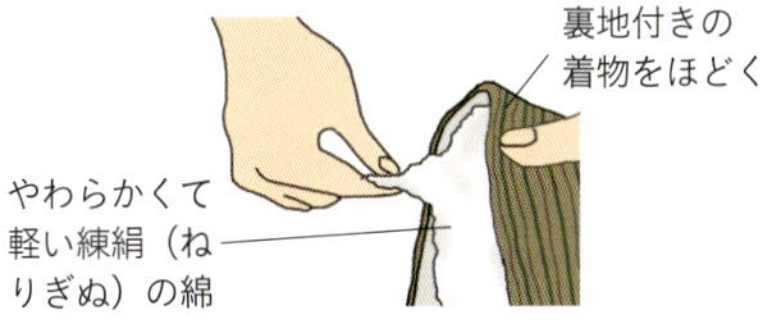

「四月一日（朔日）」と書いて「わたぬき」と読む名字は、四月の衣替えに由来する。

11月 霜《しも》月《つき》

二十四節気
初冬 立冬・小雪

露から霜へ、朝晩の冷え込みに冬の訪れを実感する月

旧暦十一月は、新暦では12月半ば頃。霜月という名の由来は、字義通りに霜が降る月。地表の温度が下がり、朝露が霜に変わる頃です。新暦の11月は、寒さはさほどではありませんが、冬支度にとりかかる時期です。

「小春日和」という言葉があります。晩秋から初冬の頃の暖かく穏やかな日のことですが、寒さがゆるむ春先の気候を示す、と思っている方がいます。もうひとつ間違えやすいのが「五月晴れ」です。「五月雨」は梅雨、「五月晴れ」は、本来その梅雨の合間の晴れた日のこと。新暦を使う私たちは違和感を抱いてしまうのですが、旧暦に合わせた自然風物を表す言葉には、日本語の美しさが感じられるのではないでしょうか。

11月の行事

7日頃 立冬 りっとう
暦のうえで冬が始まる日。京都・伏見稲荷大社では、秋の収穫に感謝し、春に迎えた穀物の神様を山にお送りする「火焚祭」が行われる。

15日 七五三 しちごさん
子どもの成長を祝う行事。それぞれの年齢で行う、3つの異なった行事が「七五三」と呼ばれ同じ日に行われるようになり、江戸時代以降、全国に広まった。数え年で行うのが正式。

23日 新嘗祭 にいなめさい
旧暦十一月の中卯（う）の日に行う宮中祭祀。天皇陛下がその年に収穫した新穀（主に米）を神に供え、農作物に感謝し、自らも食する儀式。
1948年、戦前までの祝日が廃止され、神事の意味を含まない国民の祝日「勤労感謝の日」に制定された。

24日頃 炉開き ろびらき
旧暦十月一日または中の亥（い）の日に、茶人が茶室の炉を使い始めること。民家で囲炉裏を使い始める日でもある。

七五三の正式な装い

七五三の起源は、平安時代まで遡るといわれ、三歳、五歳、七歳になった年に、それぞれが別の時期に行う3つの儀式に由来しています。

筥迫 はこせこ
志古貴 しごき

七歳女児

付け下げや総柄の着物に丸帯を締め、志古貴という飾り帯、筥迫や扇子など花嫁衣装にも使う装身具を身につける。

帯解き（おびとき）の儀

この日からは帯は自分で結び、一人前の人間として社会に認められるけじめの儀式。

被布 ひふ

女児の装い

三歳男児・女児

男児は仕立て直した産着、女児は肩揚げをした着物に帯を結ばず、被布という袖なしの羽織。

髪置き（かみおき）の儀

ふぞろいだった髪を、男女共に数え年三歳で、髪を結い、整えるための儀式。祝着は母親の実家が贈る習わし。

五歳男児

紋付きの羽織に袴をはく。

袴着（はかまぎ）の儀

初めて袴をはく儀式。古くは男女の別なく三〜七歳の間に行い、江戸時代以降、男児だけの儀式となった。

寿
千歳飴

千歳飴 ちとせあめ

江戸時代中期、浅草の飴売りが、長生きするようにと縁起をかついで「千歳飴」と名付けて売り出して以来、七五三のお土産として定着した。

炉開き ろびらき 行事食 →P227

茶の湯では、夏は炉を閉め、「炉開き」の日がきたら炭を入れ、炉を使います。これは、夏は炭が熱いのでお客様を遠ざけ、冬は炉を使って暖をとる、もてなしの心からうまれたもの。無事に一年を迎えられた感謝を込めて「茶人の正月」ともいわれています。

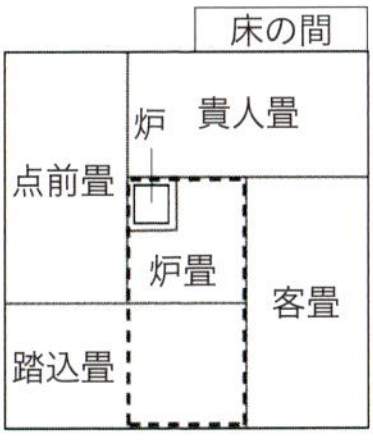
床の間
炉
貴人畳
点前畳
炉畳
客畳
踏込畳
小間（四畳半切）

炉の時期　11月〜4月

畳を入れ替え、炉畳を半畳にし、炉を使う。お客様が炉に近く、暖がとれるため、4月末までは炉を使って点前が行われる。

茶釜
風炉 ふろ

風炉の時期　5月〜10月

客畳と踏込畳の間に1畳の畳を敷いて炉を隠し、風炉で湯を沸かす。点前（茶を点てる作法）の種類や使う道具によって風炉を据える位置も変わる。

「炉開き」は「茶人の正月」ともいわれ、初夏に摘んで寝かせておいた新茶を初めて使う「口切り」をして、「亥の子餅」をいただきます。

亥の子餅 いのこもち

大豆、小豆、大角豆（ささげ）、胡麻、栗、柿、糖の7種の粉、新米で作ったお菓子。

12月 師走《しわす》

二十四節気
仲冬 大雪・冬至

「師」も忙しく走り回る、一年の終わりの月

「師」は、僧侶のこと、寺社で参詣者の世話をする御師をさすなど諸説あります。いずれにしても、普段は落ち着いている人も走り回るくらい、年の瀬12月は慌ただしく過ぎていきます。

民俗学者の柳田國男さんは、日本人の伝統的な世界観を「ケ」と「ハレ」という言葉で表しました。普段どおりの生活を送る「ケの日」に対し、儀礼や祭りなど非日常の日は「ハレの日」。ハレの日には、さまざまな行事があり、食べる物、着る物、部屋のしつらいも普段とは違います。

日本人にとって「正月」はもっとも重要な行事。何かと多忙な時期ですが、早めにお正月の準備を始めて、新しい年を気持ちよく迎えましょう。

12月の行事

8日 事納め ことおさめ

2月の「事八日」と対になる日。農事は、この日が仕事納めとされる。

13日 正月事始め しょうがつことはじめ

お正月の準備を始める日。現在も、神社や寺では「すす払い」という大掃除が行われる。かつては「松迎え」といい、正月に使う松や榊、ゆずり葉などを山に採りに行く日であり、以後28日までに正月の準備を終えるものとされた。

22日頃 冬至 とうじ

二十四節気の第二十二節。初日は、一年でいちばん夜が長い日。無病息災を願って、柚子湯に入ったり、かぼちゃや粥などを食べる習慣がある。

31日 大晦日 おおみそか

一年の最後の日。「晦」（つごもり）は、月が見えない日の意。旧暦では月の末日が29日か30日だったので「みそか（三十日）」とも読み、とくに12月末日は「大晦日」（おおみそか・おおつごもり）と呼んだ。

年越の大祓 としこしのおおはらえ

年2回の大祓のうち、12月31日には「年越の大祓」という神事が行われる。

お正月の準備 行事食 →P226

十二月十三日は、婚礼を除く万事に大吉とされる「鬼宿日（きしゅくにち）」に当たる日。この日を「正月事始め」として、翌年の年神様をお迎えする準備を始める習慣は、江戸時代から定着しました。

門松 かどまつ

年神様をお迎えする際に「こちらですよ」と案内をするため、家の門口や玄関に左右一対で立てる松飾り。

門口や玄関に向かって

左側　葉が硬く大きい「雄松」

右側　葉が柔らかく小さい「雌松」※

↓

どちらも2番めに長い竹が外側になるように配置する

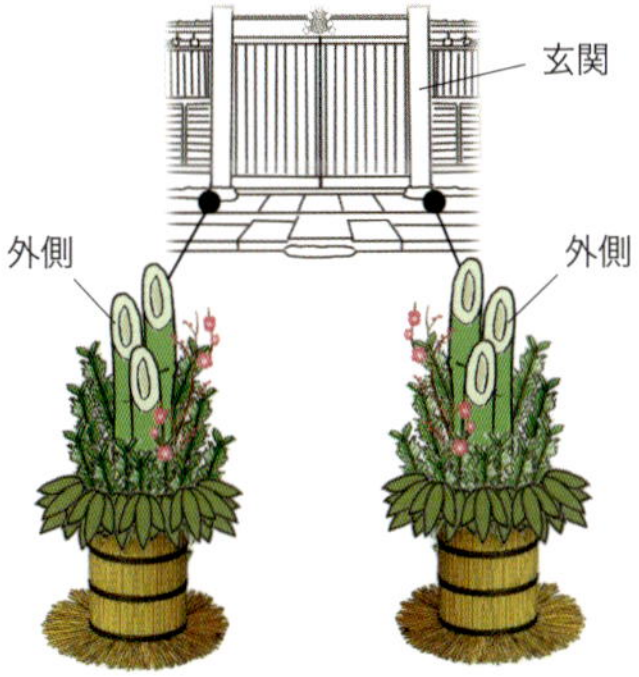

雄松 おまつ　　雌松 めまつ

注連飾り しめかざり

年神様を外界から隔てる「結界」として家の玄関に飾るもの。家内安全、厄除けのご利益もあるとされる。

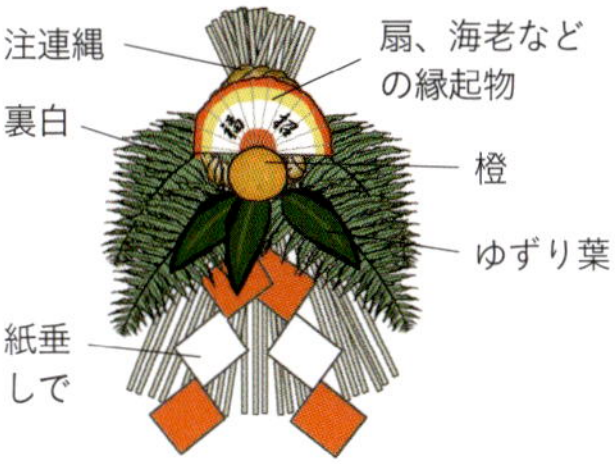

輪飾り　　神棚用輪飾り

家の中や、自動車、自転車などには、注連飾りを簡略した輪飾りを飾る。

正月飾りの使いまわしはいけません。新しいものを用意しましょう。

●正月飾りをつけてはいけない日

9がつく日：「九松＝苦が待つ」、とくに29日は「二重苦」で縁起が悪い。

30日と31日：旧暦の月末「三十日」と大晦日「三十一日」に正月飾りをつけることは「一夜飾り」といわれ、年神様に対して失礼にあたる。

●正月飾りをつけておく期間

一般：12月13日〜1月7日

関東：12月8日〜1月7日

関西：12月13日〜1月15日（小正月）

鏡餅 かがみもち

年神様の依り代として、大小二つを重ねた餅を、床の間に飾る。

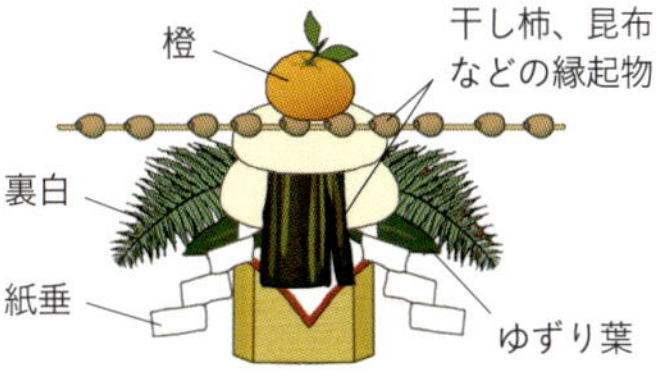

新年の恵方、または南か東を向くように置く。

※神様をお迎えする際に左上位とする場合。家に神様が鎮座しているとするなら、逆になります。

日本のしきたり雑記帳

水引について

水引の色と用途

紅白		皇室専用の水引。紅は、指でこすると赤くなるが、一見すると黒に近い濃い緑色。
赤白		慶事や一般的な進物に。「蝶結び」で使うことが多い。
赤金		お祝い事や神社へのお礼など。
金銀		結納品や婚礼の引き出物、神社へのお礼、正月の門松などに用いる。
五色		五色には魔除けの意味があり、出産、入学などのお祝いに用いる。
黒白		香典や香典返しの品物など、仏式の弔事用。関東を中心に用いられる。
双銀		左右銀の水引。香典など仏事全般に用いられる。
双白		左右白の水引。仏事全般、神式の弔事用。
黄白		主に関西地方の仏事、法事、御布施、法要など、弔事に用いられる。

古代の日本では〝魂を結び入れる〟という結びの信仰がありました。贈り物にも水引を結ぶことで、単なる「物」ではなく「魂が宿った物」としたのです。

水引は、和紙を細長く切って、よりをかけてひも状にした「こより」に、水糊を引いて乾かして作られます。本数は、本来、慶事には奇数、弔事には偶数を使い、色や結び方も、用途により使い分けます。

基本的に、慶事には赤白や金銀、弔事では黒白や双銀（左右とも銀）を使いますが、必ず濃い色が右側になるように結ぶのがしきたりです。

慶事や普段の贈り物に用いられる「赤白」の組み合わせは、よく「紅白」と混同されますが、「紅白」は今は、皇室のみで用いられる特別な水引です。室町時代から江戸時代頃、関西には京都の皇室に献上品を納める風習があり、その水引が「紅白」。紅花の顔料で染めた水引は、「紅」の部分を指や紙でこすると紅色に発色しますが、深い緑色で一見すると黒色に見えます。

そこで、京都を中心とした関西地方では、皇室用の水引と区別をつけるため、弔事では「黒白」を用いず、僧侶の袈裟などに使われ、極楽浄土を表す「黄色」と白の水引が使われるようになりました。

人生儀礼

人生の節目のお祝い

赤ちゃんのお祝い

人生には、節目節目の祝い事があります。赤ちゃんのお祝いは、家族にとって大きな慶び事ですが、赤ちゃんとお母さんに無理のないように気を配ることが何より大切。本来身内で祝うものとされ、友人、知人など身内以外の人がお祝いを贈る場合は、赤ちゃんが生まれ、母子ともに元気であると聞いてからで十分です。現金、品物ともに、のしをつけ、赤白５本の蝶結びの水引をかけて贈ります。

本来身内で祝うもの、友人・知人へのお祝いは出産後に

赤ちゃんのお祝いは、誕生前の「帯祝い」から始まります。赤ちゃんのお祝い事は、本来身内で行うもの。親しい人に新しい家族ができるとわかったら、すぐにでもうれしい気持ちを伝えたくなりますが、お祝いは時期をみて贈りましょう。

出産祝い

御出産御祝
講談太郎
のしあり
表書き
御祝
御出産御祝
祝 御出産
御誕生御祝
水引
赤白
蝶結び

- **贈る時期**…生後7日〜生後1ヵ月
- **金額の目安**…現金またはお祝いの品。5000円〜2万円

誕生前 妊娠5ヵ月目

帯祝い

犬は多産でお産が軽いとされていることにあやかり、妊娠5ヵ月目の戌の日に、安産を願って妊婦のお腹に帯を締めるものです。この帯は「岩田帯」と呼び、赤白の絹地二筋、白のさらし木綿一筋を奉書紙に包み、赤白の水引をかけて、清酒やかつお節などを添えて妻の実家が贈るのがしきたりでした。

現在は、伸縮性のある腹帯やガードルタイプのものを使うのが一般的。また、帯祝いの宴席に招かれた場合は、「御帯祝」「御祝」などの表書きで、お祝いの品を持参するか、現金を包みます。

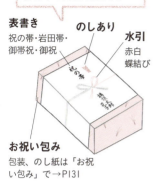

岩田帯以外を贈るときは、赤ちゃん用品を避ける

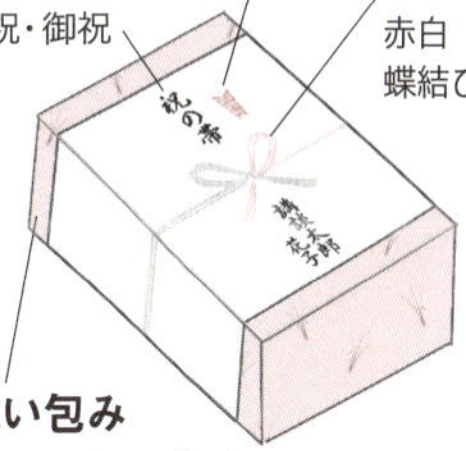
表書き
祝の帯・岩田帯・御帯祝・御祝
のしあり
水引
赤白
蝶結び
祝の帯
お祝い包み
包装、のし紙は「お祝い包み」で→P131

●**金額の目安**…現金またはお祝いの品。妻の実家1万円〜3万円、親族・仲人5000円〜1万円。帯祝いに招かれた友人・同僚など3000円〜1万円

誕生後 生後7日目

お七夜・命名式

生後7日目の夜を「お七夜」といい、この日に名前を決めて、赤ちゃんの前途を祝うのが昔からのしきたりです。命名のお祝いは、あまりたくさんの人を招かず、ごく内輪だけでするもの。お七夜に招かれた人は、祝い膳の酒肴料として金封を贈ります。のしつき、赤白5本の水引をかけた祝儀袋に、「酒肴料」「寿」などの表書きをし、5000円から1万円を包むのが一般的です。

また、このお祝いに対してのお返しは必要ありませんが、礼状を送るか、電話でお礼をいうなどの礼儀は守りましょう。

命名書は父親か祖父が書いて大人の頭より高い位置に貼る

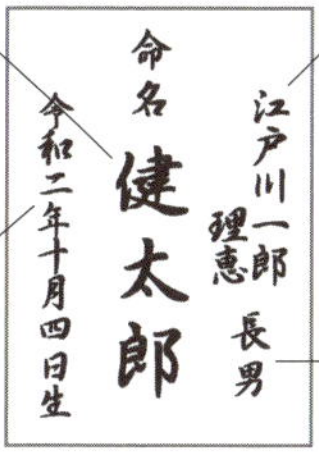
赤ちゃんの名前
両親の姓名
命名
江戸川一郎
理恵
長男
健太郎
令和二年十月四日生
赤ちゃんの生年月日
続柄

奉書紙や半紙などに書き、神棚か、大人の頭より高い位置で部屋の目立つ場所に貼る。母親の床上げ後、へその緒と一緒に保存する。

誕生後
生後1ヵ月頃

お宮参り

赤ちゃんが生まれて初めて土地の守り神様である「産土神様（うぶすながみさま）」に参拝する行事です。正式には、男の子は生後31日目、女の子は生後32日目ですが、生後1ヵ月頃を目安に、地元の神社に参拝し、祝詞をあげてもらいます。

赤ちゃんとお母さんの体調を考慮して、生後6ヵ月くらいまでの間に、よい日を選ぶとよいでしょう。また、お宮参りをする頃は「出産祝い」の返礼をする時期。生後2ヵ月くらいまでにはお返しを贈るようにしましょう。

お宮参りをした神社へのお礼

初穂料
佐藤真功《まこと》

表書き
初穂料
お供えは、玉串料

のしあり

水引
赤白
蝶結び

名入れ
赤ちゃんの姓名。読み方が難しい場合にはふりがなをふる。

●**金額の目安**…社務所に表示されている金額。お祓いは5000円程度。縁起物などをいただく場合には1万円程度

生後3ヵ月半から
4ヵ月頃

お食い初め

赤ちゃんが生後100日ほどたった頃に行うため「百日の祝い（ももかのいわい）」とも呼ばれます。実際に赤ちゃんが食べるわけではなく、親族を招いて、赤ちゃんに食べさせる真似をするというもの。長寿にあやかるという意味で、招かれたなかで最年長者、男の子ならおじいちゃん、女の子ならおばあちゃんが食べさせるのが正式です。

①赤飯→②汁物→①赤飯→③魚→①赤飯→④煮物
以上を3回くり返す。赤ちゃんが嫌がったら、途中でやめてもよい

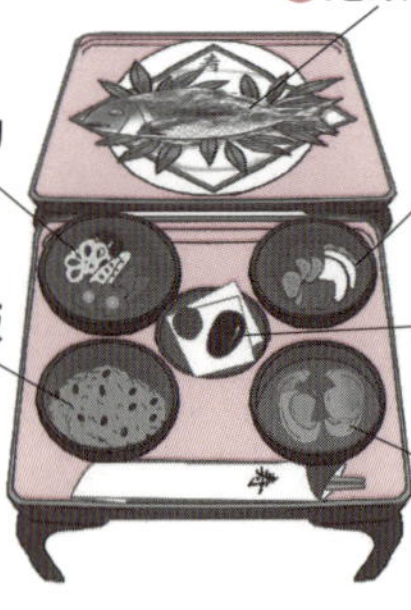
③尾頭付きの魚
④煮物
香の物
①赤飯
歯固めの石
②汁物

［歯固めの儀式］ 歯固めの石に箸を触れ、「丈夫な歯になりますように」と祈りながら、箸を赤ちゃんの歯茎にそっと当てる。

生後初めてのお節句
初節句

女の子は3月3日の桃の節句、男の子は5月5日の端午の節句。「初節句」のお祝いを妻の実家から贈る昔からの風習は、今でも広く行われています。女の子には一対の男雛と女雛を贈るのが一般的。男の子には、鯉のぼりや武者人形を贈ります。

女の子には内裏雛を贈る

苦難や不幸を「身代わり」になって引き受ける厄除けの意味もある雛人形は、一人にひとつ用意するもの。

男の子には鯉のぼりを贈る

男の子の初節句は、決まった贈り物をするというしきたりはないが、鯉のぼりを贈る際は、次男以下は、長男より小さめのものにする。

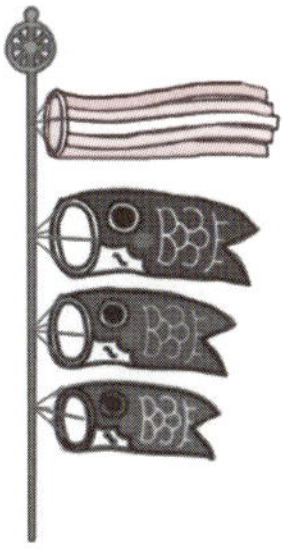

赤ちゃんのお祝いへのお返し

誕生の内祝いは、出産を知らせたところすべてに贈るのがしきたりですが、今は、お祝いをいただいた人に贈るのが一般的になっています。お返しは、いただいた品物や金額の3分の1から半額程度が目安。本来なら持参するのが礼儀ですが、送る場合は、贈り物と一緒に写る赤ちゃんの写真を添えましょう。

水引
赤白
蝶結び

表書き
内祝・出産内祝・
出産之内祝

のしあり

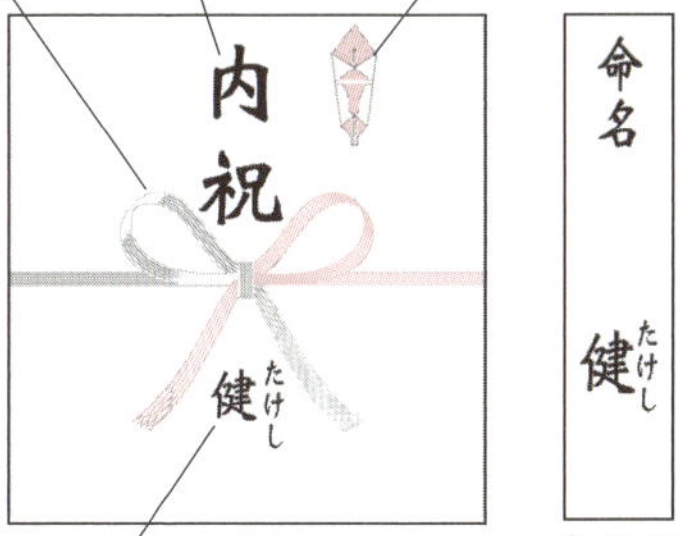

命名紙

名入れ
赤ちゃんの名前のみにし、ふりがなをふる。
命名紙をつける場合は、掛け紙には姓、命名紙には名前を書く

●**贈る時期**…誕生後1ヵ月、遅くても2ヵ月以内
●**金額の目安**…お祝いの3分の1から半額程度の品物

子どものお祝い

子どもの「成長の節目」は 親にとっても「人生の節目」

子どもが健やかに育って欲しいという願いや、無事に成長したことへの感謝を表す、節目の行事や習わしがあります。季節だけでなく人生でも節目を大事にする日本人らしい習慣です。

お祝いは「三親等」までが目安

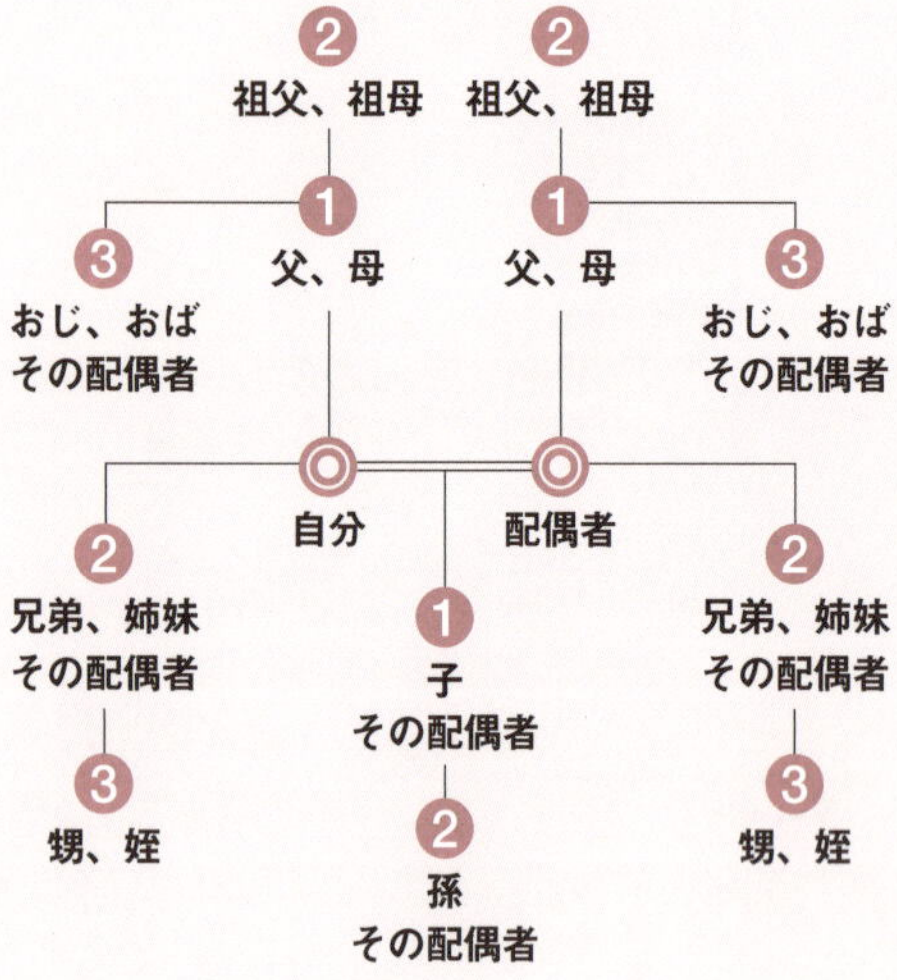

親戚や知人の子どものお祝い事は、どこまでお祝いを贈るものなのかと聞かれることがあります。基本は、三親等までといわれますが、親しい間柄であれば血縁がなくても子どもの成長はうれしいもの。言葉だけでは足りないと感じたら、祝う気持ちを込めて贈り物をすればいいのです。ただし、行事の内容や祝い方は、地域や家庭によって違ってきます。一つ一つの行事の意味を知り、皆で子どもの成長を祝ってあげましょう。

満1歳の誕生日

初誕生祝い

「数え年」で年齢を数えていた時代は、個人の誕生日を祝う風習はなかったのですが、満1歳の誕生日だけは特別でした。医学が未発達で、1歳になることが大変だったことから、初めての誕生日は、人生の節目のお祝いとして大切に行われていました。

満年齢で祝う現在でも、満1歳の誕生日には「初誕生」を祝います。祝い方は地域によってさまざまですが、親しい人を招いて食事をするのが一般的です。

●初誕生祝いの習わし

「初誕生」には、一升のもち米でついた丸餅を作る習わしがあります。「一升（一生）餅」「誕生餅」「力餅」などと呼ばれ、重さは約2kg。この餅には、一生食べ物に困らないようにという願いと、背負わせたり、踏ませたりすることで、人生の重みを感じてもらい、力強く育って欲しいという思いも込められています。

一升餅
小さな丸餅にして配るところも。

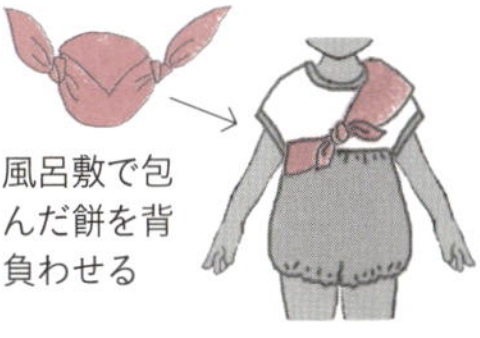

風呂敷で包んだ餅を背負わせる

背負い餅
一升餅を背負って、数歩歩く。立つだけでもよい。

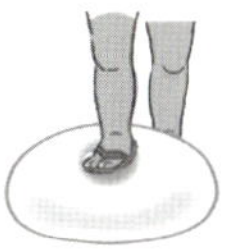

踏み餅
草鞋(わらじ)を履いて、一升餅を踏む。大地にしっかり足をつけて生きていける人間になることを願う儀式。

お祝いに招かれた人は子どもに贈り物をする

お祝い包み（P131）にする

掛け紙
のしあり、水引は赤白蝶結び

ベビー服やおもちゃなど子どもが使う物を贈る。表書きは「御祝」「祝初誕生日」「初誕生日御祝」など。

現金を贈る場合

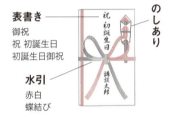

表書き
御祝
祝 初誕生日
初誕生日御祝

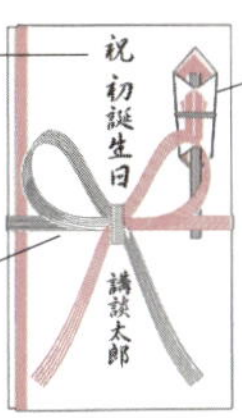

のしあり

水引
赤白
蝶結び

お返し

お祝いに招いた人へは当日の食事がお返しとなりますが、赤飯や餅、菓子などを「内祝」として配ることも。当日欠席でお祝いをいただいた人には、金額に関係なく一律で、日持ちのする菓子などを贈ります。

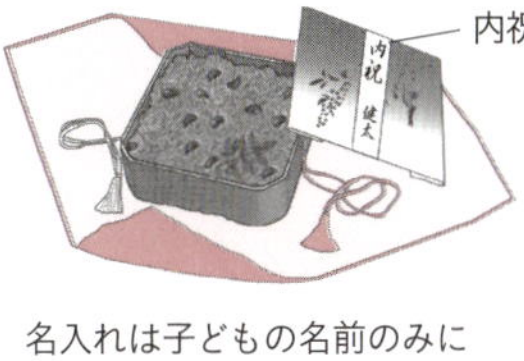

内祝

名入れは子どもの名前のみに

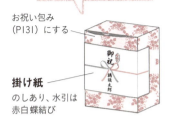

誕生後初めて迎える正月
初正月

生まれて初めてのお正月に、子どもが初めて年神様をお迎えして行うお祝いです。母方の実家から、男の子には破魔矢、女の子には羽子板を贈る習わしがあります。

いずれも、水引は赤白5本の蝶結び、のしのついた掛け紙を使い、表書きは「初正月御祝」「御祝」とし、正月の飾り付けをする「正月事始め」の12月中旬頃までに届くようにしましょう。お返しは不要です。

破魔矢 はまや
四方の魔を追い払い、雄々しく育つようにとの願いが込められた縁起物として、初正月に飾る習慣は江戸時代から。凧（たこ）を贈ることも多い。

羽子板
邪気をはね（羽根）のけて健やかに育つようにとの願いから。「はねる」に通じる手まりを贈ることも。

数え年三歳男女児・五歳男児・七歳女児
七五三祝い

関連事項 P57、P93

七五三はごく身内で祝う行事なので、お祝いを贈る場合は、先方とのお付き合いによって内容を考えるようにしましょう。品物、現金、どちらにしても5000円から1万円程度に。

お返しは不要ですが、気になるようなら、いただいた金額に関係なく一律の品物を内祝として贈ります。近所の方には千歳飴や赤飯、紅白饅頭や祝い菓子などを、遠方の方には、お菓子と一緒に礼状やメッセージを添えた記念写真を贈るとよいでしょう。

お祝いは相手とのお付き合いで内容を決める

- **贈る時期**…11月15日前か当日に
- **金額の目安**…現金またはお祝いの品。5000円～1万円

数え年十三歳の男女

十三詣り

関連事項 P29、P76

肉親や近親者だけのお祝いのため、とくに贈り物や内祝、お返しの必要はありません。お寺へのお礼は、5000円が相場といわれますが、参拝したお寺に決まりがあれば、それに従います。

十三詣り祝い

表書き
祝 十三詣り
十三詣御祝

のしあり

水引
赤白
蝶結び

●**贈る時期**…お詣りの当日まで
●**金額の目安**…5000円〜1万円

お寺へのお礼

表書き
御香料
御法禮
御礼

のしなし
※白封筒でもよい

水引
赤白
蝶結び

●**金額の目安**…5000円程度

乳歯が抜け替わる頃

歯投げ

お祝いではありませんが、古くから、乳歯が抜けたときに「歯を投げる」という言い伝えや風習が各地に広く伝えられています。一昔前までは、「いい歯になあれ」と言いながら縁側から歯を投げていたものですが、今ではあまり見かけなくなりました。

歯の健康のためにも、最近は、乳歯は歯科で抜いてもらい、家庭で大切に保管する人が増えているとか。日本に古くからあるへその緒や産毛をとっておく慣習に「乳歯」が加わり、乳歯の保管専用の桐箱も登場しています。

乳歯をとっておくなら管理しやすい専用ケースが便利

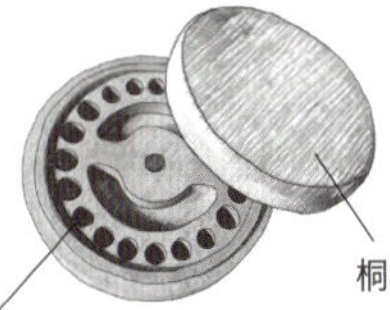

桐材

歯列の順に収納できるようになっている

除湿効果や抗菌、防臭効果に優れた桐は、歯の保管に適した素材。保管した乳歯は、「歯髄細胞バンク」に登録して、再生医療に役立てることができます。詳しいことは、抜歯した歯科に問い合わせを。

おとなのお祝い

人生の大きな転機となる成人、卒業・就職を祝う

「冠婚葬祭」とは、元服と婚礼と葬儀と祖先の祭祀、古くから伝わる慶弔の儀式を表したもの。現代では人生の節目のさまざまなお祝い事を「冠」に含みますが、もとは「元服」、人生の大きな転機となる「成人」を意味しています。

おとなのお祝い

成人 せいじん
奈良時代に始まった「元服」に由来する、成人を示す儀式。明治時代以降、20歳と定められていた成人年齢は、民法改正により2022年4月1日から18歳に変更となった。

卒業・就職 そつぎょう・しゅうしょく
個人の最終学府卒業と、それに伴う就職や社会人としての門出を祝う習慣は、学校制度が整った明治以降に始まったもの。日本古来のしきたりはなく、個々で祝い方も異なる。

結婚 けっこん
法的あるいは公に、婚姻関係を結んだことを知らせること、または、それにまつわる儀式。古くは「祝言」とも呼ばれ、伝統的な結婚（婚礼）にはさまざまなしきたりがある。→P114〜129

賀寿 がじゅ
一定の年齢になったことを祝う儀礼。「年祝い」「長寿の祝い」「賀の祝い」とも呼ばれ、奈良時代には40歳から10歳ごとに祝う風習があったが、室町時代以降、現在と同じ数え年六十一歳が始まりとなった。→P110〜111

子どもの頃はもっぱら祝ってもらう側ですが、成人して社会の一員となれば、お付き合いの範囲が広がり、祝う側になる機会も増えてきます。また、厄災が多く降りかかるとされる年齢に行う「厄除け」は、お祝いではないけれど、幸多い人生を送るために日本に古くから伝わる習わしです。

おとなのお祝いはほかにも数々あります。まず、ここでは、おとなへの転機になる2つのお祝いと「厄年」「厄除け」についてご紹介しましょう。

成人の祝い

20歳（令和4年4月1日以降は18歳）

昔は、男子は十五歳前後、女子は十四歳前後に一人前のおとなとして認められました。明治時代に入ると、民法で成人年齢は20歳に制定。約140年間続きましたが、民法の改正により、2022年（令和4年）4月1日以降、成人年齢が18歳に変更となりました。

各自治体で成人式が開催されますが、本来身内で祝うもの。ごく親しい人以外は贈る必要はありません。お返しも、基本的に必要ないのですが、お祝いをいただいた場合は、おとなとして、本人からきちんとお礼を伝えましょう。

身内以外は「祝 御成人」とする場合が多い

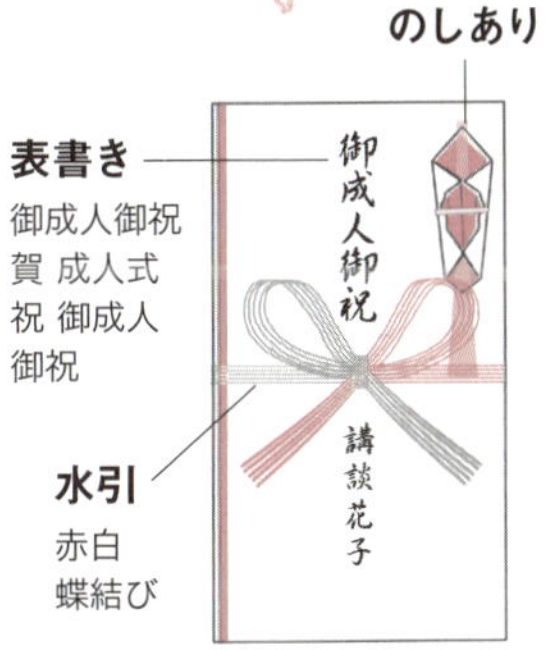

のしあり
表書き
御成人御祝
賀 成人式
祝 御成人
御祝
御成人御祝
講談花子
水引
赤白
蝶結び

●**贈る時期**…成人式の1週間前まで

●**金額の目安**…現金またはお祝いの品。5000円〜2万円

卒業・就職祝い

新社会人になる前の卒業や就職に際して

新しい世界に一歩踏み出す大きな節目ですから、親しい間柄なら励ましの言葉に添えて、記念になるもの、これから役立つものを贈るとよいでしょう。また、何かと物入りなときなので、現金を贈ると喜ばれます。卒業後の進路が決まっていれば、そちらを優先。たとえば、大学を卒業し、就職先が決まっていれば「就職祝い」、進路が決まっていなければ「卒業祝い」として贈ります。

お返しは不要とされていますが、必ず本人から感謝の気持ちを伝えること。「就職祝い」をいただいた場合は、初任給の中から捻出できる範囲でお礼の品を贈りましょう。

就職祝いは内定を確認してから贈る

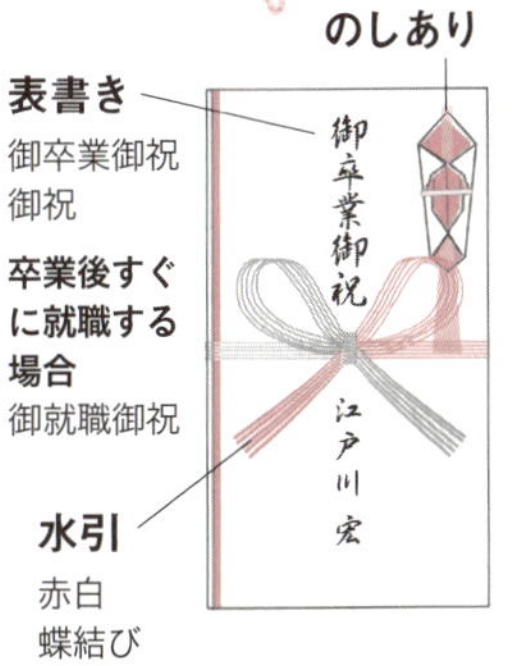

のしあり
表書き
御卒業御祝
御祝
卒業後すぐに就職する場合
御就職御祝
御卒業御祝
江戸川宏
水引
赤白
蝶結び

●**贈る時期**…卒業式後、3月中に。就職祝いは入社前に

●**金額の目安**…現金またはお祝いの品。5000円〜3万円

厄年と前後各1年

厄年・厄除け

厄難が多く降りかかるとされる年齢を「厄年」といい、神仏に詣で「厄祓い」を行います。由来や根拠は不確かなものの、平安時代から現在まで続く習慣です。

厄年にあたる年齢は、男女で異なりますが、生活環境や健康面で変化が出てくる時期。

厄除けを受けないまでも、こまめに参拝したり、お守りを持ち歩くことで、気持ちに区切りがつき、精神的な安定が得られるといいます。また、無事に厄年が過ぎたら、神社やお寺にお礼参りをし、家族や親しい人と「厄明け祝い」を行います。

厄年が無事に過ぎた人への厄明け祝い

のしあり

表書き
御厄除御祝
厄祓い御祝
御祝

水引
赤白
蝶結び

●**贈る時期**…後厄翌年の節分を過ぎた頃

●**金額の目安**…現金または品物。年齢×100円程度

厄年と厄明けの時期

男性が25歳、42歳、61歳、女性が19歳、33歳、37歳、61歳を「本厄」といい、それぞれ前の年を「前厄」、翌年を「後厄」とし、3年連続で「厄除け祈願」を行います。

また、厄年は数え年（P79）で数えますが、満年齢で厄年を定めている神社やお寺もあります。数え年か満年齢、どちらで行うかは個人の考えによりますが、本厄の前後1年を含む3年間なのは同じ。厄明けは、後厄の翌年、節分の翌日です。

		大厄		
男性	24 25 26	41 42 43	60 61 62	
女性	18 19 20	32 33 34	36 37 38	60 61 62

男性の42歳、女性の33歳は「大厄」

社会的、身体的にも転機を迎える年頃に当たる「大厄」の人は……

- **日常生活では、健康に留意し、身を慎むように心がける**
- **神社、お寺にまめに参拝し、心を穏やかに保つようにする**
- **前厄、後厄を含む3年間は、毎年節分までに「厄祓い」「厄落とし」の行事を行う**

参拝の作法

いつもは通り過ぎてしまう神社に立ち寄って参拝するだけでも、心が穏やかになるものです。厄除けのご祈禱前や、お正月の初詣、七五三参りなどにも欠かせない、神社での参拝の作法を紹介しましょう。

❶一礼して鳥居をくぐる

参道の中央を避けて手水舎（てみずや、ちょうずや）まで進む。

❷手水をとる

手水舎の水で心身を清める。

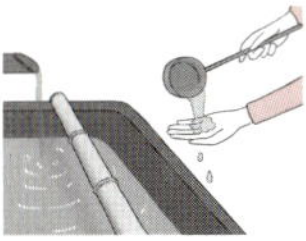

① 右手で柄杓(ひしゃく）を持ち、水をくんで左手にかける。

② 柄杓を左手に持ち替えて、同じように右手を清める。

③ 柄杓を右手に持ち、左の手のひらに水を受けて口をすすぐ。

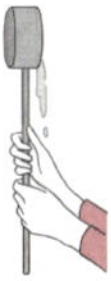

④ もう一度水を左手に流し、最後に水の入った柄杓を立て、柄に水を流してから元の場所に伏せて置く。

❸神前へ進み、鈴を鳴らして、賽銭箱の前で一礼してからお賽銭を入れる

❹二礼二拍手一礼の作法で拝礼をする

［二礼］ ⟶ ［二拍手］ ⟶ ［一礼］

① 深いお辞儀（礼）を2回くり返す。

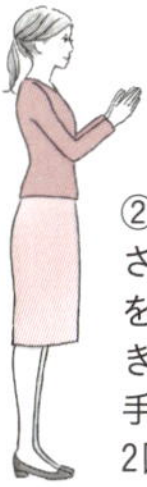

② 両手を胸の高さで合わせ、右手を少し手前に引き、肩幅程度に両手を開いて拍手を2回打つ。

③ 最後にもう一度深いお辞儀（礼）をする。

ご祈禱を受ける・御朱印をいただく → 社務所へ向かう

参拝だけの場合は、再び参道の中央を避けて戻り、鳥居の前で本殿に向き直り一礼する。

神社によって礼や拍手の回数が異なることもあります。神社に案内書きがありますが、参拝先が事前に決まっているのであれば、あらかじめ参拝方法を調べておくとよいでしょう。

長寿のお祝い

数え年六十一歳から始まる日本特有の習わし

賀寿や年祝いと呼ばれる長寿のお祝いは、生まれた年と同じ干支（十干十二支）を迎える、数え年六十一歳の還暦から始まります。最近では、古希あたりから敬意を表して、周囲が祝うことが多いようです。

祝宴に出席する場合は当日に贈っても

表書き
「御祝」「寿」「敬寿」「寿福」、あるいはお祝いに合わせて「還暦之御祝」など（左ページ表を参照）

のしあり

水引
赤白・金銀
蝶結び

- **贈る時期**…正月、誕生日、敬老の日など
- **金額の目安**…現金またはお祝いの品。1万円～3万円

長寿のお祝いは、高価な品よりも、家族や親しい人が集まることが何よりの贈り物。祝宴をする場合、食事などがお返しとなりますが、お赤飯や祝い菓子などの引き出物を用意しましょう。

家族へのお返しは基本的に必要ありませんが、宴を持たない場合や、参加できなかった人には、後日内祝いを贈るようにします。表書きは「内祝」や「寿」など。祝宴を家族が開催するのであれば、「記念品」か「寿」の表書きで、当人の名前で贈ります。

長寿祝い

年齢（数え年）	名称	由来	お祝いの表書き
61歳	還暦 かんれき	暦の干支が60年で一巡したため	祝 還暦、還暦之御祝、寿
66歳	緑寿 ろくじゅ	2002年に提唱された賀寿	祝 緑寿、緑寿之御祝
70歳	古希 こき	唐の詩人杜甫の「人生七十古来稀なり」に由来	祝 古希、古希之御祝
77歳	喜寿 きじゅ	「喜」の草書体が「七十七」と読めるため	祝 喜寿、喜寿之御祝
80歳	傘寿 さんじゅ	「傘」の略字「仐」が「八」と「十」のため	祝 傘寿、傘寿之御祝
88歳	米寿 べいじゅ	「米」を分解すると「八」「十」「八」となるため	祝 米寿、米寿之御祝
90歳	卒寿 そつじゅ	「卒」の略字「卆」が「九」と「十」のため	祝 卒寿、卒寿之御祝
99歳	白寿 はくじゅ	「百」から「一」を引くと「白」になるため	祝 白寿、白寿之御祝
100歳	紀寿 きじゅ	百年＝1世紀を意味する「紀」、百寿（ももじゅ）ともいう	祝 紀寿、祝 百寿、紀寿之御祝、百寿之御祝
100歳以上	上寿 じょうじゅ	100歳以上の長寿のお祝いで毎年使える名称	祝 上寿、上寿之御祝
108歳	茶寿 ちゃじゅ	「茶」の字の草冠が「十」「十」で20と、下が「八十八」で足すと108になるため	祝 茶寿、茶寿之御祝
111歳	皇寿 こうじゅ	「皇」の字が「白」（99）、「王」（十と二）で足すと111になるため	祝 皇寿、皇寿之御祝
120歳	大還暦 だいかんれき	還暦の2倍、昔寿（せきじゅ）ともいう	祝 大還暦、大還暦之御祝

長寿祝いのお返し

もともとは自分の側にめでたい出来事があったときに、それを分かち合う気持ちを込めて贈るのが内祝いです。長寿の祝いでは、当人が主催する場合は「内祝」、家族など他の人が開催した場合は、表書きは「記念品」か「寿」とし、当人の名前で贈ります。

当人が主催なら内祝、家族が開催した場合は記念品

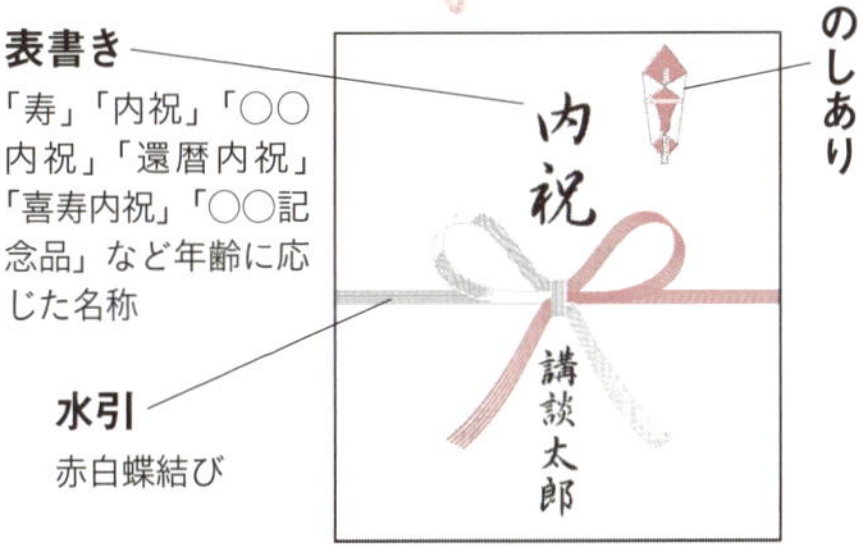

表書き
「寿」「内祝」「○○内祝」「還暦内祝」「喜寿内祝」「○○記念品」など年齢に応じた名称
のしあり
水引
赤白蝶結び
内祝
講談太郎

- **贈る時期**…祝宴をしないときのお返しの時期は、お祝いをもらってから1ヵ月以内に
- **金額の目安**…お祝いの3分の1から半額程度。引き出物として渡す場合は一律でも

日本のしきたり雑記帳

おみくじ・お守り・御札

おみくじの結び方

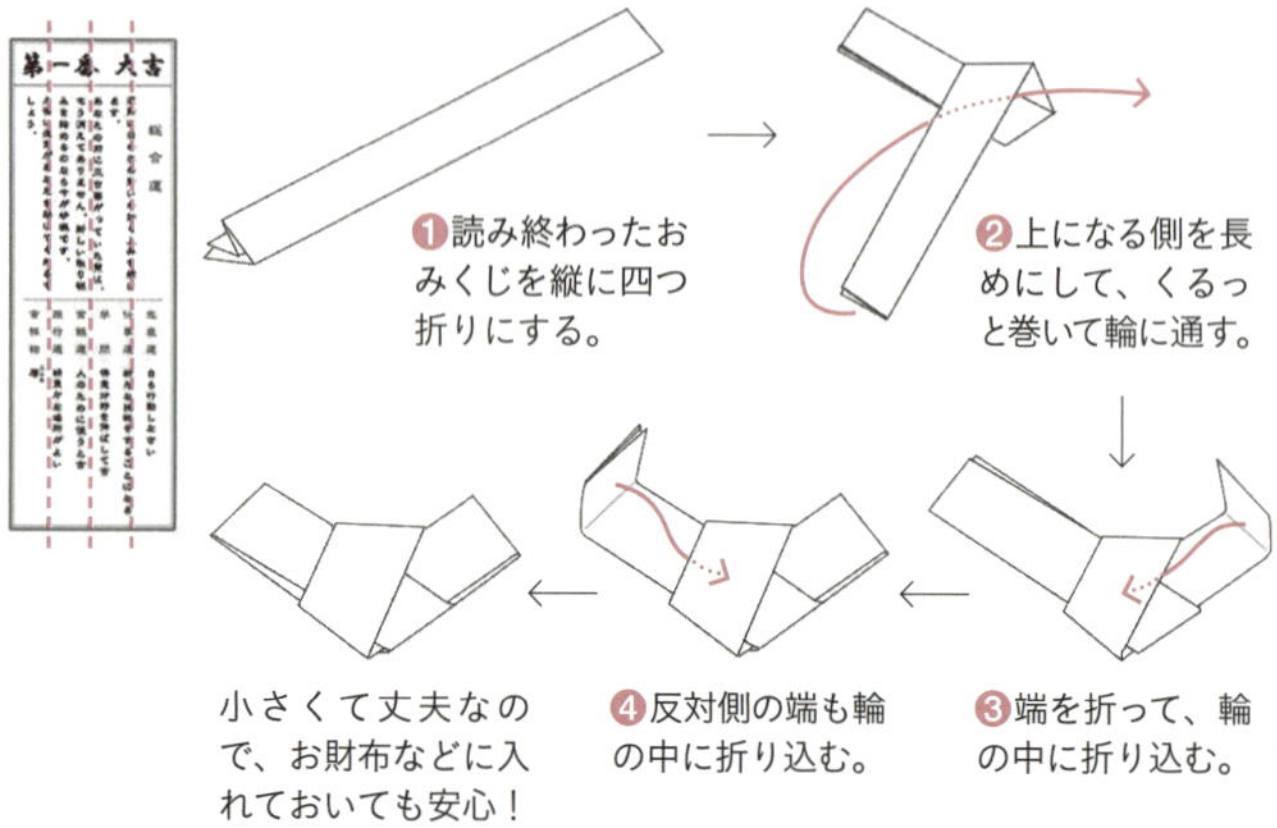
第一番　大吉
❶読み終わったおみくじを縦に四つ折りにする。
❷上になる側を長めにして、くるっと巻いて輪に通す。
❸端を折って、輪の中に折り込む。
❹反対側の端も輪の中に折り込む。
小さくて丈夫なので、お財布などに入れておいても安心！

神社やお寺でおみくじを引くと、つい吉凶ばかり気にしてしまいますが、おみくじは占いや予言ではありません。どう過ごせばよいのかを示す神仏からのメッセージとして、ありがたく受け取りましょう。

願い事が違う場合は、何度引いてもよいとされていますが、「大吉」が出るまで続けて引くのはよくありません。まめに寺社にお参りし、そのたびにおみくじを引いて、神仏からのお告げを戒めとして自分を見つめなおせばよいのです。

また、 結果の悪いおみくじは、寺社の結び所に結んで帰るとよいといわれますが、これには、「悪運を寺社にとどめておく」、おみくじを結ぶことで「神仏との縁を結ぶ」といった意味があるようです。結果の良し悪しにかかわらず、その教訓を忘れずに生かすため、持ち帰って神棚に上げる、もしくは財布などに入れて持ち歩くのもよいことです。

ただし、おみくじを持ち歩く際には、粗末にあつかわないこと。汚れたり、破れたりするのは縁起が悪いとされています。お守りや御札も同じ。神様からの賜り物として大切にあつかい、役目を終えたら神仏のもとへ返します。お守りや御札のご利益は1年間。古くなったおみくじ、お守り、御札は、いただいた寺社へ返納して、お焚き上げをしてもらいましょう。

慶事のしきたり

婚礼のしきたり

慶びを分かち合うためにも 知っておきたい結婚のしきたり

結婚は人生の大きな節目であり、古くから続くたくさんのしきたりがあります。何から何までこだわる必要はありませんが、円満な家庭を築くため、大切な人の門出を祝うためにも、しきたりを知っておきましょう。

結婚の3つの儀式

婚約 こんやく

結婚の約束を交わすこと。仲人（媒酌人）または男性の親が酒と肴を持参して女性の家を訪ね、結婚の承諾を得て、正式な婚約成立となる「結納」の日取りを決める。これを「決め酒」といい、地方によっては「樽入れ」「たもと酒」「徳利」などと呼ぶことも。関西では、一対の白無地扇子を取り交わすことから「扇子交換」「扇子納め」という。

結納の儀 ゆいのうのぎ

婚資の金品を相手側に贈る結納の儀。結納を取り交わすことで、正式に婚約が成立する。およそ1500年前から行われている日本の伝統的な婚礼行事のひとつ。
形式や結納品の品目などは、地方によってさまざまに異なる。

婚礼の儀 こんれいのぎ

婚姻成立をさす儀式。親類縁者を招いて「結婚式」を執り行い、披露宴を催すのが一般的。

冠婚葬祭にまつわる細かな決まりごとは、相手を不快にさせない「思いやり」や、物事を円滑に運ぶための「知恵」から派生したもの。「結婚式は大安に限る」といった日取りや形式にとらわれる必要はありませんが、一通りのしきたりは知っておいたほうがよいでしょう。とくに婚礼には、さまざまな形式があり、地方によって習慣も異なります。当事者はもちろん、祝う側としても、婚礼の流れ、お祝いの贈り方は、ぜひ心得ておきたいものです。

結納品の種類、並べ方

①茂久録《もくろく》

目録のこと。結納品の品名や数量を書いたもの。結納セットに印刷されたものが付属。

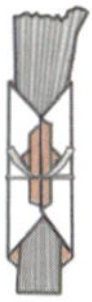

②長熨斗《ながのし》

アワビをのしたもの。贈り物に対する祝意を表し、長寿、不老不死を意味する。

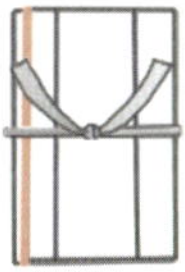

③金宝包《きんぽうづつみ》

結納金。表書きは、男性から女性には「御帯料」や「小袖料」、男性側へ贈る際は「御袴料」。

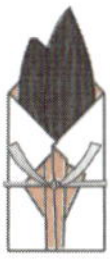

④勝男節《かつおぶし》

かつお節。男性の力強さの象徴。関西、山陰地方では「松魚料」（まつおりょう）という。

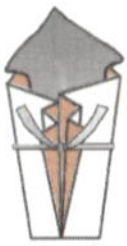

⑤寿留女《するめ》

長期保存がきくするめにたとえて、長く続く命を意味。

⑥子生婦《こんぶ》

「よろこぶ」に通じ、子孫繁栄を願う。

⑦友志良賀《ともしらが》

麻ひもを白髪にたとえて、共に添い遂げることを願う。

⑧末広《すえひろ》

白無地の扇子一対。末広がりと純粋無垢の意味。

⑨家内喜多留《やなぎだる》

昔は清酒を入れた柳樽を贈った。角樽一対（2本）。最近は、酒料として5000円～1万円を包む場合が多い。

⑩優美和《ゆびわ》

婚約指輪。結美和とも書く。

種類や形、並べ方は、大井川（静岡県）を境に、関東式と関西式に分かれています。

関東式 品数は9品目を基本に、すべてを一つの台に並べてのせるのが正式。

5品目（略式）①目録②長熨斗③金宝包⑦友志良賀⑧末広

7品目（略式）①目録②長熨斗③金宝包⑤寿留女⑥子生婦⑦友志良賀⑧末広

関西式 目録は品数に含めず、一品ずつ別の台にのせて並べるのが正式。

5品目（基本）②熨斗③帯地料（金宝包）④松魚料（勝男節）⑧末広⑨柳樽料（家内喜多留）

7品目　②熨斗③帯地料（金宝包）④松魚料（勝男節）⑦友志良賀（または高砂人形）⑧末広⑨柳樽料（家内喜多留）⑩優美和（結美和）

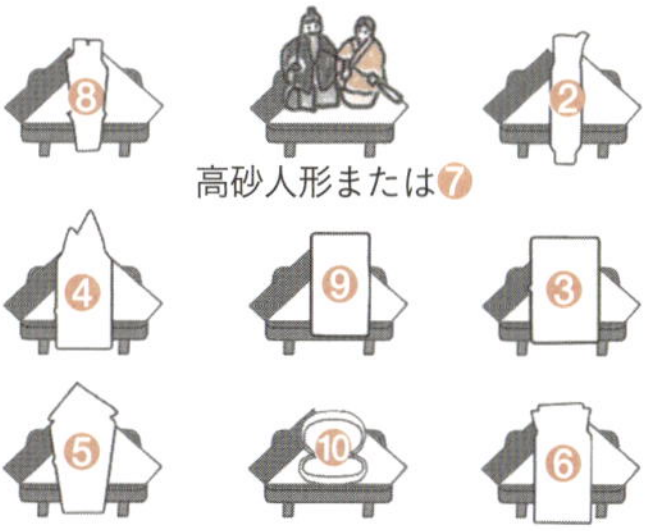

結納の交わし方

古くからの日本の習慣である結納式は、現代でも広く行われていますが、形式はかなり簡略化されているようです。また、関東では、結納を「交わす」、関西では「納める」といい、地域によって形式はさまざま。どのような方法にするかは、双方の状況や習慣によって異なります。

日取りや場所、誰に仲人をお願いするのかなど、両家でよく話し合って決めるとよいでしょう。

正式な結納の交わし方

現在は、仲人夫妻か、どちらか一人が両家を往復する方法がもっとも正式とされています。

仲人 ↓

女性宅	男性宅
❷男性からの結納を届ける ←	❶結納を預かる
❸受書と男性への結納を預かる →	❹女性からの結納を届け、受書を預かる
❺男性からの受書を届ける ←	

受書は、結納品の中身を確認してから書くこと！

結納のしきたり

結納の席次

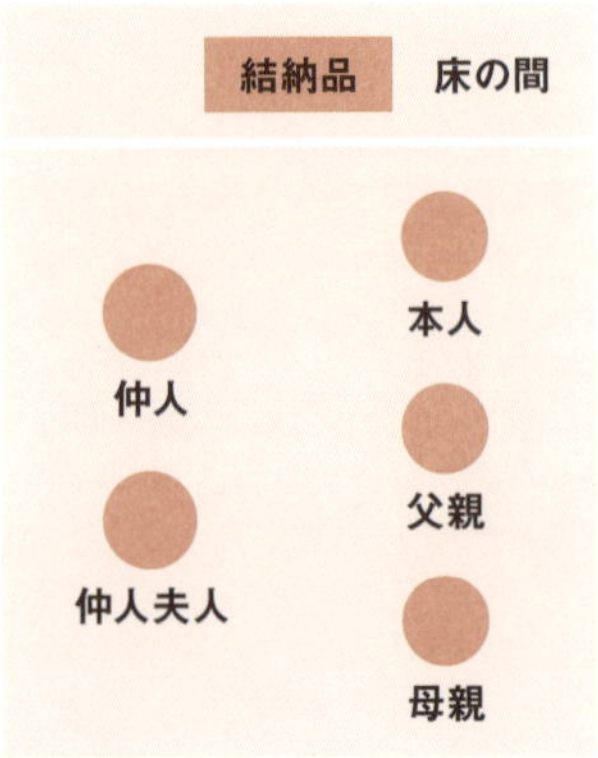

床の間の前が上座、出入り口近くが下座となる。床の間がない場合は、出入り口からいちばん遠いところが上座になる。
日本では「左上位」の考え方があり、和室では、自分を基準に左側が主賓の座る上座となり、洋室では欧米式の「右上位」に従って、自分の右側を「上座」とするのが基本。

両家の格をそろえる

結納品の数や当日の服装などは、事前に打ち合わせて、両家が同程度になるように調整する。

仲人へのもてなしの用意をしておく

仲人がゆっくりできないときは、祝い膳の献立を折詰にして渡すか、「御膳料」として現金を包む。

お茶ではなく「桜湯」を出す

「お茶を濁す＝めでたさを汚す」と解釈されることを避け、結納の席では「桜湯」を出す。

仲人は上座に案内する

仲人が到着したら、本人、両親は玄関に出迎え、一礼して部屋に通し、上座に案内する。席次は、男性宅、女性宅ともに同じ。両家が出会って結納を取り交わす場合は、仲人が正面、仲人から見て、男性側が左、女性側が右になるように並ぶ。

結納の交わし方と口上

結納式は、仲人と両家の父親など家長がやりとりをします。

男性宅

❶男性宅で結納を預かる

仲人：本日はお日柄もよく、まことにおめでとうございます。結納を取り次ぎさせていただきます。

男性側 父：形ばかりの結納でございますが、○○様（女性側）へのお届けのほど、お願い申し上げます。

女性側に届ける結納品を白木の台ごと下げて仲人の正面に置く。結納品は、祝い台の脚をはずし、風呂敷に包んで仲人夫妻が持ち、女性宅へ向かう。

女性宅

❷男性からの結納を届ける

仲人夫人は、床の間などの上座に結納品をいったん並べ、あらためて女性側に正面を向けて差し出す。

仲人：このたびはお嬢様と□□様（男性側）とのご縁があいととのいまして、まことにおめでとうございます。□□様からの結納をお納め願いたく持参いたしました。幾久しくお納めください。

父親は礼を述べ、結納品を飾り、受書と男性側への結納品を仲人に託す（❸）。
仲人は女性側からの結納品を男性宅に届け、受書を預かる（❹）。
男性側は、再び女性宅へ向かう仲人夫妻を玄関まで見送り、仲人夫妻に金封に包んだ「酒肴料」を渡す。

女性宅

❺男性からの受書を届ける

仲人：□□様からの受書でございます。お納めください。

女性側 父：確かにお受けいたしました。本日はまことにありがとうございました。

仲人の都合で祝い膳も酒肴もとりやめる場合は、両家がそれぞれ現金を包む。

結納時の仲人へのお礼は両家連名にする

表書き
御車代、御車料など

水引
のしあり
赤白または金銀
10本結び切り

●**金額の目安**…実費＋α

表書き
御膳料、酒肴料

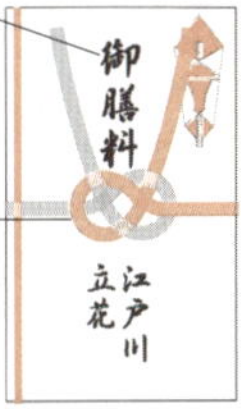

水引
のしあり
赤白または金銀
10本結び切り

●**金額の目安**…結納金の2割

仲人へのお礼は、挙式後に行いますが、結納当日は、お車代として、両家それぞれで現金を包みます。

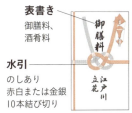

挙式の形式

挙式の形式は両家でよく話し合って決めることが大事

結納を取り交わしたことを「つつがなくご縁がととのう」ということがあります。「つつがなく」は「問題なく」という意味。家同士の結びつきが重視された昔、結婚する両人とは関係のないところで問題が起きることも多かったのです。

主な挙式の形式

神前式
神社に祀られている神様の前で結婚を誓うという日本の伝統的な婚礼の形式。婚礼は身内のお祝いという考えにもとづき、挙式に参列するのは親族など少人数で行われる。

キリスト教式
カトリックでは神父、プロテスタントでは牧師が司式を行う。教会で執り行う場合は、教義にのっとり、新郎新婦の衣装や式進行に厳格さが求められるが、通りすがりの人でも参列できるのが特徴。

仏前式
主として、両家どちらかの菩提寺、あるいは自宅で執り行われる宗教式の挙式。ホテルや結婚式場で行うこともある。

人前式
出席者に結婚の証人となってもらう結婚式。 宗教や格式を気にする必要がないので、会場や進行など自由に決めることができ、宗教にかかわらないすべての挙式を「人前式」と呼ぶことも。

結納をすませたら、式の日取りやどんな形式で行うかを決めます。結婚式は大安にという根強い風習がありますが、最近は、お日柄よりも参列者にとって都合のよい日を選ぶ人が増えています。

また、挙式の形式を決める際は、両家の信仰する宗教が異なると難航しがちです。会場、招待客の人数など、決めなくてはならないことがたくさんあるはず。結婚後にわだかまりを残さないためにも、両家でよく話し合うことが大切です。

神前式の挙式

現在の神前結婚式は、明治33年に、当時皇太子であった大正天皇のご成婚を記念して、東京大神宮（東京都千代田区）が一般用に始めたもの。昔の婚礼様式を一部取り入れ、神前で盃を交わし、夫婦の誓いをします。

宗教的な意味合いよりも、「ご先祖様の前で誓う」という日本の伝統的な形式で、現在でも広く行われている結婚式のかたちです。

挙式への列席は、新郎新婦、両親、仲人（媒酌人）、両家の親族までというのが基本。衣装は、新郎は黒の紋付き羽織袴、新婦は文金高島田に白無垢、ともに和装が一般的です。

神前結婚式の婚礼衣装

新郎は、紋付きの羽織に袴、新婦は、打ち掛け、着物、装身具まですべて白でそろえる「白無垢」が正式。

神前結婚式の席次

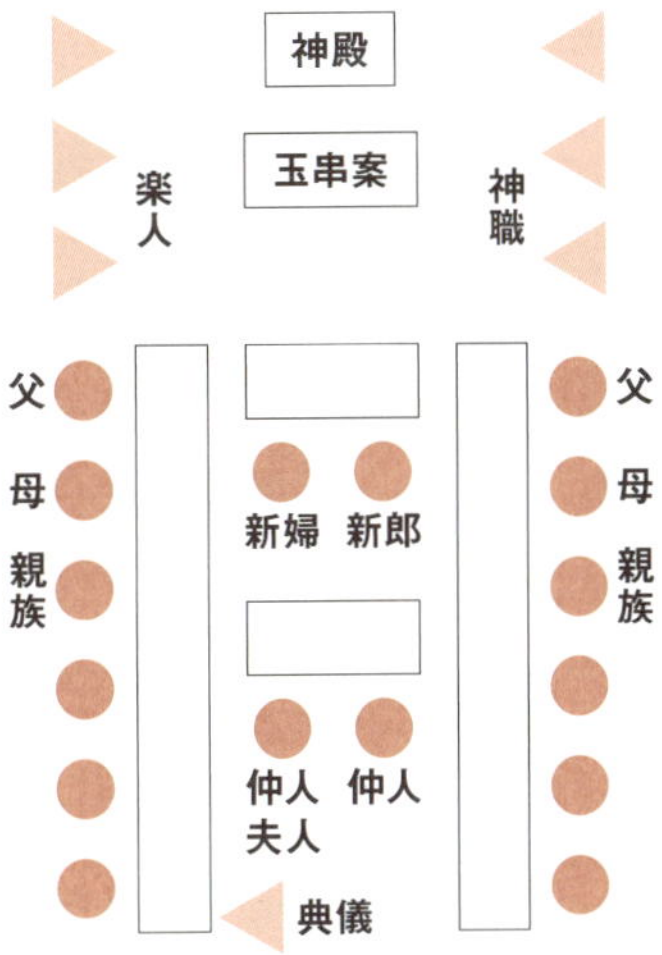

式の手順は神社や式場によって異なりますが、厳粛な雰囲気のなかで執り行われる日本の伝統的な婚礼の儀式です。

三献の儀 さんこんのぎ

昭和20〜30年代までは、自宅で婚礼を挙げる人も多く、かつて「三三九度」は婚礼の代名詞でもありました。現在、一般の神前結婚式では「三三九度」とは少し様式が違う「三献の儀」が行われます。

これは、大中小の盃に注がれた御神酒を3回に分けて新郎新婦が交互に飲むというもの。お酒が飲めないようならまねごとでかまいませんが、1、2口目は口につけるだけで3口目でいただくのが通例です。

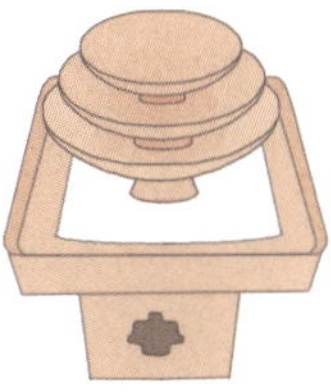

一の盃・新郎→新婦
二の盃・新婦→新郎
三の盃・新郎→新婦
の順で盃の御神酒をいただく。

キリスト教式の挙式

2人のいずれかがキリスト教の信者である場合、教会で式を挙げるのが習わしです。2人とも信者であれば、女性の属する教会で。たとえ信者でなくても、挙式を承諾してもらえることがありますが、挙式前に2人で教会に通い、キリスト教への理解を深めておくことが大切です。

また、教会での挙式は、大勢の参列者に結婚の証人となってもらうのが特徴。友人や知人も広く招待しましょう。

教会へのお礼

教会で式を挙げた場合は、挙式料とは別にお礼をする。また、オルガン奏者や聖歌隊へのお礼も必要。

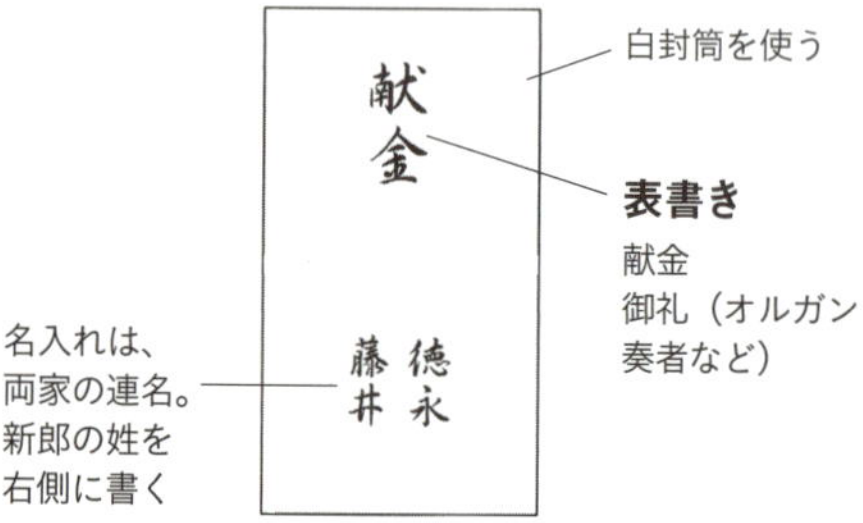

カトリックとプロテスタントの違い

	カトリック	プロテスタント
司式者の名称	神父（神父様）	牧師（先生）
バージンロードの色	赤または緑	白
神を拝す場所	御聖堂（おみどう）	礼拝堂（チャペル）
神を拝す式	ミサ	礼拝
十字架	キリスト像がついている。十字を切る	十字架のみ。十字を切らない※
再婚者の結婚	死別以外は不可	離婚理由など状況により可

※ルター派など十字を切る教派もある。

キリスト教式の席次

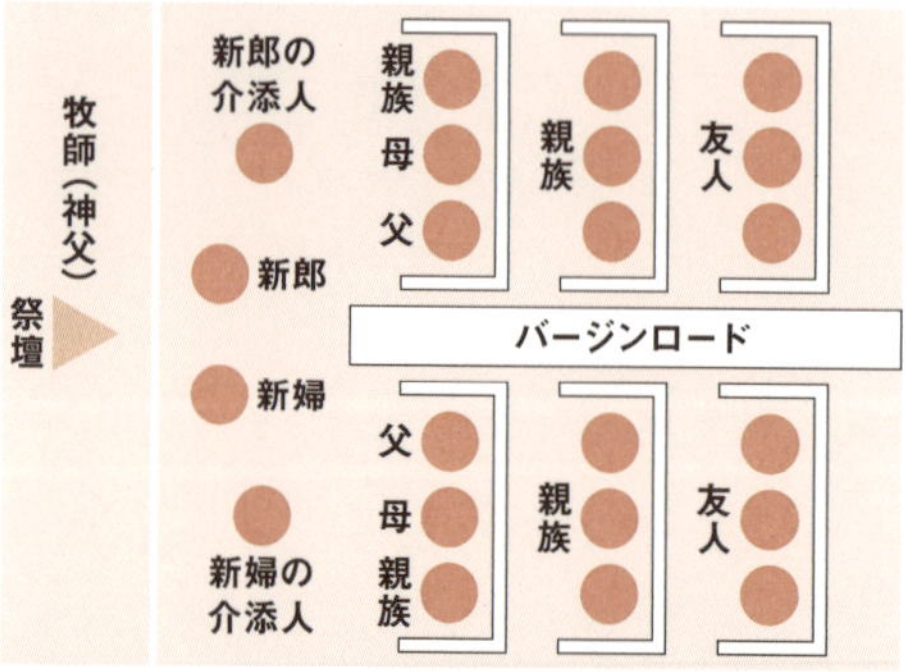

挙式の流れ

①新婦と父親が入場
②新婦を新郎に引き渡す
③聖歌、賛美歌の斉唱
④聖書朗読・祈禱・式辞
⑤結婚の誓約
⑥結婚指輪の交換
⑦参列者の祈禱・夫婦の宣言
⑧新郎新婦の退場
⑨参列者の退場

仏前式の挙式

最近は、結婚式場を設けているお寺もありますが、先祖代々の菩提寺にお願いするのが習わしです。仏教には、一度結婚すると来世でも縁が結ばれるという教えがあります。式次第は、宗派によって多少異なりますが、祖先に結婚の報告をし、2人のめぐりあわせを仏に感謝する儀式であることは同じです。

また、仏前式の挙式は、和装に限らず、ウェディングドレスとタキシードなど婚礼衣装の自由度が高いのが特徴。参列に数珠が必要な場合は、招待状に明記しましょう。

お寺へのお礼

名入れは、両家の連名にし、新郎の姓を右側に書く。白封筒を使っても。

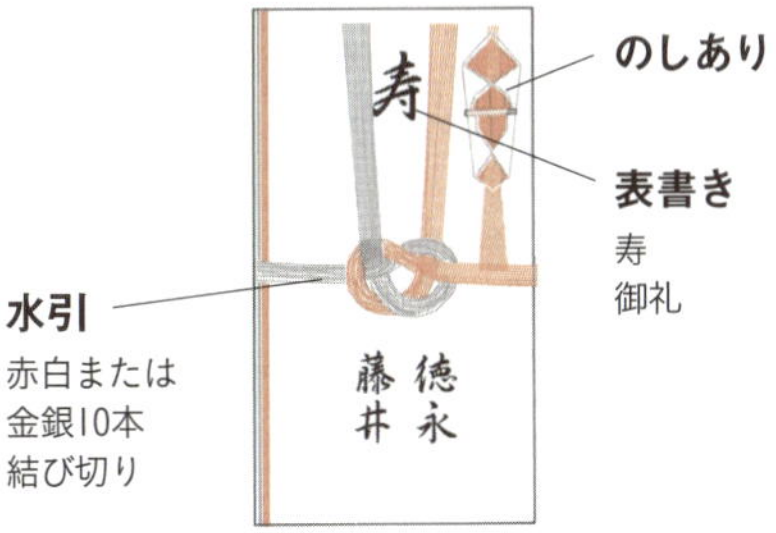

寿
徳永
藤井
のしあり
表書き
寿
御礼
水引
赤白または
金銀10本
結び切り

念珠授与 ねんじゅじゅよ

仏前式の挙式では、僧侶が式を執り行う「司婚者」を務めます。式次第は、宗派によって少し違いますが、仏前式を象徴するのが「念珠授与」です。
これは、仏前に供えた記念念珠（数珠）を、司婚者が新郎新婦に授与するというもの。2人の出会いと結婚に至ったご縁を先祖に感謝する意味が込められています。

新郎には白房の念珠、新婦には赤房の念珠が授けられる。

仏前式の席次

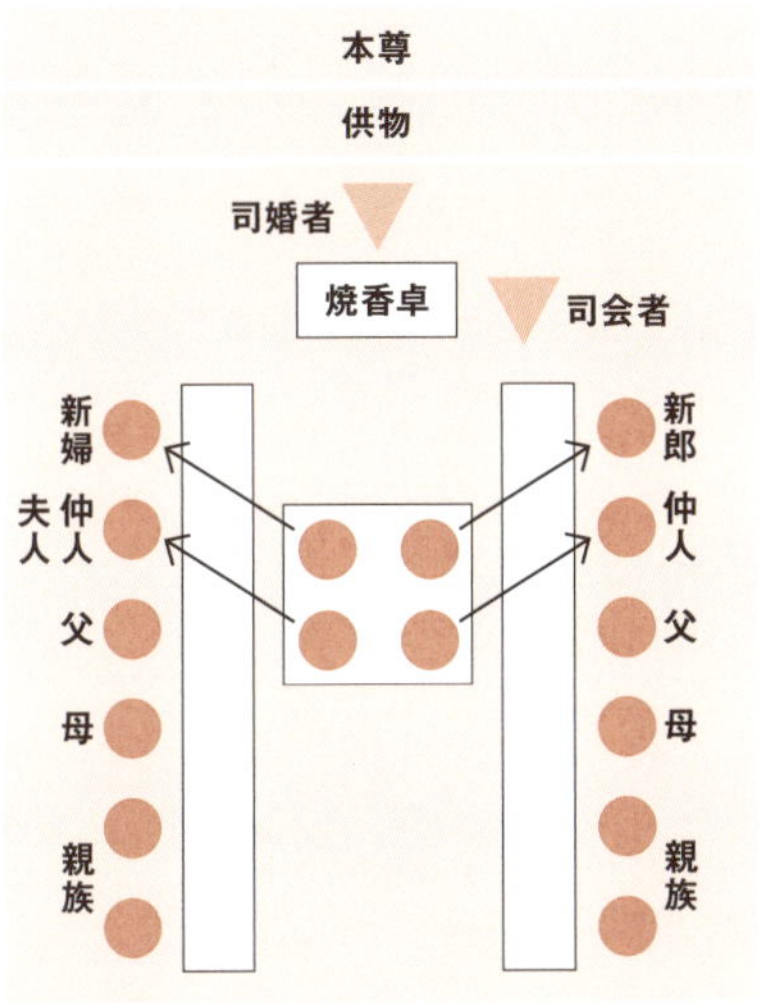

本尊
供物
司婚者
焼香卓
司会者
新婦
仲人夫人
父
母
親族
新郎
仲人
父
母
親族

両親や親族一同が先に本堂に入り、次いで新郎新婦が仲人夫妻とともに入堂して本尊正面に着席。儀式終了後は、司婚者（僧侶）→新郎新婦→仲人夫妻→両親→親族の順に退場する。

披露宴の席次

女性が嫁ぐ今の形になった鎌倉時代以降、婚礼とは人を招いて披露すること、今でいえば「披露宴」を意味しました。「娘三人持てば身代潰す」というほど、嫁入り道具や披露宴には大金を使っていたのです。

当事者の考えを尊重する現代では、披露宴の形式も多様化したとはいえ、招待客への礼儀として心得ておくべき決まりごとがあります。そのひとつが「席次」。ここでは、着席で行う円卓と長テーブルの基本的な席次を紹介します。

席次の基本

- 新郎新婦が座るメインテーブルに向かって左が新郎側、右が新婦側。
- 丸で囲んだ数字が小さいほど上座になる。

円卓散らし型

両家で招待客数に違いがある場合は、相手側のテーブルに組み込んでも。1つのテーブルに座る人数やテーブルの数で人数の増減に対応できます。

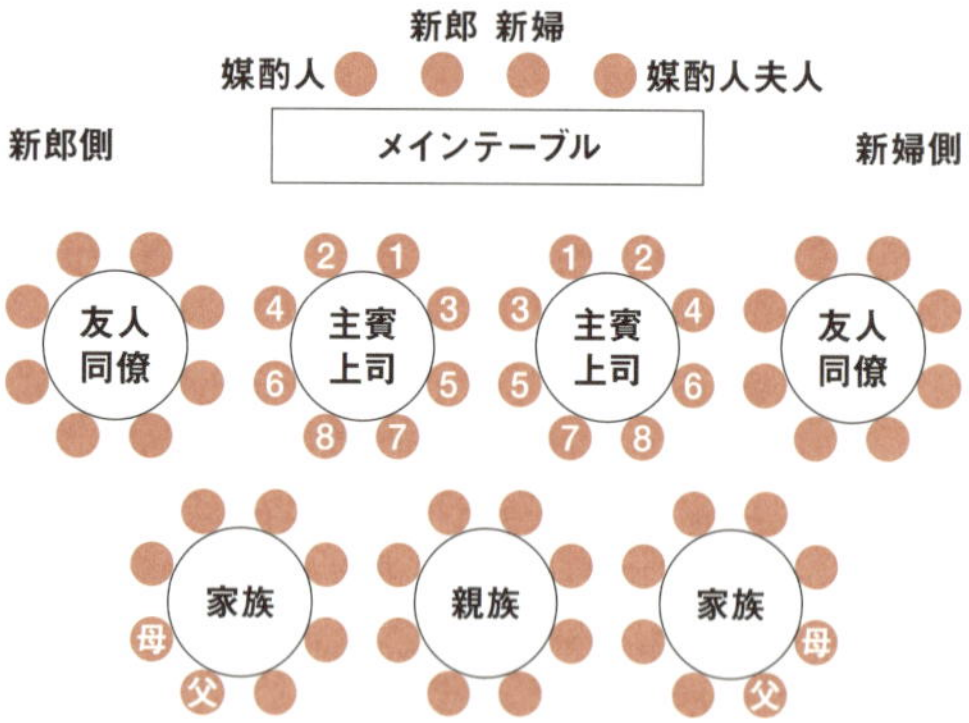

長テーブルくし型

皇室の晩餐会などでも取り入れられている、正式なスタイルです。同じ面積の会場なら、「円卓散らし型」よりも多くの人数を収容できます。

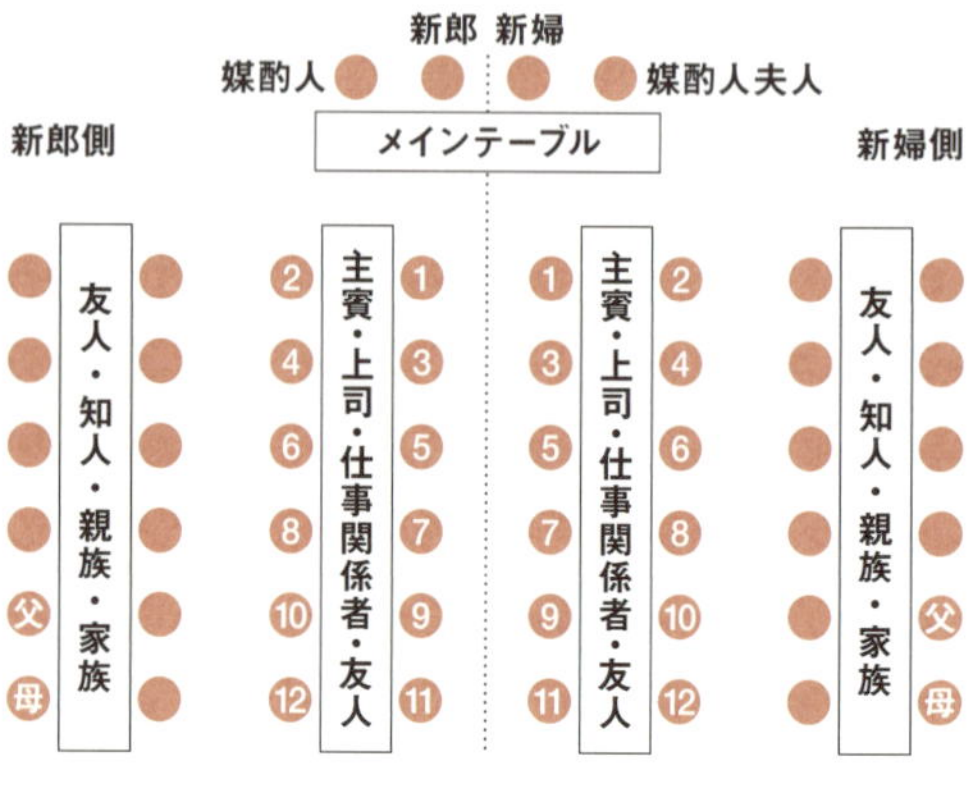

言葉のしきたり「忌み言葉」

古代から日本では「言霊」といって、口から発した言葉は力を持ち、現実に影響するという考えがあります。とりわけ人が集まる場面では、慶弔ともに「忌み言葉」と呼ぶ、縁起が悪い文言を避けるのが習わしです。

現代では古いしきたりへのこだわりが薄れたとはいえ、結婚式や披露宴などは目上や幅広い年代の方が参列するもの。「忌み言葉」には、本来悪い意味ではなく、日常的に使っている言葉がたくさんあり、それらは別の言葉に言い換えることもできます。多少でも知識を持ち、なるべく避けるよう気配りすることは、礼儀として心得ておきましょう。

不幸を連想する言葉

慶事では悲しみ、苦しみを連想する言葉は忌避されます。

「ほろびる」「悲しむ」「消える」「なくなる」「去る」「壊れる」など。

「死・苦」を想起させる数字の「4」や「9」。

夫婦別れを想起させる言葉

違う意味で使うとしても、離婚を連想させる言葉は慎みます。

「終わる」「離れる」「切る」「帰る」「戻る」「逃げる」など。

重ね言葉

何度あってもよいとされる慶事でも、こと結婚は一度きりであるのが望ましく、言葉をくり返すことは避けます。

「重ね重ね」「たびたび」「くれぐれも」「たまたま」「もう一度」など。

お祝いのメッセージやスピーチによく使う言葉の言い換えの例

- ご多忙な中 → ご多用な中
- ケーキを切る → ケーキにナイフを入れる
- 新しいスタートを切る → 新しい生活が始まる
- 去年 → 昨年
- 「40」「9個」 → 「よんじゅう」「ここのつ」と読む
- また → さらに・改めて
- 職場を離れる → 新生活を始める
- 冷めないうちに → 温かいうちに
- 会を終わる → 会をお開きにする、ゴールに近づく
- 薄い → 厚くない
- 最後に → 結びに
- 重ね重ね → あわせまして
- 帰る → 失礼する
- いろいろ → たくさん
- ますます → 一段と
- くれぐれも → 十分に

挙式後のお礼と贈り物

　仲人（媒酌人）へのお礼は、結納からお世話になった場合は結納金の2割程度、挙式・披露宴の媒酌だけをお願いした場合は、いただいたお祝い金の2〜3倍くらいが目安です。最近は、交通費として「御車代」と一緒に当日に渡すことが多くなりましたが、翌日以降に両家でお礼に伺うのが正式です。

　仲人、主賓への「御車代」は、自宅から式場までのタクシー往復料金が目安。1、3、5の陽数（奇数）で切りのよい金額を包みます。

お世話になった人へのお礼と実家への挨拶

　披露宴に出席した人には「引き出物」がお返しとなりますが、主賓、当日お世話になった人にはお礼として現金を包みます。

　当日は何かと慌ただしいもの。前日までに用意して、披露宴開始前に渡すようにしましょう。

お世話になった人へのお礼

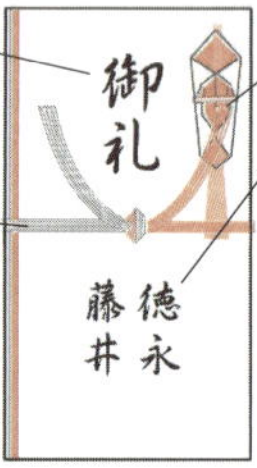

表書き
御礼
寿

水引
赤白10本
結び切り
※関西では「あわじ結び」を使うことが多い。

のしあり

名入れ
両家の姓のみで連名に。新郎の姓を右側に書く

●**贈る時期**…挨拶するときなど披露宴開始前
●**金額の目安**…3000円〜5000円

美容師、式場係等への心付け

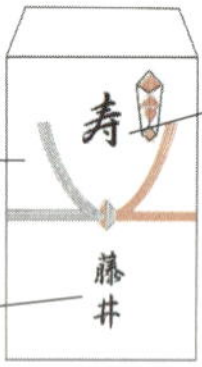

のしと赤白結び切りを印刷した「ぽち袋」

表書き
寿
御礼
御祝儀

美容師など新婦のみがお世話になる場合は、新婦の旧姓

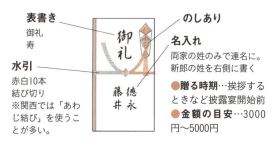

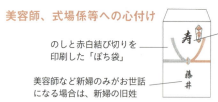

結婚後の贈り物

実家への手土産

昔は、花嫁の荷送りのときに、新郎の父親には袴地、母親には絹の白生地や帯を贈るのが習わしでした。白い布は、新婦の清純さと「嫁ぎ先の家風に染まる覚悟」の意味。京都では、結婚前に新婦が新郎のご先祖様と家族それぞれに贈り物をする習慣がありますが、その他の地域では、新婚旅行から帰って、両方の実家に挨拶を兼ねてお土産を届けるのが一般的です。

贈る相手の名前を書く

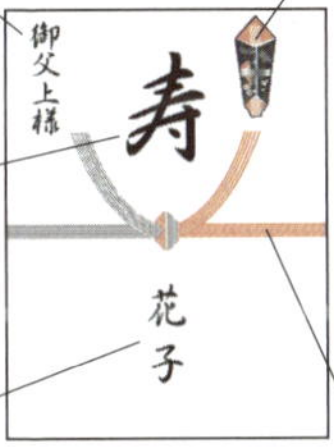

贈る相手
左上に続柄や名前を書く

のしあり

表書き
寿
御土産

名入れ
新郎の実家へ贈る場合は、新婦の名前

水引
赤白10本
結び切り

新婦の実家への贈り物は、名入れは新郎の名前に。遠方に別居している場合は、新婚旅行から無事に帰った旨を伝える手紙を添えて、宅配便などで送る。電話やメールで先に伝えていても、手紙は必ず添えること。

結婚後の贈り物

ご近所への挨拶

両親と同居の場合は、結婚後なるべく早い時期にご近所に挨拶をしておきましょう。昔からいう「向こう三軒両隣」を目安に、菓子折りや風呂敷などを手土産に、姑（義母）が付き添って回るのが一般的です。

新郎が妻の両親と同居する場合、両親とは別居でどちらかの家で新生活を始めるときも、ご近所への挨拶は欠かさずに。また、2人で新居をかまえる場合は、引っ越しの挨拶（P143）をし、実家のご近所への挨拶は、新生活が落ち着いてからでよいでしょう。

ご近所への挨拶には手土産を持参する

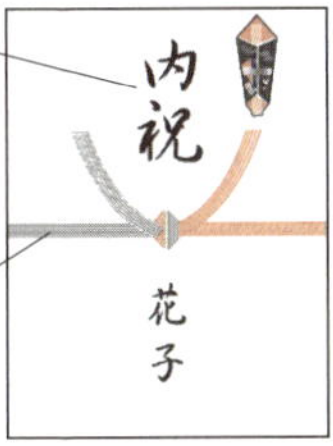

表書き
内祝
寿
御挨拶

水引
赤白10本
結び切り

のし、水引が印刷された掛け紙

名入れは、新郎の両親と同居の場合は、新婦の名前。新婦の両親と同居する場合は、夫婦連名に。夫の姓名を右側、妻は名前のみを左側に書く。

結婚を祝う

結婚式に招かれたら

結婚式の招待状には、出欠を知らせる返信ハガキがついています。期限まで余裕があると、つい返事が遅くなってしまいがち。できるだけ早い返事を心がけましょう。

結婚祝い

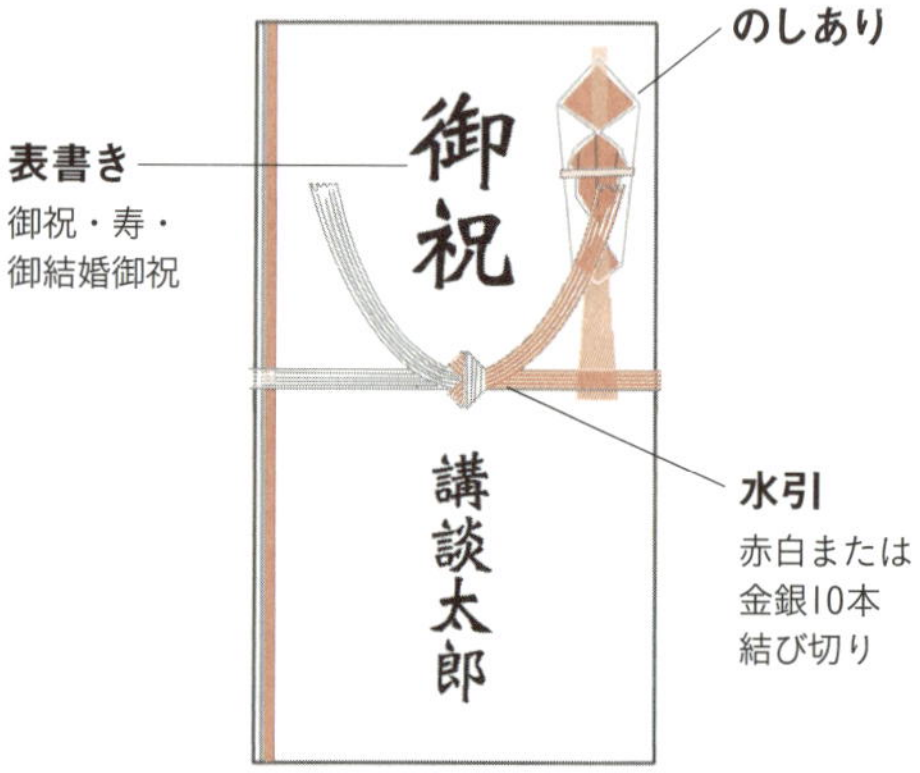
のしあり
表書き
御祝・寿・
御結婚御祝
御祝
講談太郎
水引
赤白または
金銀10本
結び切り

- **贈る時期**…挙式の1週間くらい前まで
- **金額の目安**…現金またはお祝いの品。2万円～5万円

さらに詳しく→P128

結婚式の招待状は、挙式1～2ヵ月前、遅くても2週間前には届けるのが礼儀。招待された人は、招待状が届いて1週間以内に返事をしましょう。

招待客の出欠が決まらないと、結婚式の準備は滞りがちです。返信期限の間近まで出欠を決められないときは、できるだけ早く電話やメールで事情を伝えます。また、その場合でも、お祝いのメッセージに返事が遅くなったお詫びのひと言を添えて、出欠のハガキは必ず出してください。

返信期限内でなるべく早く

招待状の返信

電話やメールで連絡した場合も、招待状の出欠ハガキの返信は必ず期限内に届くように出しましょう。

招待状の返信の書き方例

表

宛先の「行」は、2本線、または「寿」の文字で消して、左隣に「様」を書き加える。

裏・返信欄

出席の場合…「御欠席」、「御」を2本線で消し、「出席」を丸で囲む。
欠席の場合…「御出席」、「御」を2本線で消し、「欠席」を丸で囲む。

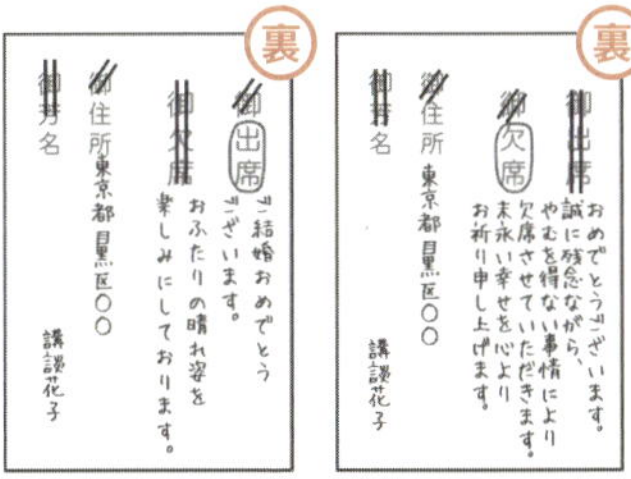

住所などの記入欄の「御」「御芳」の文字を2本で消して、必要事項を記入する。お祝いのメッセージや欠席の理由を簡潔に書き添える。

挙式の1週間くらい前まで

結婚祝い（品物）

結婚のお祝いは、早すぎず遅すぎず、ほどよい時期に贈ることが大事。また、挙式・披露宴に招かれたら、出欠にかかわらず結婚祝いを贈るのが礼儀です。

お祝いの品は、挙式の1～2ヵ月前、遅くとも1週間くらい前までに、日柄のよい日の午前中に相手宅へ持参するか、宅配便などで届けるようにします。挙式前の忙しいときなので、持参する場合は、あらかじめ先方の都合を聞いておきましょう。

お祝いの品の掛け紙

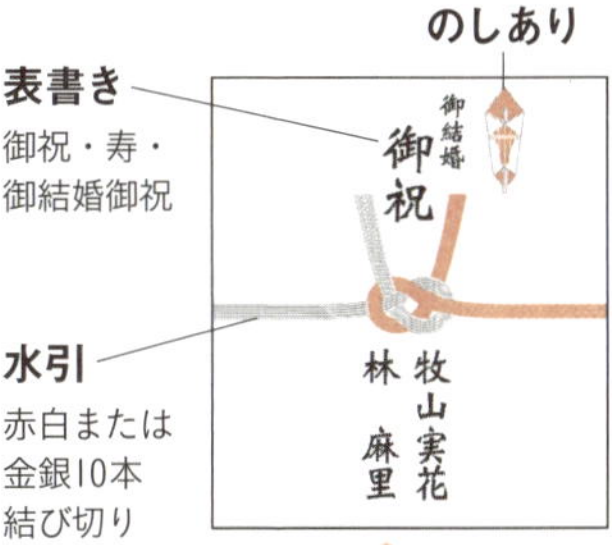

連名で贈る場合は、右側に目上の人の姓名を書く

電気製品や家具など大きいもの、重たいものを店から直接届ける場合、品物が間に合わないような場合は、奉書紙で目録を作って持参しても。適当な品物が考えられない場合や、相手の希望で現金を贈るときも、なるべく挙式当日ではなく、事前に渡すようにします。

結婚祝いの金封　金額に見合った金封を選ぶ

お祝いの金額は、贈り主の年齢、相手との関係によって変わってきます。金封（祝儀袋）は、金額に見合ったものを選びましょう。とくに、格式の高い披露宴や相手が目上の人の場合には、中身と釣り合わない豪華な袋、カラフルでモダンなデザインのものは失礼に当たります。

1万円〜2万円

お祝いだけ贈る場合に目安になる金額

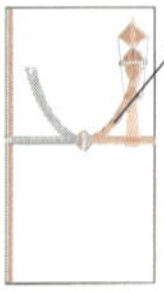

真結び

水引

赤白10本
真結び、あわび結びなど

基本のタイプ

3万円

友人や同僚の結婚披露宴に出席する場合

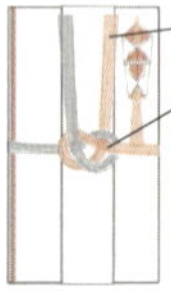

水引が長い

あわび結び

水引

赤白または
金銀10本
あわび結び

やや装飾の入ったタイプ

5万円

兄姉、親戚、上司などが贈るお祝い金の目安

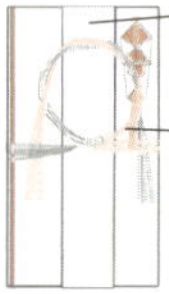

上質の和紙を使い、少し大きめ

日の出結び

水引

赤白または
金銀10本
日の出結び
鶴亀など

水引が華やかで格調高いタイプ

一般的なお祝いには5本か7本のものが使われますが、結婚祝いには「慶びが重なるように」という願いを込めて、倍の10本の水引が用いられます。

金封の渡し方

金封は袱紗《ふくさ》に包んで持参します。また、結婚祝いに限らず、金封は、袱紗の上にのせて差し出すのが礼儀。袱紗の使い方は、慶事か弔事かで異なるので、しっかり覚えておきましょう。

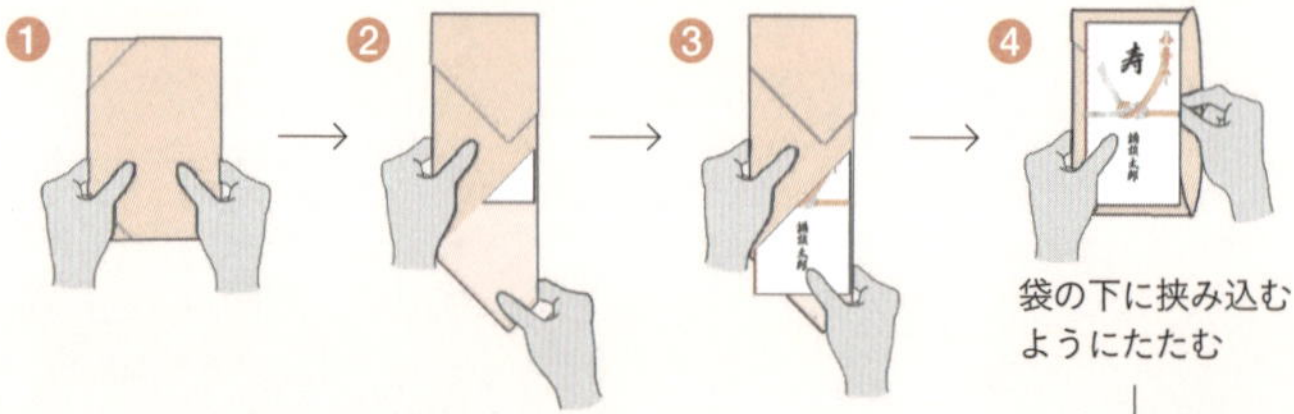

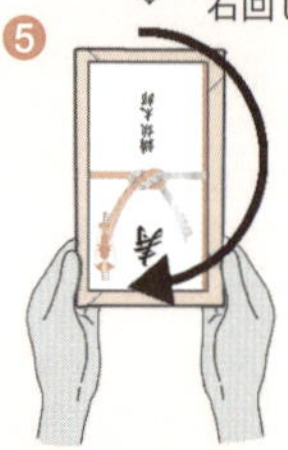

❶金封を入れた袱紗を取り出し、両手で持つ。
❷左手で袱紗を持ち、右側→下側の順に開く。
❸右手で袱紗の下側から金封を取り出して、袱紗の上にのせる。
❹右手で袱紗を下側→右側の順に、元の通りにたたむ。
❺右回しで袱紗ごと金封を回す。または、金封だけ相手の正面に向けて差し出す。

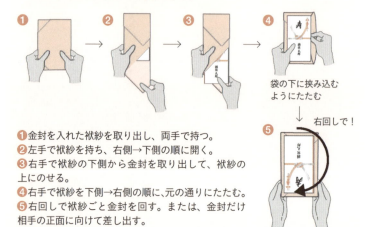

品物を贈るとき　吉日を選んで贈るのが正式

結婚祝いは、本来は現金でも品物でも、先方に持参して届けるのが礼儀とされています。

「お祝い包み」にした品物を、風呂敷に包んで持参する。

お祝い包みの仕方→P131

風呂敷の包み方→P189

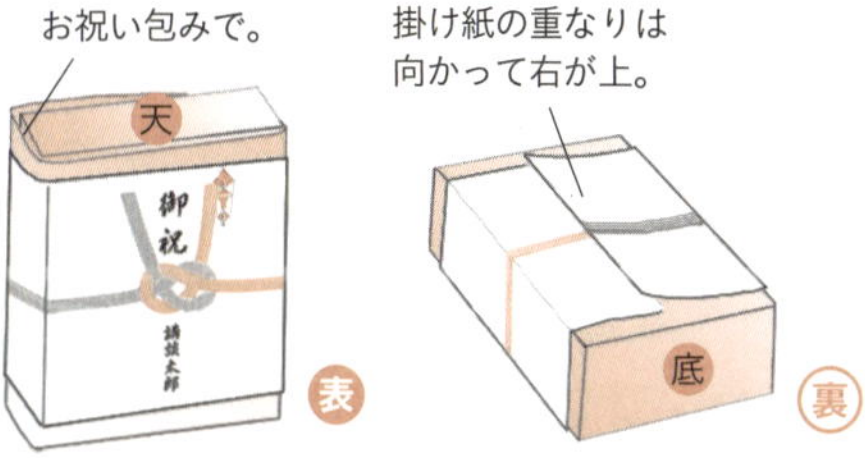
お祝い包みで。
天
御祝
表
掛け紙の重なりは
向かって右が上。
底
裏

●**贈る時期**…挙式の遅くとも1週間くらい前までの早すぎず遅すぎず、ほどよい時期。大安の午前中がよいとされている

結婚祝いには、「切れる」「割れる」につながるものはふさわしくないとされるが、最近は相手の希望で、ペアのカップ＆ソーサーやワイングラスなどを贈ることも。ペアは「2」でも「夫婦」という意味合いから縁起がよいとされるが、倍の「4」は「死」、陽数（奇数）でも「9」は「苦」に通じるため避けたほうがよい。

お祝いの品を渡す

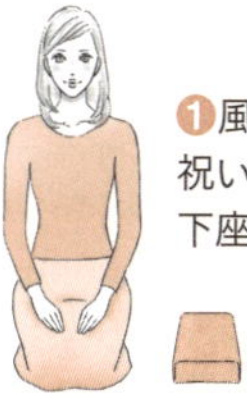

❶風呂敷で包んだお祝いの品を、自分の下座側に置く。→

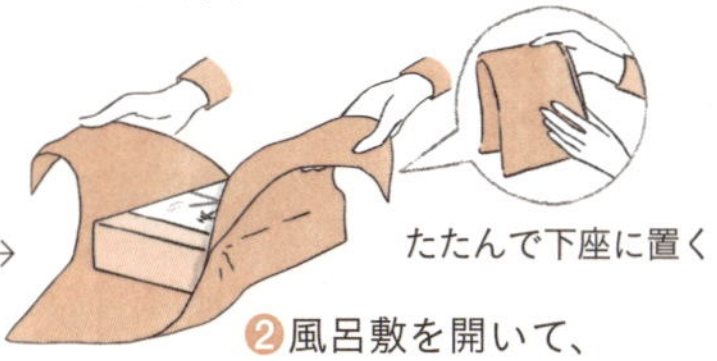
たたんで下座に置く

❷風呂敷を開いて、自分の正面に置く。

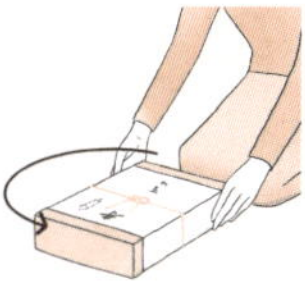

❸右回しで、品物の正面を相手側に向ける。→

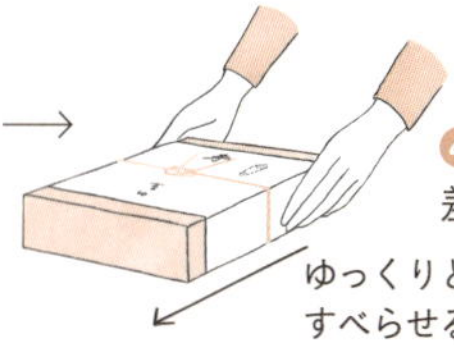
ゆっくりと
すべらせる感じで

❹両手で品物を差し出す。

和室では、座布団をしかず、挨拶をしてから行います。必ず都合を聞いて訪問しますが、当日、先方が忙しいようであれば玄関先で渡しても失礼には当たりません。

玄関先での渡し方→P143

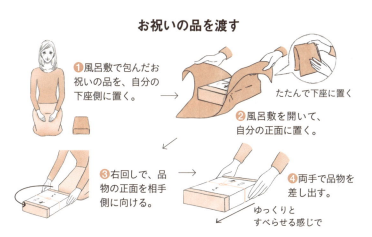

お祝い・お礼・お返しの基本

贈る・いただく
お祝いやお礼のしきたり

「水引」の結び方には、大まかに「結び切り」と「蝶結び」の2つがあります。このうち「蝶結び」は「何度も繰り返されてほしい」という気持ちを結びに託して、普段の贈り物や、お礼、お返しなど慶事に幅広く使われます。

使う範囲が広い蝶結び

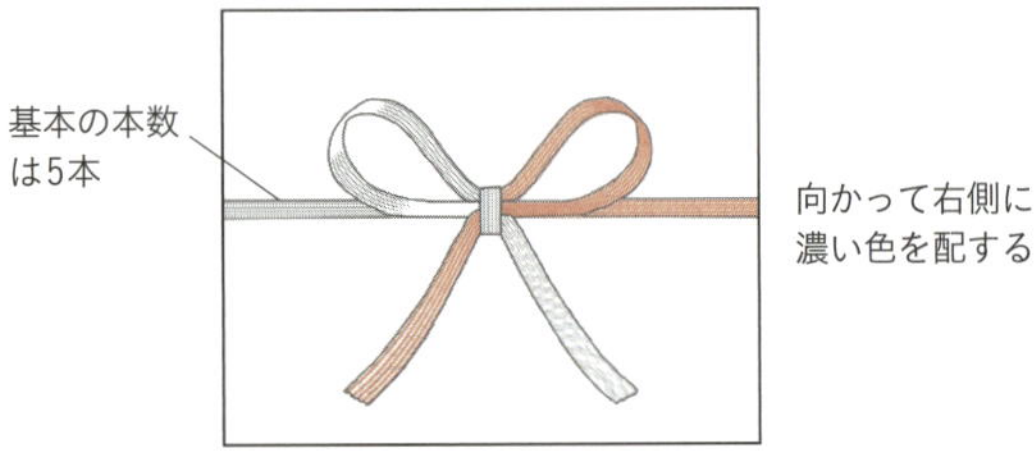
基本の本数は5本
向かって右側に濃い色を配する

赤白5本
蝶結び（行結び）

端を引っ張ると解けて何度でも結び直せることから、くり返しあってもよい慶事に使います。
贈り物の掛け紙、現金を包む金封ともに、日常のお付き合いの贈答では、この水引が基本です。

江戸時代までは、お金といえば小判で、紫の袱紗に包んで渡していました。ただし、庶民の間では、贈答といえば食べ物や小物などの品物で、お金を贈る習慣はなかったそうです。

それが明治以降、お札が流通するようになり、現金の贈答が一般化して、今のような金封（祝儀・不祝儀袋）が使われるようになったのです。親しい間柄でも、お金や品物を「包む」ことで相手への敬意を表す習わしを、これからも大切にして、次の世代へと伝えていきましょう。

祝儀袋の基本的な使い方

中包み（中袋）

表

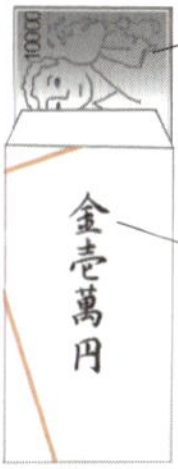

新券を用意して肖像部分が上、正面を向けて入れる

金額は大字（P231）で中央にはっきりと書く

「也」はつけない

裏

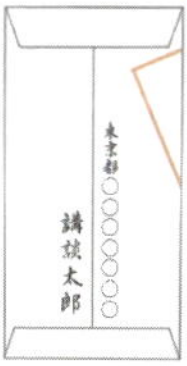

封はしない

左に贈り主の姓名を書く

右に住所を書く

上包み（表包み）

文字は毛筆か筆ペンで濃く、はっきりと書く

表

表書き
上部中央に、贈る目的を示す言葉をかく

名入れ
表書きよりやや小さく、贈り主の姓名を書くのが基本

裏

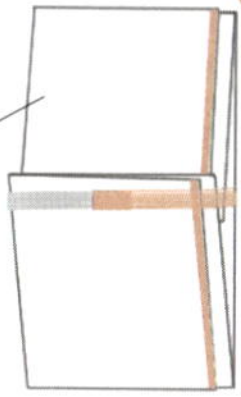

上包みの重ね方
下側の折り返しを上にして重ねて、水引をかける

お金や品物は「お祝い包み」にする

半紙などを中包みに使うとき、お祝いの品物を自分で包装する際は、「お祝い包み」にします。

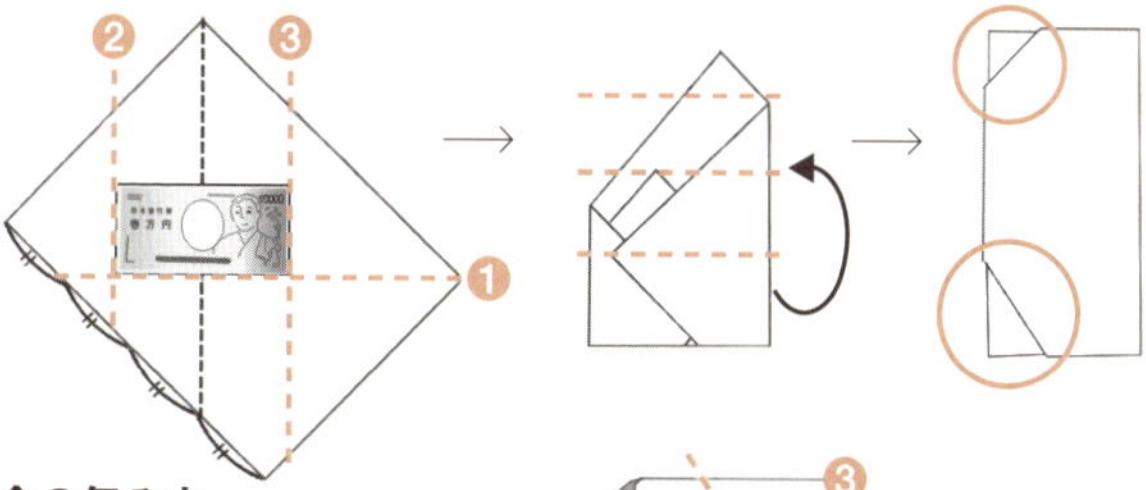

お金の包み方
❶の点線が下側になるようにお札を置く。
❶、❷、❸の順に、半紙を中央に向けて折り重ねる。下から上に折り、先端の部分は裏側にたたむ。

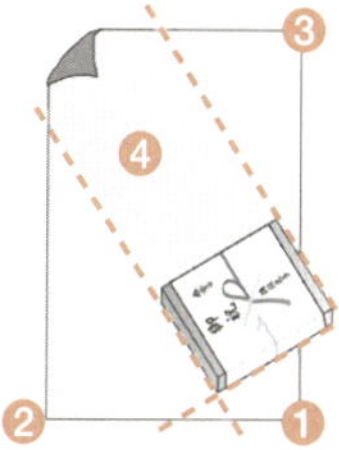

品物の包み方
❶、❷、❸の順に包装紙を折り重ね、❹の部分で箱の表面にかぶせて、裏側でとめる。

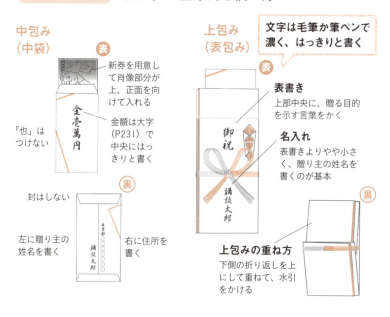

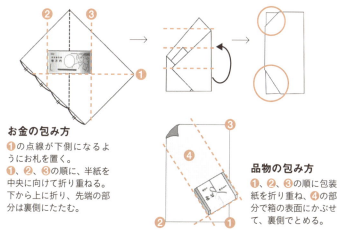

入園・入学

子どもが成人するまでのお祝い事は、本来は身内で行うものとされています。親戚でも、日頃から疎遠になっているようであれば、贈る必要はありません。「おめでとう」のひと言でも十分ですが、もし贈るなら、先方が負担に感じない範囲の現金か、希望を聞いたうえで品物を贈るとよいでしょう。

入園・入学祝い

表書き
御入園（学）御祝
祝 ご入園（学）
御祝

のしあり

水引
赤白
蝶結び

●**贈る時期**…入園（入学）の1週間前くらいまで。お祝いに招待された場合は当日

●**金額の目安**…現金またはお祝いの品。5000円～2万円（間柄による）

表書きで気持ちを伝える

昔は、奉書紙などにのしをつけ、水引を結んで各自で作っていましたが、今では、文具店やコンビニで手に入ります。身内のお祝い事でも現金を贈るときは、のしや水引が印刷された封筒型の金封やぽち袋を使いましょう。

表書き
親しい間柄なら「ランドセル料」などの用途、「楽しい学校生活でありますように」とメッセージを書いても。「祝御入園」など4文字になる場合は、「祝」と「御入園」の間を1文字空けて5文字にする

名入れ
目下の人に贈るときは〝姓〟のみでもよい。目上の人に贈るときは、連名であっても〝姓名〟を書くのが決まり

表書きは、贈る目的を示すもの。実は、皆さんが思うより自由度は高いのです。親しい間柄で〝これに使って欲しい〟という思いがあれば「ランドセル料」などと具体的に書いてもかまいません。

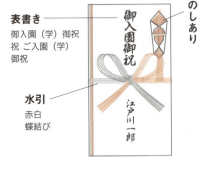

お祝い

結婚記念日

結婚記念日を祝う習慣が日本で一般化したのは、明治27年（1894年）に当時の天皇陛下の結婚25年を祝う「大婚二十五年祝典」を盛大に祝ったことがきっかけとなっています。発祥はイギリスといわれており、年数ごとの名称は、年を追うごとに堅固になる夫婦の絆を表します。

結婚10年目くらいまでは夫婦や家族中心で祝い、25年目の銀婚式以降は、夫婦円満にあやかる意味もあり、子どもや友人が主催してお祝いの会を開くこともあります。基本的には、身内以外はお祝いを贈る必要はありませんが、お祝いの会に招かれた場合は、出欠にかかわらず現金か品物を贈ります。

結婚記念日祝い

表書き
御祝
祝 ○○婚式

のしあり

水引
赤白
蝶結び

●**贈る時期**…お祝いの会の当日、記念日の半月前頃から当日までに

●**金額の目安**…現金またはお祝いの品。銀婚式以降は1万円～2万円

結婚記念日

年数	名称	年数	名称	年数	名称
1年目	紙婚式	9年目	陶器婚式	25年目	銀婚式
2年目	綿婚式・藁婚式	10年目	錫婚式	30年目	真珠婚式
3年目	革婚式・皮婚式	11年目	鋼鉄婚式	35年目	珊瑚婚式　翡翠婚式
4年目	花婚式・書籍婚式	12年目	絹婚式	40年目	ルビー婚式
5年目	木婚式	13年目	レース婚式	45年目	サファイア婚式
6年目	鉄婚式・砂糖婚式	14年目	象牙婚式	50年目	金婚式
7年目	銅婚式・果実婚式	15年目	水晶婚式	55年目	エメラルド婚式
8年目	青銅婚式	20年目	磁器婚式	75年目	ダイヤモンド婚式

目上の人へ贈る場合が多いため、お祝いには現金より、それぞれの年数に因んだ小物や、旅行券、レストランでの食事券など品物がよく選ばれる。

お返し

内輪のお祝いでは必要ありませんが、知人を招いた場合、記念になる引き出物を用意しましょう。

表書き ○○婚式内祝・寿・金（銀）婚式記念

のしあり

水引
赤白
蝶結び

名入れ
夫婦の連名にするか、銀・金婚式以上は名前のみでも

●**贈る時期**…お祝いの会の当日。お祝いをいただいて1ヵ月以内に

●**金額の目安**…一律でよい。風呂敷、袱紗、夫婦の趣味のものなど記念になる品物

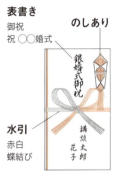

お祝い

新築・改築

親戚や知人、工事でお世話になった方々を招いて新居披露をする際は、外観も室内も見てもらいやすいように明るい時間に設定します。

新築披露に招かれた人は、お祝いを持参します。金額は少なくてもいいので、相手が喜んでくれる品物や、数人で集まって少し値の張るもの、お金を包むのもよいでしょう。

また、お返しは、いただいた金額の3分の1から半分程度を目安に。建物＝入れ物が完成した記念に菓子器などの容器、食品やお酒など予算内で選びます。

新築・改築祝い

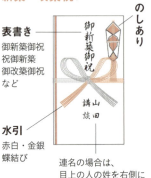

のしあり
表書き
御新築御祝
祝御新築
御改築御祝
など
御新築御祝
山田
講談
水引
赤白・金銀
蝶結び
連名の場合は、
目上の人の姓を右側に

●**贈る時期**…知らせを受けてからなるべく早く、または披露の当日までに

●**金額の目安**…現金または品物。5000円～1万円

お祝い

地鎮祭

土地の鎮守の神を祝って敷地を清め、建設工事の無事完成を祈願する地鎮祭は、『古事記』にも登場する歴史ある儀式です。地鎮祭に招かれるのは、施主の親族などごく限られていますが、お祝いとしてお酒やお菓子、果物などを贈りましょう。

また、一般的には神式で行いますが、儀式を執り行う神職などへのお礼、工事関係者へのご祝儀も忘れずに用意します。

地鎮祭祝い

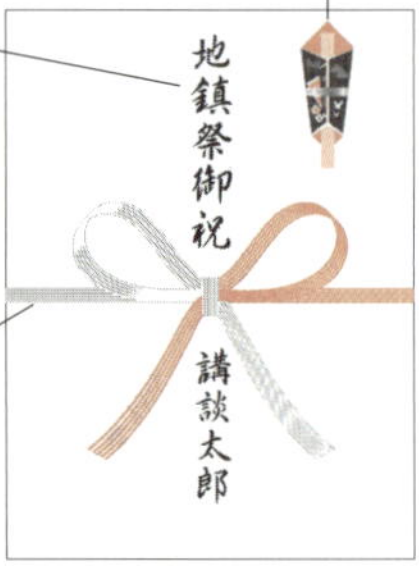
のしあり
表書き
地鎮祭御祝
御祝
奉献（神式）
地鎮祭御祝
講談太郎
水引
赤白・金銀
蝶結び

●**贈る時期**…地鎮祭の当日に手渡す

●**金額の目安**…日本酒、ビール、ワインなどの酒類、お菓子、果物など

お祝い

上棟式

上棟式は、建前ともいい、頑強な建物ができあがることを祈願して、上棟のときに行う儀式です。地鎮祭と同様に、招かれた人はお祝いを持参します。また、現場で、工事関係者の労をねぎらう席を設けるのが習わし。最近では自動車で通う人が多いため、酒席は設けずに、ご祝儀と一緒に瓶詰の清酒と折詰を渡すことが多いようです。

また、上棟式でも、神職へのお礼を用意します。金封に清酒やお赤飯なども添えるとよいでしょう。

上棟式祝い

表書き
上棟式御祝
祝 上棟
御祝

水引
赤白・金銀
蝶結び

のしあり

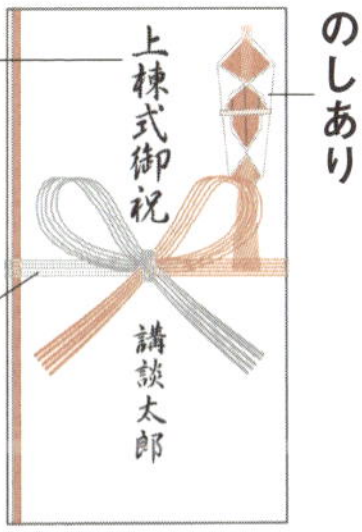

奉書紙に水引をかけても

●**贈る時期**…上棟式の当日に手渡す
●**金額の目安**…日本酒、ビール、ワインなどの酒類、お菓子、果物など

お返し・お礼・ご祝儀・近所への挨拶

地鎮祭

	表書き	金額、品物の目安
お返し	地鎮祭内祝、地鎮祭記念、内祝、記念など	赤飯、かつお節、紅白まんじゅう、のりなど
神職へのお礼	金封の場合　御神饌料、御玉串料、御初穂料、御祈禱料 品物の場合　御礼、奉献、奉納	2万円〜5万円、御車料が必要なことも
ご祝儀	御祝儀、地鎮祭記念、地鎮祭内祝 酒席を設ける場合　御車料	建物の規模、人数と予算による
近所への挨拶	御挨拶、粗品	タオル、箸置きなどのキッチン用品、菓子折りなど

上棟式

※近所への挨拶は不要

	表書き	金額、品物の目安
お返し	内祝、上棟式記念 引き出物とする場合は、内祝	赤飯、紅白まんじゅう、のりなど
神職へのお礼	金封（神式）御神饌料、御祈禱料 品物の場合　御礼	2万円〜3万円に加え、お供え物の費用
ご祝儀	御祝儀、上棟式記念、上棟式内祝 酒席を設ける場合　御車料	地鎮祭より多めに渡す

新築祝い（完成時）

	表書き	金額、品物の目安
お返し	新築内祝、新築之内祝 披露の当日渡す場合　新築記念	お祝い金の半分から1/3。披露に招待していない場合は、半分程度の品物
近所への挨拶	御挨拶、粗品	菓子折り、タオルなどの消耗品

金封、掛け紙は「のしあり、赤白5本蝶結び」、神職へのお礼も同様に。ご祝儀は、のし・水引が印刷されたぽち袋を使っても。

お祝い

開店・開業

お祝いの品物は、お店のオープンや事業所開きの1週間前までに届けます。また、開業記念のパーティーに招かれた場合は、品物を贈っていても、少額でかまわないので現金を包んで持参しましょう。

お祝いをいただく側は、開店・開業の記念品や、パーティー当日の引き出物をもってお返しとします。掛け紙は、のしあり、水引は赤白5本の蝶結び。「内祝」「開店記念」などの表書きに、店名や社名を書いて、「外のし」（P85）にするとよいでしょう。

開店・開業祝い

のしあり

表書き
御開店御祝
祝 御開業
祝 御発展
御祝など

水引
赤白・金銀
蝶結び

●**贈る時期**…開店・開業の1週間前まで。またはオープン、事務所開きのときに

●**金額の目安**…現金またはお祝いの品。5000円～2万円（取引先は多めに）

お祝い

昇進・栄転・就任

人事異動に関わるお祝いは、贈るタイミングが大切。配属替えや転勤を伴う場合が多いので、正式発表から1週間以内、遅くとも2週間以内に贈るようにします。

お返しは、基本的には必要ありません。ただし、個人的にお祝いをいただいた方へは、異動後の近況報告も兼ねた礼状と一緒にお酒や地方の名産品など先方が喜んでくれそうなものを贈るとよいでしょう。

昇進・栄転・就任祝い

のしあり

表書き
御昇進御祝
御栄転御祝
御就任御祝
など

水引
赤白
蝶結び

●**贈る時期**…正式発表から1～2週間以内

●**金額の目安**…職場の有志で贈る場合は、3000円～3万円（人数による）、個人で贈る場合は3000円～1万円

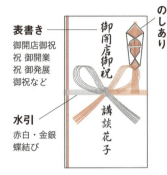

お祝い

定年退職

最近は、定年後に再就職や事業を始める人が増えているそうですが、誰もが晴れやかな気分で定年を迎えるとは限りません。現金でも品物でも、相手に合わせたかたちで、長年の感謝を気持ちよく受け取ってもらえる祝い方を考えましょう。

職場では送別会を開いてくれる所が多いようですが、身内でもお祝いの席を用意したいもの。表書きは「御祝」でもかまいませんが、「御礼」「感謝」の言葉で、新しい門出を祝ってはいかがでしょうか。

定年退職祝い

のしあり

表書き
御退職 御祝
御礼・御餞別
など
会社・団体からの場合
謹呈
公務員の場合
御退官御祝

水引
赤白
蝶結び

●**贈る時期**…退職の1週間前まで、または送別会の席で。個人が贈る場合は適宜

●**金額の目安**…現金またはお祝いの品。知人・友人5000円～1万円、親族5000円～3万円、職場・仕事関係1万円～3万円（人数による）

はなむけとして贈る「御餞別」

「餞別（せんべつ）」とは、遠く離れていく人に対して金品を贈り、はなむけとすること。昇進・栄転でも、相手にとっては「御祝」がふさわしくないと感じる場合の表書きに使います。

転居・引っ越し	名残惜しい気持ちを込めて
異動・転勤	部下に贈る場合、または状況に応じて
退職	定年または途中退職をする人へ
旅行	激励のしるし、旅費・お土産代の足しとして
海外出張・赴任	家族での海外赴任は目上でも現金を贈る
留学	海外などに数ヵ月～数年間留学する人へ

表書き
御餞別

のしあり

水引
赤白
蝶結び

ぽち袋でもよい

※退職者へ贈る場合は水引き「一度切り」の意味で、結び切り（真結び、あわび結び）でも。

お祝い

受賞・叙勲

さまざまな分野の貢献者に贈られる各賞の受賞や、国から勲章を授与された知らせを受けたら、なるべく早い時期にお祝いを贈ります。目上の人に現金を贈るのは失礼といわれますが、祝賀会に招かれた場合は、お祝い金を持参しましょう。ただし、会費制の場合は不要です。

お返しは「内祝」として、半額程度の金額を目安に記念品を贈るのが一般的。お祝いをいただいてから1週間以内、祝賀会の出席者には引き出物として配ります。

受賞・叙勲祝い

のしあり

表書き
御受賞（章）御祝
祝 御受賞（章）
御祝など

水引
赤白・金銀
蝶結び
あわび結び

●**贈る時期**…正式決定後1週間以内に。または祝賀会の当日に持参する

●**金額の目安**…祝賀会出席の場合は現金でもよい。お祝いの品は1万円～3万円

●**お返し**…半額程度。お祝いをいただいてから1週間以内に記念品などを贈る

お祝い

個展・発表会

絵画、書などの個展、ピアノや日舞などの発表会への招待を受けた場合は、当日にお祝いを持参して直接お渡しします。有料の会であれば、チケット代金より少し多めの金額を包むとよいでしょう。また、チケット代を払う場合は、お金ではなく、品物を贈ります。

お返しは、必ず必要なものではありませんが、わざわざ来てくれた方への感謝の気持ちは伝えたいもの。交通費程度の金額の品物を「内祝」として渡し、後日礼状を送るかお礼の電話をしましょう。

個展・発表会祝い

のしあり

表書き
祝 個展
発表会御祝
御祝
寿など

水引
赤白・金銀
蝶結び

●**贈る時期**…会場へ持参するか、個展や発表会の前日までに

●**金額の目安**…現金またはお祝いの品。入場料相当額～5000円

●**お返し**…「内祝」として500円～1000円程度の品物

お祝い

出版記念

自分が書いた本、写真集などを出版した人にとって、何よりうれしいのは、自著を手に取って、読んでもらうことです。出版記念パーティーに招待された場合は、何かしらのお祝いを持参しますが、感想を伝えることが著者にとって何よりのお祝いになるはずです。

また、出版記念祝いのお返しは、祝賀会当日や別の機会に自著にサインをして贈るのが一般的です。表紙の裏にある見開きの紙の部分、あるいは短冊に、相手の名前と感謝の気持ちを込めたひと言を書き添えましょう。

出版記念祝い

表書き
御出版御祝
祝 御出版
御上梓御祝
御祝

水引
赤白・金銀
蝶結び

- **贈る時期**…知らせを受けてからなるべく早く。祝賀会などに招待された場合は当日に
- **金額の目安**…1万円〜5万円。祝賀会が会費制の場合は不要
- **お返し**…自著にサインをして贈る

発表会のお返し

のしあり・水引の掛け紙が大げさに感じるときは、水引が省略された「赤の帯紙」を使う。子どもの発表会などでは、掛け紙なしのリボンがけでも。

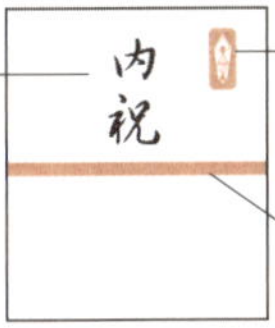

表書き
内祝
御礼

自著や自分の作品を贈る

お返しとして自著や自分が描いた絵などを贈るときは、お祝いに用いる掛け紙ではなく奉書紙をかける。

表書き
目上の人へ
献上・謹呈・敬呈
会社や団体等に贈る場合
贈呈・贈

故人にお祝いを贈る

生前の功績によって故人が受賞(章)した場合、一般的にはお祝いはしない。徳を偲んでお祝いをしたい場合は、のしなし・双銀5本結び切りの掛け紙を使う。

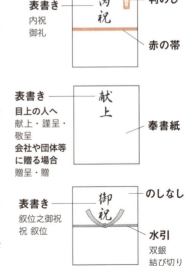

表書き
叙位之御祝
祝 叙位

水引
双銀
結び切り

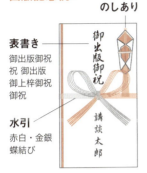

お見舞い

病気見舞い

目上の人に現金を贈ることは失礼とされていますが、結婚、葬儀、お見舞いではかまいません。病床へお見舞いに伺う場合は、事前に本人や家族の許可を得ておくこと。また、お見舞いを贈る前に退院の連絡がきたら、お見舞いに行けなかったお詫びと退院の喜びを伝える手紙を添えて、「御退院御祝」「快気之御祝」の表書きで贈ります。

　同姓の身内に贈る場合、名入れはフルネームで。仕事上の立場が上の人に対して、「御見舞」は、自分が優位に立つようではばかられる場合、あるいは、病状がよくわからないときは、表書きは「御伺」とします。

病気見舞い

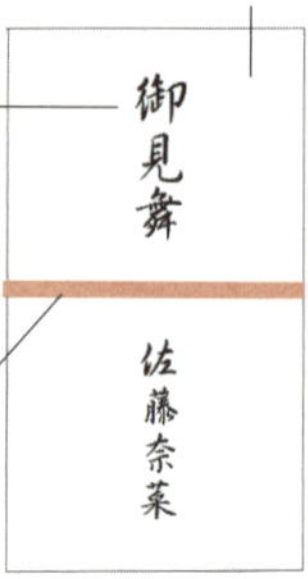

のしなし
表書き
御見舞
目上の人へ
祈 御全快
御伺
水引
赤の帯
御見舞
佐藤奈菜

●**贈る時期**…病状が落ち着いた頃

●**金額の目安**…親族1万円、友人・同僚5000円〜1万円

●**お返し**…快気内祝い

病気見舞いのお返し

療養中に心配をかけた人やお世話になった人へ内祝いとして、心ばかりの品物を贈りましょう。

快復した場合

●**贈る時期**…退院・床上げから2〜3週間後

●**金額の目安**…お見舞いの3分の1から半額程度の品物

※快復のめどが立たないが、お返しをしておきたい気持ちが強いときは、「御見舞御礼」として贈る。

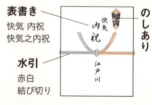

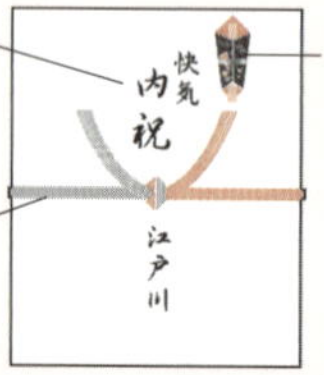

表書き
快気 内祝
快気之内祝
水引
赤白
結び切り
のしあり
快気
内祝
江戸川

療養中に死亡した場合

●**贈る時期**…忌明法要（一般的に死後49日後）まで

●**金額の目安**…お見舞いの金額の3分の1以上の品物

※香典返しの金額を少し多めにして「志」「満中陰志」（仏式の場合）の表書きで贈ってもよい。

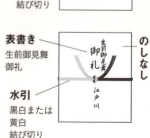

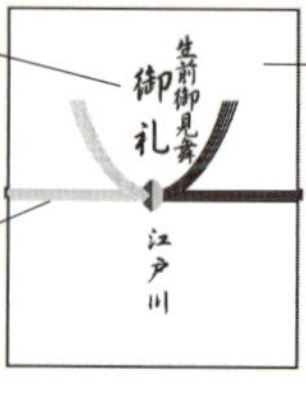

表書き
生前御見舞
御礼
水引
黒白または
黄白
結び切り
のしなし
生前御見舞
御礼
江戸川

お見舞い

災害見舞い

被災を知ったらすぐに行動を起こします。まずは相手の安否を確認して、可能であれば必要なものを届けましょう。日用品や食品、衣類など生活必需品のほか、当座の生活に必要な費用に用立ててもらえる現金を贈るのもよいでしょう。この場合、目上の人でも失礼にはなりません。

また、災害にあったときは、物質的な援助はもちろん、励ましの言葉が心にしみるものです。慰めの言葉だけでなく、現場の片付けや避難場所の提供など自分にできることがあれば、ぜひ申し出てください。

災害見舞い

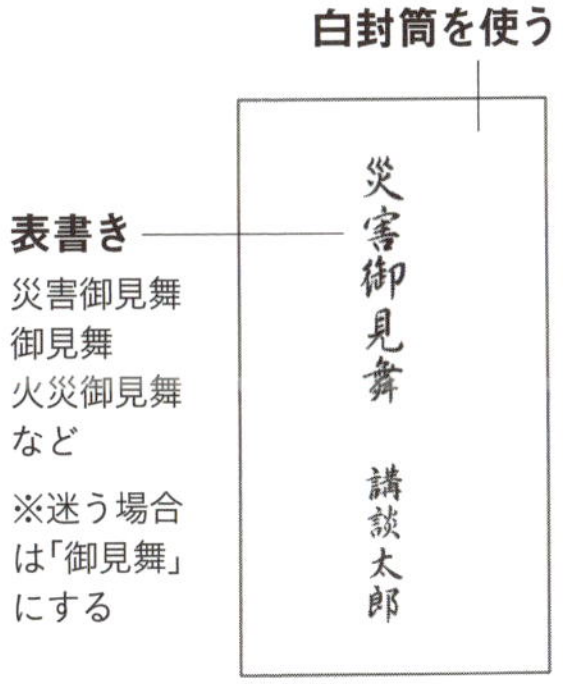

白封筒を使う
災害御見舞
講談太郎
表書き
災害御見舞
御見舞
火災御見舞
など
※迷う場合は「御見舞」にする

- **贈る時期**…被災を知ったらすぐに
- **金額の目安**…5000円～1万円
- **お返し**…不要

お見舞い

陣中見舞い

選挙、合宿、演劇や演奏会などの公演・イベントに、激励の気持ちを込めて金品を贈ることを陣中見舞いといいます。関係者の人数にもよりますが、差し入れは、少し多めに用意します。状況がよくわからない場合は、現金を包んでも。差し入れや打ち上げの費用として用立ててもらえます。

また、選挙期間中、候補者へ贈る陣中見舞いは、公職選挙法で範囲に規定があります。贈り先に迷惑がかからないように、選挙が行われる自治体の選挙管理委員会に認められる範囲を確認しておきましょう。

陣中見舞い

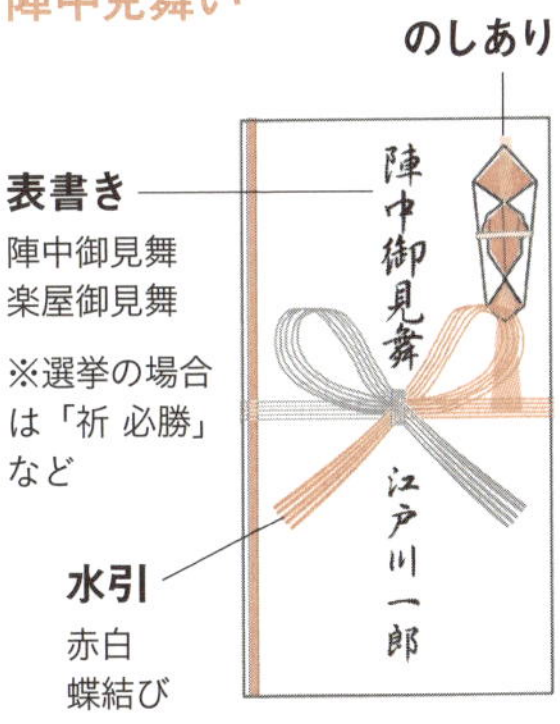

のしあり
陣中御見舞
江戸川一郎
表書き
陣中御見舞
楽屋御見舞
※選挙の場合は「祈 必勝」など
水引
赤白
蝶結び

- **贈る時期**…イベントの2～3日前、または当日に持参するか、届ける
- **金額の目安**…5000円～1万円
- **お返し**…不要

お礼

お世話になったとき

お世話になった人へ心ばかりのお礼をするときには、相手や場面に応じて表書きの言葉を使い分けます。「心ばかり」とは、少額の金品を渡す際に大げさにならないよう、「ほんの少しで失礼ですが」といった意味を込めた言い回しです。

相手の気遣いに対する感謝を気軽に受け取っていただくには、結婚祝いのような格式の高い金封や掛け紙はふさわしくありません。ちょっとしたお礼や心付けとして現金を包むなら「ぽち袋」。もう少しあらたまったお礼や相手が目上の人であれば、のし・水引が印刷された金封や掛け紙を使うとよいでしょう。

お世話になったときのお礼

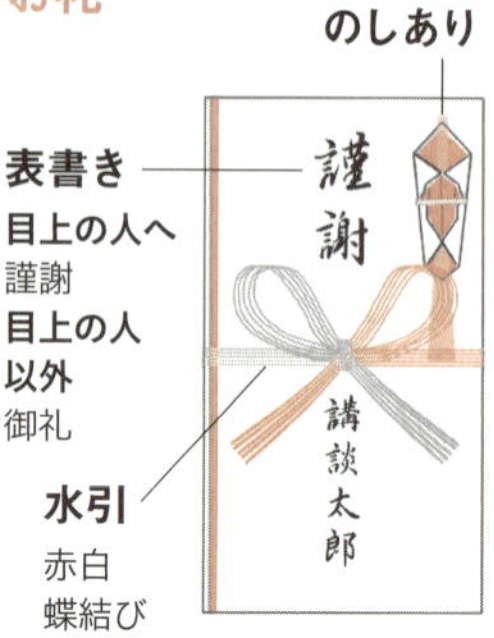
のしあり
表書き
目上の人へ
謹謝
目上の人以外
御礼
水引
赤白
蝶結び
謹謝
講談太郎

- **贈る時期**…相手の都合を確認後、できるだけ早く
- **金額の目安**…現金、商品券、品物など。3000円～1万円

ぽち袋の使い方

ちょっとしたお礼や心付けとして、現金を包むときは「ぽち袋」を使います。

①
②
お札の表
表書き
名前

①左側を先に折る
②右側を重ねて三つ折りにする

お礼や心付けなどお金を包むほか、小さなものを入れて渡しても。キャンディーやチョコレートなどはそのまま渡すよりも気配りが感じられ、受け取る側もうれしい気持ちになります。

用途別ちょっとしたお礼の「表書き」

表書き	用途
御礼	一般的なお礼全般
粗品	訪問先への手土産、ささやかな贈り物など。現金には不適切
御伺	目上の人へのお見舞い、訪問する際の手土産など
心ばかり	「粗品」と同意。とくに目上の人に贈る場合に使う
松の葉	「松葉ほどにわずか」の意味
まつのは	目下の人への贈り物に
薄謝	謝礼の謙譲語。主に現金を贈るときに
寸志	公的な関係で目下の人に金品を贈るときに
謹呈	社会的立場が上の人、目上の人に品物を贈るときに
贈呈・贈	慶弔・お見舞い以外で会社・団体などに品物を贈る場合

挨拶

引っ越し

転居前の近隣には引っ越しの前日までに挨拶をしておきます。とくにお世話になった方には、お礼の品物を渡すとよいでしょう。転居先では、引っ越し当日か翌日まで、なるべく早いうちに挨拶回りをすませます。集合住宅の場合は両隣と上下階、戸建ての場合は両隣、お向かいと裏側は状況によってそれぞれ2〜3軒には、挨拶の品物を持って伺いましょう。品物は、お菓子や洗剤、タオルなどの日用品を。昼間の明るい時間に伺いますが、何度訪ねても留守のときはポストに挨拶状を入れ、後日、見かけたときに正式にご挨拶します。

引っ越しの挨拶

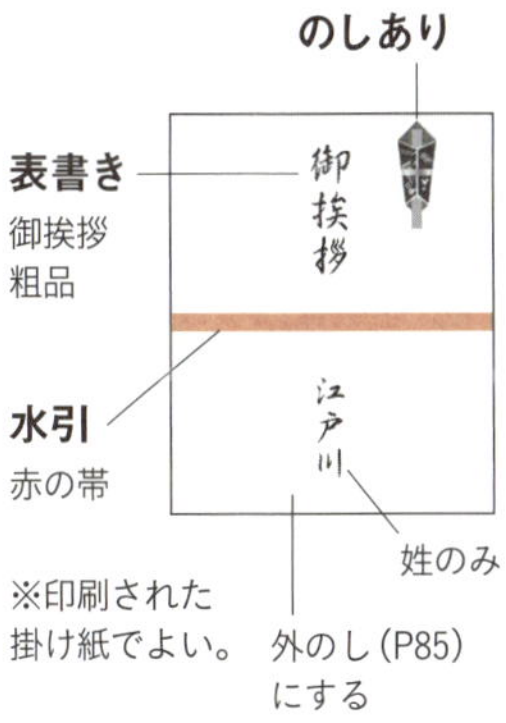

のしあり
表書き
御挨拶
粗品
御挨拶
水引
赤の帯
江戸川
姓のみ
※印刷された掛け紙でよい。
外のし（P85）にする

●**金額の目安**…500円〜1000円の品物
●**お返し**…不要

玄関先で贈り物を渡す

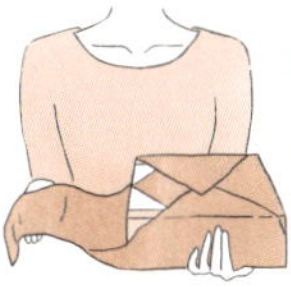

❶左腕で風呂敷包みを抱え、右手で風呂敷をほどく。

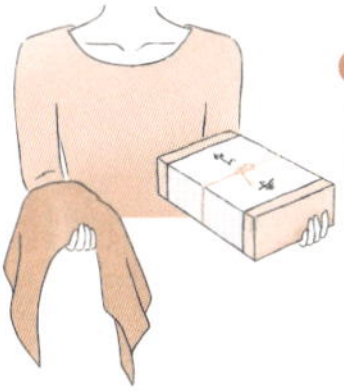

❷右手で品物を出し、左手で抱えるように持つ。

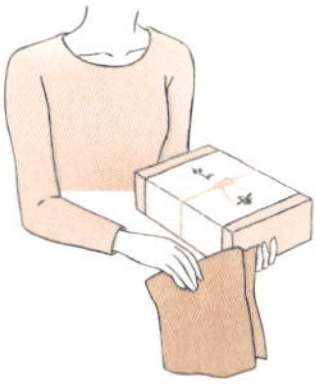

❸左手で風呂敷をつかんで、右手で折るようにたたむ。たたんだ風呂敷は左手で持つ。

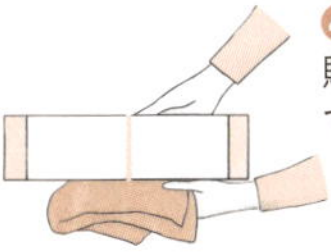

❹左手を下から添え、贈り物を正面に向けて、両手で渡す。

先方が忙しそうなときは、「無作法で申し訳ございません」と断ったうえで、挨拶の品を渡してなるべく早く切り上げましょう。

日本のしきたり雑記帳

「ハレ」の食べ物・お雑煮

お雑煮の餅のかたち「東の角餅、西の丸餅」

角餅	北海道	全国各地から入ったお雑煮が存在。出身地の味に、イクラ、鮭などの北海道特産の具を加えて、それぞれの家庭の味を楽しむ
	岩手県	醤油味の汁に焼き餅を入れるのが一般的。一部地域では、焼き豆腐を入れたり、ごまだれやくるみだれに餅をつけて食べたりする
	東京都	かつお節でだしをとり、醤油で味付けしたすまし汁に、焼き餅を入れるのが一般的。具は、鶏肉、小松菜、かまぼこなど
丸餅	京都府	昆布でとっただしを白味噌で味付けし、煮た餅を入れるのが一般的。元旦は白味噌、2日目はすまし汁にする地域もある
	島根県	醤油味のすまし汁に、煮た丸餅が多い。出雲地方の「小豆雑煮」は、見た目はぜんざいのようだが、小豆をだしで煮ているので甘くない
	香川県	「あん餅雑煮」は、白味噌仕立ての汁に、あん入りの餅入り。四国では、香川県と徳島県が白味噌仕立て、愛媛県と高知県ではすまし汁が多い
	福岡県	あごだし（トビウオのだし）、昆布、鶏肉とだしは、地域や家庭によってさまざまだが、味付けは醤油、具にはかまぼこを入れることが多い

出典：『和食ガイドブック』（農林水産省）

　お祝いや、季節ごとの年中行事といった「ハレ」の日に欠かせないのが「行事食」です。そのなかでも、お正月にいただくお雑煮の歴史は古く、始まりは平安時代だといわれています。
「雑煮」とは、いろいろな物を煮合わせるという意味。あり合わせの食材で作る手軽な料理のようですが、食材、作り方を知ると、いかに日本人が「ハレ」の食べ物として大切にしてきたのかがわかります。

　餅や野菜などの食材は、年神様へのお供え物。それらを、元日の朝に最初に井戸や川から汲んだ「若水」と、新年最初の火で煮込みます。また、お雑煮を食べる際に使うのは、両方の先が細くなった「祝い箸」。一方を人が使い、もう一方は神様が使う「神人共食」を表したものです。

　神様に供える収穫物が地方によって異なるため、具材や味付けはさまざまですが、お雑煮にはお餅が欠かせません。お餅は、鏡餅、あるいは望月（もちづき／満月のこと）を模しているとされ、丸餅が正式です。「東の角餅、西の丸餅」といわれるようになったのは、江戸時代に入って庶民でも簡単に餅が手に入るようになり、平らにのした「のし餅」を使うようになってから。人の移動が盛んになった現代では、出身地や家庭に伝わる味を楽しむようになり、お雑煮の特徴も全国的に混在しているようです。

弔事

大切な人を送るとき

弔事

大切な人を送るとき

臨終から葬儀まで

昭和20年代の終わりまでは、自宅で亡くなる人が8割を超えていたそうです。

現代では、病院で亡くなる人が年々増え、自宅に戻らずに斎場で葬儀すべてが執り行われることも少なくありません。家族葬、一日葬などお別れのかたちも多様化している今だからこそ、心を込めて故人を送り出すために、葬儀の本来の意味を見つめ直してはいかがでしょうか。まずは、臨終から通夜、葬儀の準備まで仏式でのしきたりを紹介します。

敬意を込めて送るために 知っておきたい弔事のしきたり

弔事のしきたりは、仏式、神式、キリスト教などの宗教、さらに、地方の風習によってさまざまです。でも、いちばん大切なのは故人への敬意とご遺族に寄り添う姿勢。しきたりや決まり事は、その気持ちを伝えるためにあるのです。

弔事での袱紗の使い方

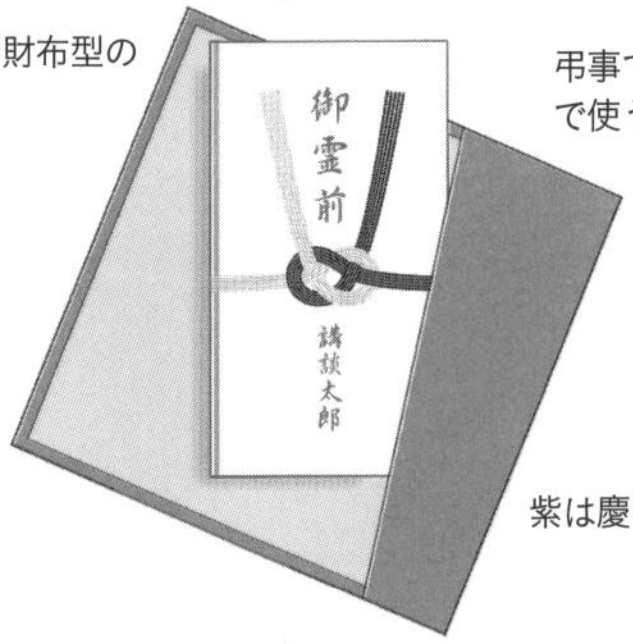
金封を挟む財布型の「金封袱紗」
弔事では左開きで使う
御霊前
講談太郎
紫は慶弔両用

袱紗には宗教的な意味はなく、物をていねいにあつかう心遣いとして古くから使われているもの。弔事の金封は、形式を問わず袱紗に包んで持参しましょう。

臨終から納棺まで

臨終から通夜までは、本来親族やごく親しい人で過ごすもの。通夜の前に、故人の身体を清め、あの世へ旅立つための身支度を整えます。

①末期の水　まつごのみず

もう一度よみがえってほしいという思いを込めて、故人と関係の深い順に、遺体の唇を濡らす儀式。もとは仏教のしきたりでしたが、現在ではカトリック以外で行われることも。

②湯灌　ゆかん

故人の身体をお湯で洗い清めます。現在では、病院や葬儀社がアルコールを含ませたガーゼなどで拭いてくれます。

③死に化粧　しにげしょう

髪を整え、男性はひげをそり、女性は薄く化粧をして整えたあと、「死に装束（しにしょうぞく）」に着替えます。

④北枕で安置する

頭を北に向けて安置し、顔を白布で覆います。枕元には、香炉、花、一膳飯などの「枕飾り」をし、僧侶に枕経（お経）をあげてもらいます。

⑤納棺　のうかん

通夜までに遺体を棺に納めます。

ふだんはやってはいけない「逆さごと」

仏式の葬儀では、物事を通常の逆に行う「逆さごと」という習わしがあります。ほかに、山盛りのご飯に箸を立てる一膳飯、骨揚げの際の箸使いなどの行いは、日常生活では縁起が悪いこととして嫌がられるので気をつけましょう。

逆さ水

湯に水を加えるのではなく、水にお湯を注いで温かくする、死者の身体を清めるお湯の作り方

左前

死に装束は、向かって左の衽（おくみ）を上にして着付ける。
普通は向かって右が前

縦結び

納棺のときなどに解けないように、帯を縦結びにする
普通は横に結ぶ

一膳飯

山盛りに盛ったご飯に箸を突き立てた死者への供え物

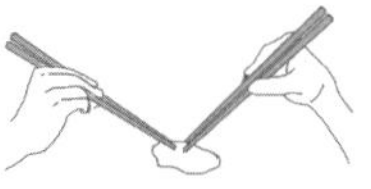

箸渡し

箸から箸へと渡していく、火葬後の骨揚げで行う箸の使い方

このほかにも、布団を逆にかける「逆さ布団」、屏風を天地逆にして枕元に立てかける「逆さ屏風」などは、最近でもよく行われている風習です。

通夜・通夜ぶるまい

臨終直後に知らせるのは、親戚やとくに親しい人に限られます。連絡を受けた場合は、まずは急いで駆けつけ、玄関先でお悔やみを述べます。また、人づてに訃報を聞いた場合は、葬儀の日時の連絡があるまで弔問は控えます。

通夜までの間、故人は病院や自宅、あるいは斎場・葬儀場に安置され、この時期の弔問は、ごく親しい人に限られます。通夜・葬儀に出られない代わりに、といった自分の都合だけなら通夜前の弔問は控えましょう。

通夜の席次

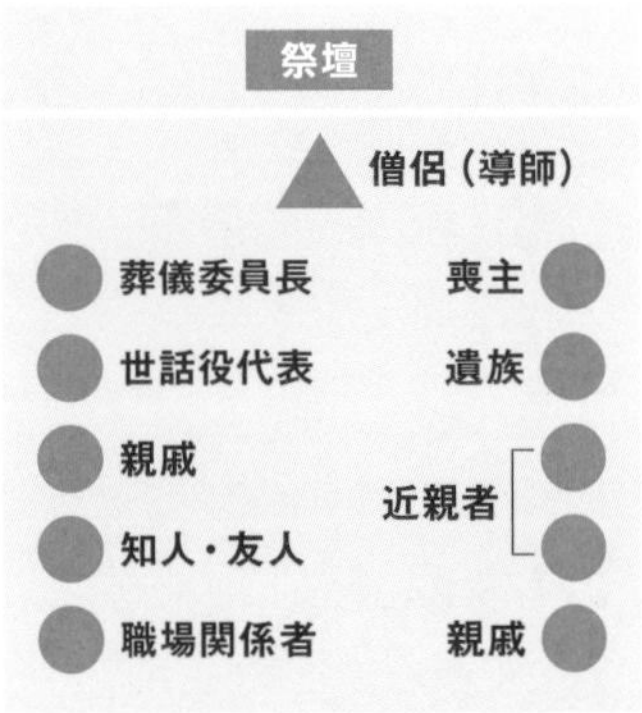

通夜の式次第

僧侶入場 → 読経 → 焼香 → 喪主挨拶

↓

通夜ぶるまい　弔問客へのもてなし

別室に席を設けるのが一般的だが、地域によってさまざま。お清めと故人への供養の意味があるので、案内されたら席につくのが礼儀。ただし、長居はしないこと。

故人との対面

故人との対面は、自ら申し出るものではありません。また、遺族からすすめられても、それを断るのは失礼にはなりません。辞退する場合は、「取り乱すと申し訳ないので失礼させていただきます」などとていねいに伝えます。

❶枕元で一礼
枕元から少し下がって正座し、両手をついて一礼する。

❷故人とのお別れ
少し身体を屈めて、お顔を拝見する。このとき、両手をついてもよい。

❸一礼して合掌※
深く一礼して合掌する。

※神式、キリスト教式では、合掌なし、黙礼のみ。

❹遺族に一礼する
少し下がり、遺族にも一礼する。「安らかなお顔ですね」などとひと言添える。

通夜の日時、場所などによって納棺後の対面となる場合もあります。

不祝儀袋の書き方・渡し方

不祝儀袋

市販の不祝儀袋は、ほとんどが慶事と同じ向きになっていますが、悲しみごとは重なってはいけないと、一枚の紙を使い、慶事とは逆の左前に折るのが本来です。

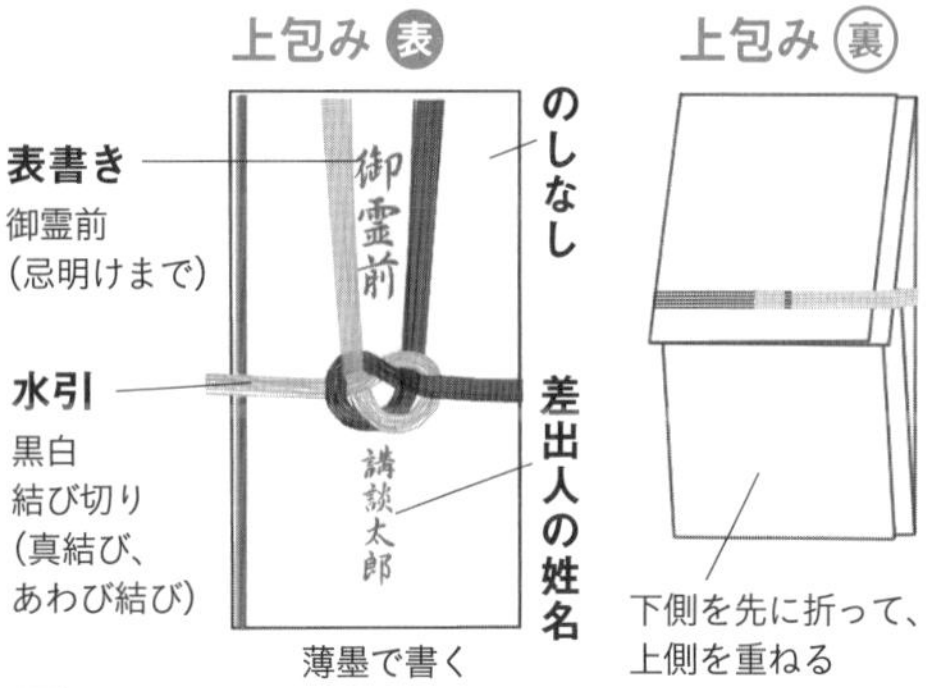
上包み 表
上包み 裏
表書き
御霊前
(忌明けまで)
のしなし
水引
黒白
結び切り
(真結び、
あわび結び)
差出人の姓名
御霊前
講談太郎
薄墨で書く
下側を先に折って、
上側を重ねる

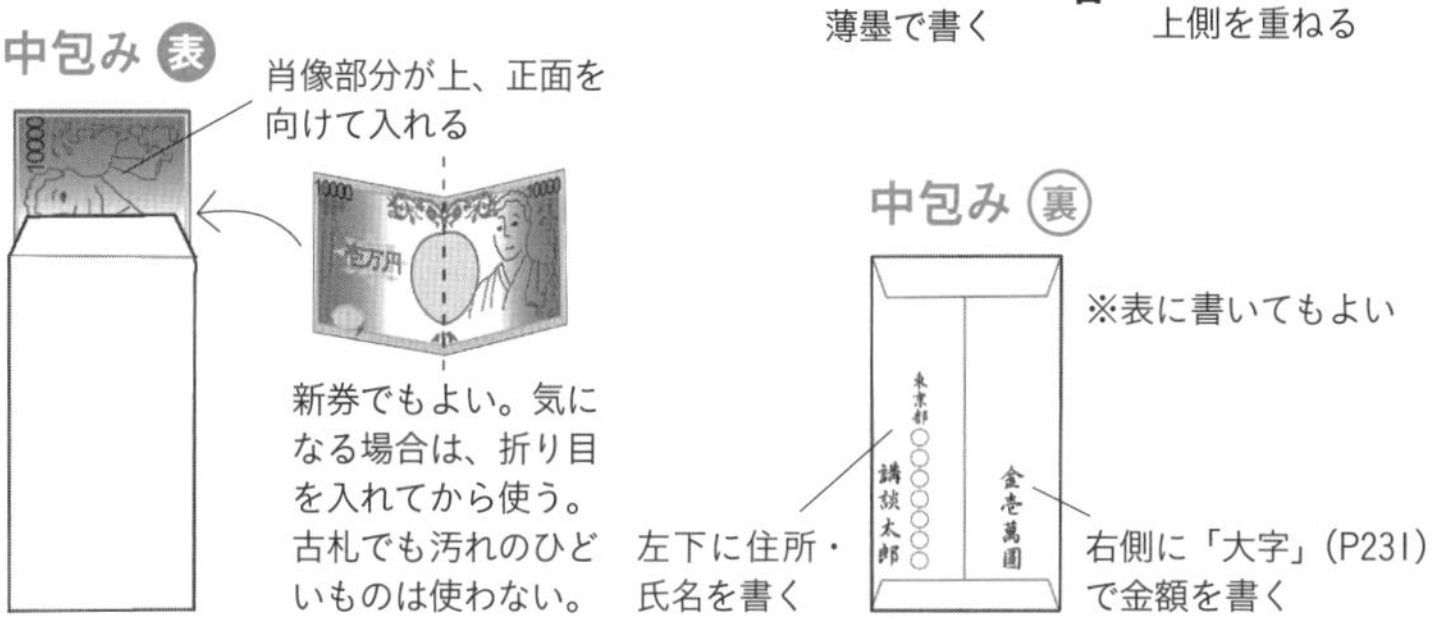
中包み 表
肖像部分が上、正面を
向けて入れる
新券でもよい。気になる場合は、折り目を入れてから使う。古札でも汚れのひどいものは使わない。
中包み 裏
※表に書いてもよい
東京都○○○○○○
講談太郎
金壱萬圓
左下に住所・
氏名を書く
右側に「大字」(P231)
で金額を書く

金封は袱紗に包んで持参する

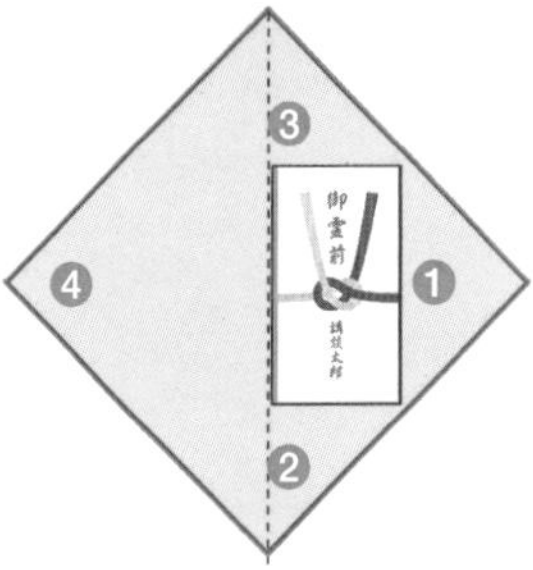
③
①
④
②
御霊前
講談太郎

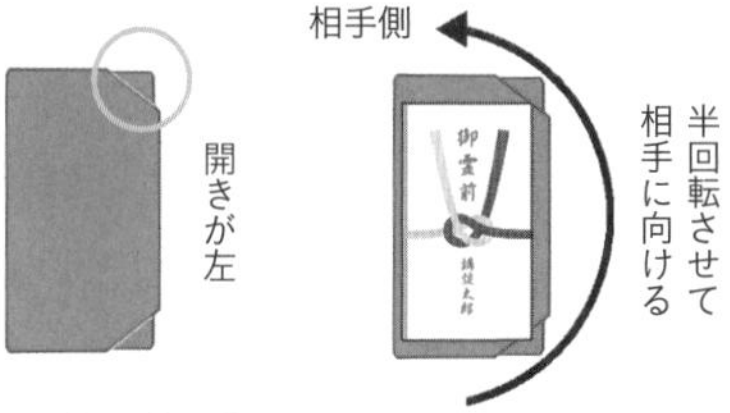
開きが左
相手側
半回転させて相手に向ける
御霊前
講談太郎

包み方・渡し方

金封を右側に置いて、❶〜❹の順に重ねてたたむ。渡すときは金封を袱紗にのせ、正面を向ける。

「通夜」は、亡くなったお釈迦様を囲んで弟子たちが一晩中語り合ったことに由来します。かつては、夜通しで故人に付き添い、香を焚き続けるというのが「通夜」でしたが、遺体の保存技術が進んだ今は、1〜2時間の「半通夜」で行うのが一般的です。

通夜に出れば葬式には参列しなくてもよい、という考え方もあるようですが、故人と付き合いが深い場合は、できるだけ両方に会葬することをおすすめします。

葬儀の流れ
仏式・神式・キリスト教式

お葬式は、故人が安らかに眠りにつくことを祈り、見送る儀式です。人生でそう何度も経験することはないですから、遺族も参列者も、わからないことがあるのも当然です。

葬儀の習慣やしきたりは、悲しみのなかで、皆が心をひとつにして故人を見送るためのもの。宗教や地域でさまざまに違うため戸惑うことがあったら、葬儀の執り行いを任された世話役や葬儀社の人に相談しましょう。また、会葬の方法などは指示に従えば心配いりません。

わからないことがあっても 遺族を煩わせることは避けて

昔は参列者が葬列を組んで、棺を墓地に運んでいました。これを「野辺送り」といいます。今では、霊柩車をマイクロバスが追走する光景に、亡き人の旅立ちを見送る「野辺送り」が重なります。

葬儀の流れと儀式名の違い

仏式

亡くなった日：命日　通夜 → 葬儀・告別式

●忌明け：死後49日目　七七日、満中陰

神式

亡くなった日：命日　通夜祭 → 葬場祭

●忌明け：死後50日目　五十日祭（霊祭）

キリスト教式

カトリック

亡くなった日：昇天日　通夜の祈り → 葬儀ミサ

プロテスタント

亡くなった日：召天日　前夜祭 → 葬儀式

仏式の「忌明け」の考えはなく、亡くなった日から3日目、7日目、30日目、1年目などに追悼の儀式が行われる。
カトリック：追悼ミサ　プロテスタント：記念式

仏式葬儀の流れ

葬儀の席次

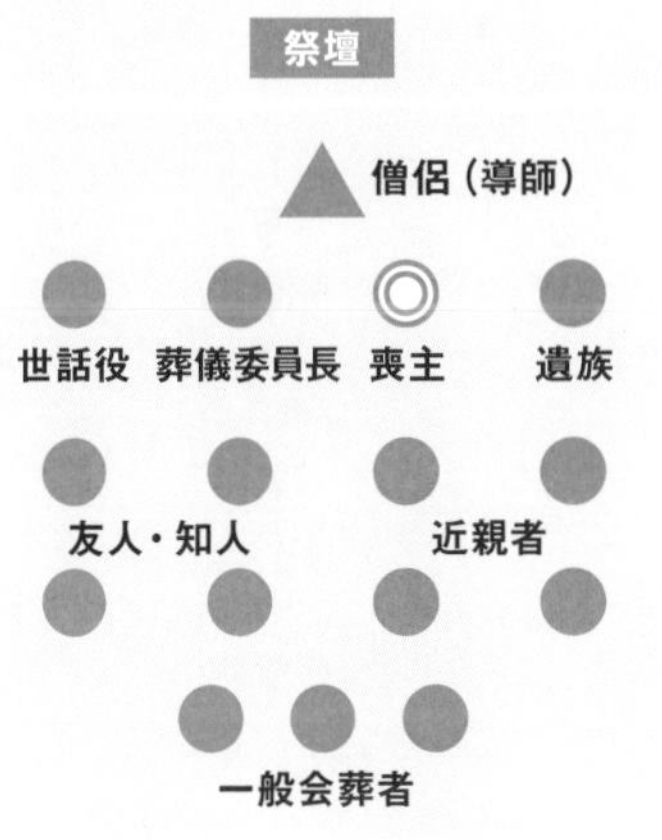

祭壇
僧侶（導師）
世話役
葬儀委員長
喪主
遺族
友人・知人
近親者
一般会葬者

仏式葬儀の式次第

僧侶入場 → 開式の辞

▼

読経

▼

弔辞・弔電

▼

僧侶・一同焼香

▼

僧侶退場 → 閉式の辞

▼

告別式 → 出棺

案内があった人は、出棺のあと、火葬場へ同行し、骨揚げ、精進落としに出席します。

焼香の作法

❶数珠を左手に持って、焼香台の前に進み、僧侶、遺族に一礼する。

❷祭壇に一礼し、進み出て合掌する。

❸右手の親指、人さし指、中指で抹香をつまむ。

❹抹香を額におしいただく。

❺抹香を静かに香炉の炭にくべる。

❻祭壇に向かって合掌し、1歩下がって一礼。僧侶と遺族に一礼して席に戻る。

- 焼香は案内の順に行う。
- 抹香をおしいただく（❹）回数は、1〜3回の場合がある。

神式葬儀の流れ

葬場祭の席次

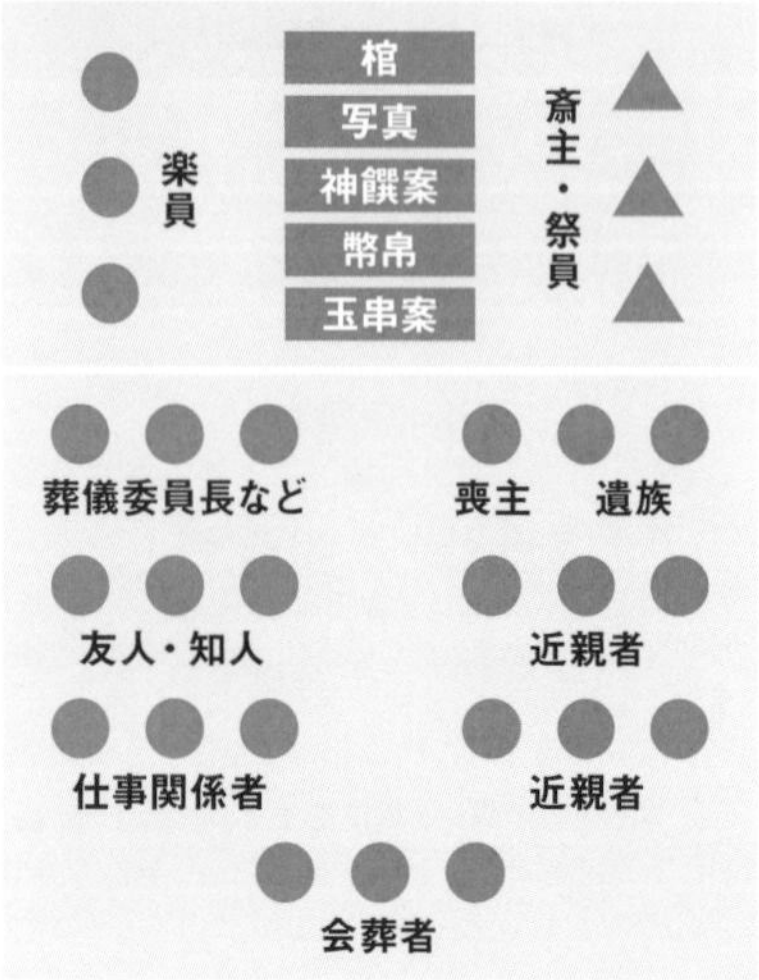

式次第

枕直しの儀 → 納棺の儀

▼

通夜祭・遷霊祭

▼

葬場祭

▼

後祓の儀

▼

火葬と骨揚げ → 埋葬祭

▼

帰家祭

お悔やみに「成仏」「冥福」「仏」など仏教用語は使わないよう気をつけましょう。

玉串奉奠（たまぐしほうてん）の作法

❶玉串を両手で下から持つように受け取って一礼。その後、右手を上、左手は下から支えるように持ち替える。一礼する。

❷玉串案へ進み、おしいただくように一礼する。

❸葉先が右手、根元が左手になるように持ち替え、右に回転させて、根元を祭壇に向ける。

❹両手を添えて、玉串案の上に供え、左、右と手を引く。

❺2〜3歩下がり、二礼する。音をたてずに二度柏手を打ち、一礼する。

❻遺族、神職に一礼して席に戻る。

- 神社参拝と同じ「二礼二拍手一礼」（P109）の作法で拝礼をする。
- 音をたてずに柏手を打つことを「しのび手」という。

キリスト教式葬儀の流れ

プロテスタントの式次第

聖餐式 → 納棺

▼

前夜祭（通夜）

▼

出棺式

▼

葬儀式

▼

埋葬

カトリックの式次第

臨終前　病者の塗油の秘跡

▼

納棺

▼

通夜の祈り

▼

葬儀ミサ

▼

埋葬

本来カトリックには、仏式の通夜に当たる儀式はありませんが、日本の葬儀の風習にそったかたちで「通夜の祈り」を行うようになりました。

信徒でない人は、十字架やベールの持参、十字を切る必要はありません。祈りの言葉、歌詞などは、たいていの場合、プリントしたものが用意されています。

献花の行い方

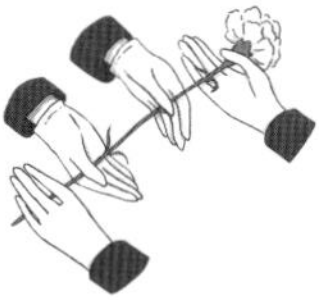

❶花が右、茎が左に向くように受け取り、祭壇に一礼する。

❷花を胸元に捧げ、献花台の前まで進む。

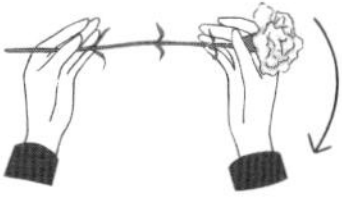

❸一礼して、右回しで花を手前に向ける。

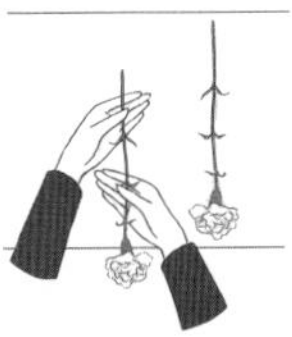

❹根元を祭壇に向けて献じ、黙禱する。※カトリック信者であれば十字を切って黙禱。

❺少し後ろに下がり、一礼して戻る。

●最前列の遺族、近親者などを除いて、献花の後は、空席ができないように先着順に着席する。

弔事の金封・掛け紙は「のしなし」が基本

宗旨・宗派によって葬儀の形式が違うように、不祝儀袋の選び方や表書きも、それぞれに決まりがあります。訃報を受けた時は、必ず「ご宗旨は？」と確認をし、礼にかなった不祝儀袋を用意しましょう。

黒白と黄白の違いは？

黄白の水引　　黒白の水引

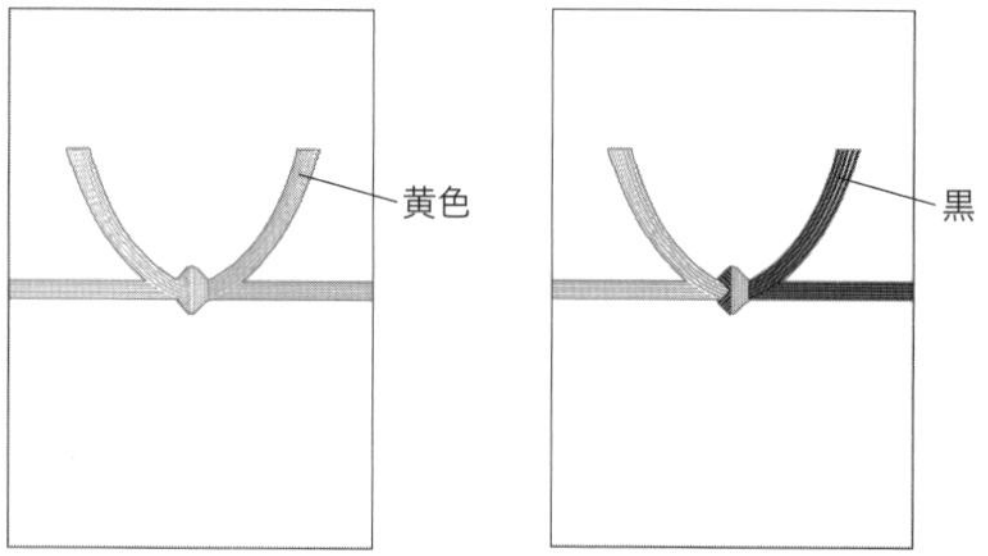

「黄白」は、西日本で使われる弔事の水引。宮中で使われる「紅」と呼ばれる水引が濃い緑色で「黒白」と見分けにくいため黒に代えて黄色が使われるようになった。

弔事で使う袋や掛け紙には「のし」をつけません。また、キリスト教以外は「黒白結び切り」の水引が基本、1万円未満なら印刷のもの、1万円以上なら「黒白」か「双銀」の正式の水引が結ばれたものを選びます。

表書きも、宗旨・宗派で異なりますので、ご注意を。「涙で墨の色も薄」という意味から、薄墨で書くのが正式です。「御霊前」などの文字が印刷された袋を使う場合でも、薄墨で名入れして、お悔やみの心を表しましょう。

仏式　通夜・葬儀

用途	表書き	水引	備考
香典を包む	御霊前・御香典・御香華料・御香料	黒白または双銀結び切り	西日本（山陰地方を除く）黒白・黄白・双銀
供物を供える	御供・御霊前	黒白または双銀結び切り	線香・抹香・ロウソク・干菓子・果物など ※あらたまった包みにする場合は、掛け紙に奉書紙を使う
通夜ぶるまいへの差し入れ	通夜御見舞	黒白または双銀結び切り	小分けできる菓子やおつまみ類、果物など
参列者へのお礼	志・会葬御礼 ※西日本では「粗供養」がよく使われる	黒白または双銀結び切り	
お手伝いをしてくれた人へのお礼	志 ※水引なしの場合：御礼 関西　粗飯料	黒白または双銀結び切り または、白無地封筒	関西では、「祖飯料」として現金や商品券を渡すことが多い
読経のお礼	御布施・志・御経料・御礼・御回向料	黒白または双銀結び切り または、白無地封筒	正式には、奉書紙で包み、水引はつけない
僧侶が食事を辞退したとき、招かない場合	御膳料・御斎料	黒白または双銀結び切り または、白無地封筒	正式には、奉書紙で包み、水引はつけない
僧侶に出向いてもらったとき	御車代・御足衣料	黒白または双銀結び切り または、白無地封筒	送迎をした場合でも包む

仏式　法事・法要

用途	表書き	水引	備考
○忌日法要（中陰法要） 香典を包む	御仏前・御佛前・御霊前 ※七七日を境に、前を「御霊前」、当日以降を「御仏前」とする	黒白または双銀、双白結び切り	名入れは、姓名を書く
供物を供える	御供・御仏前・御霊前	黒白結び切り	線香・抹香・ロウソク・果物・干菓子など
参列のお礼	志・◯◯日志・粗供養・茶の子・◯回忌志・法要	黒白結び切り	お茶・菓子・タオル・ハンカチなど
読経のお礼	御布施・御経料・御回向料・志・御礼	黒白または双銀結び切り または白無地袋 ※正式には、奉書紙で包む	金額については、お寺に相談を。 僧侶を送迎した場合でも 「御車代」は包む
僧侶へのお車代	御車代		
塔婆供養をお願いした場合	御塔婆料・御塔婆供養料・卒塔婆料		
お手伝いをしてくれた人へのお礼	志・御礼	黒白または双銀結び切り	
忌明けの香典返し	志・七七日志 西日本●満中陰志 ※三十五日の中陰で香典返しは、表書きを「中陰志」「繰上満中陰志」とする場合もある	黒白結び切り	名入れは、喪主の姓のみを書く。 故人に関する仏事の終了と葬儀のお礼を記した挨拶状を添える

神式　通夜祭・葬場祭

用途	表書き	水引	備考
玉串料を包む	御玉串料・御霊前・神饌料・御供物料 ◎高額（10万円以上）の場合：御榊料	黒白または双銀結び切り ※柄のない白地のもの	仏式の香典にあたるもの。 名入れは、姓名を書く
供物を供える	御供・奉献・奉納	黒白または双銀結び切り ※柄のない白地のもの	生花・ロウソク・干菓子・果物など。 鮮魚、野菜、酒などを供えることもある
参列者へのお礼	偲び草・偲草・しのび草・志	黒白または双銀結び切り ※柄のない白地のもの	ハンカチ・タオル・お茶など、 ５００円から１０００円程度の品物
神職へのお礼	御祭祀料・御玉串料・御礼・御祈禱料 ◎高額の場合：御榊料	奉書紙で包む または白無地袋・封筒	名入れは、喪主の姓名または姓のみ
神職が食事（直会）を辞退、または招かないとき	御食事料・御膳料	白無地袋・封筒	
神職へのお車代	御車代	白無地袋・封筒	
お手伝いをしてくれた人へのお礼	志 ※水引なしの場合：御礼	黒白または双銀結び切り または、白無地封筒	
斎場へのお礼	御席料・御礼	白無地袋・封筒 または、黒白・双銀結び切り	

	用途	表書き	水引	備考
神式　霊祭（十日祭・五十日祭）	玉串料を包む	玉串料・神饌料・御供物料 高額の場合●御榊料	双銀結び切り または白無地袋	名入れは、姓名を書く。 柄のない白無地袋を使う
	供物を供える	御供・奉献・奉納	双銀結び切り	酒・鮮魚・野菜・乾物など
	参列のお礼	偲び草・偲草・しのび草・志	双銀結び切り	お茶・タオルなどの消耗品
	神職へのお礼	御礼・お礼・御玉串料	水引なしで奉書紙で包む。 または白無地袋・封筒	
	神職へのお車代	御車代		
	忌明けのお返し	偲び草・偲草・しのび草・志・ 五十日（三十日）祭偲び草	双銀結び切り	「おめでたい」に通じるもの、 置物は不適切
キリスト教式　葬儀	お花料を包む	カトリック●おミサ料・御ミサ料・ お花料・御霊前 プロテスタント●御花料・御献花料・ 御花環料 ※「御霊前」は宗派を問わない	十字架が印刷された専用袋 または白無地袋・封筒	仏式の香典にあたるもの。 名入れは、姓名を書く
	参列者へのお礼	偲び草・偲草・しのび草・粗品・感謝・ 志	白無地の掛け紙 または奉書紙で包む	茶菓類
	神父・牧師、オルガニスト、 聖歌隊などへのお礼	御礼・お礼・感謝	白無地袋・封筒	お礼の目安は教会や葬儀社に 相談する

区分	用途	表書き	水引	備考
キリスト教式　葬儀	教会へ儀式のお礼	献金・記念献金・感謝	白無地袋・封筒	お礼の目安は教会や葬儀社に相談する
キリスト教式　葬儀	式場に教会を借りた場合	カトリック●御礼・謝礼 プロテスタント●感謝	白無地袋・封筒	
キリスト教式　追悼ミサ・記念式	金封を贈る カトリック●追悼ミサ（1ヵ月目）、「昇天記念日」（1年目以降）など。 プロテスタント●記念式（亡くなって1ヵ月目の「召天記念日」など）	カトリック●御ミサ料・ミサ御礼 プロテスタント●御花料・御花料	十字架が印刷された専用袋または白無地袋・封筒	仏式の法事・法要にあたるもの。金封を贈る習慣はないが、会食などが用意されている場合に持参する
キリスト教式　追悼ミサ・記念式	参列者へのお礼	志・感謝	双銀または黄白結び切り	一律で品物を用意する
キリスト教式　追悼ミサ・記念式	教会・神父・牧師へのお礼	教会 カトリック●御礼 プロテスタント●感謝 神父・牧師●お礼・御礼	白無地袋・封筒	自宅で行う場合は、別途「御車代」を包むこともある
キリスト教式　追悼ミサ・記念式	追悼ミサ・記念式のお花料のお返し	カトリック●志・昇天記念・○○日記念日 プロテスタント●志・召天記念	双銀結び切り	仏式の「香典返し」にあたるもの。名入れは、喪主の姓名または姓のみを書く

日本のしきたり雑記帳

句読点を付けない手紙

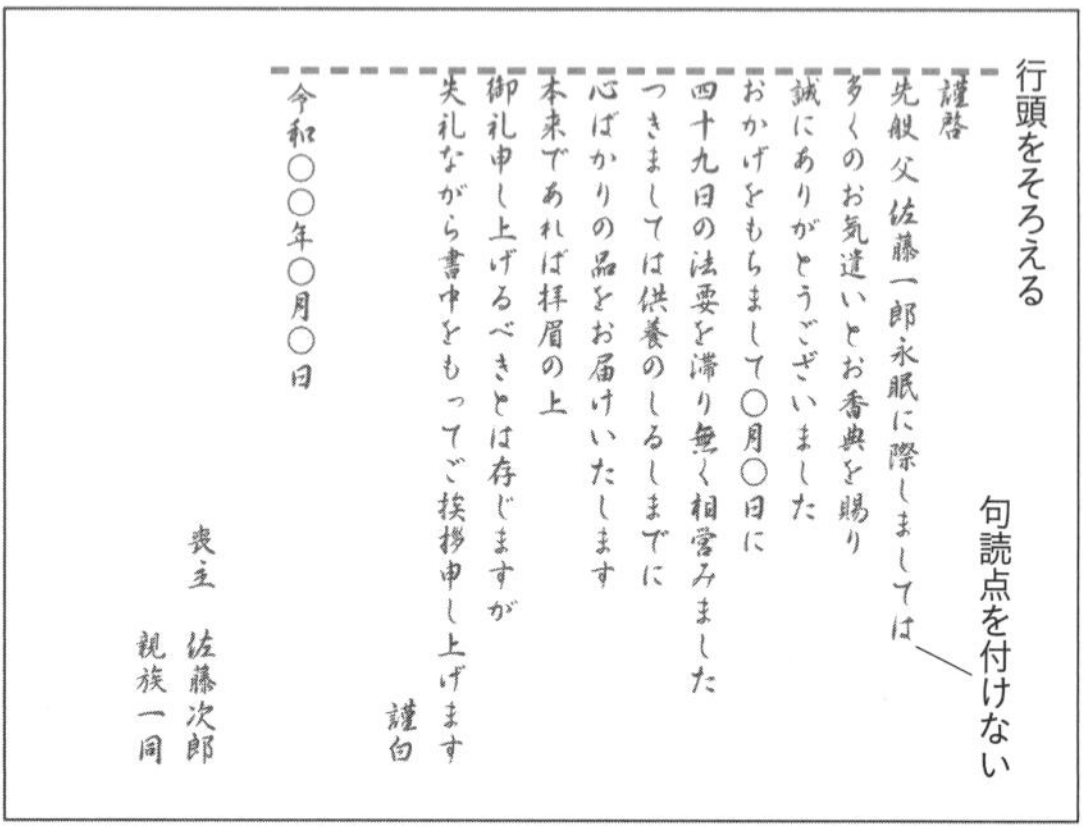

謹啓
先般 父 佐藤一郎永眠に際しましては
多くのお気遣いとお香典を賜り
誠にありがとうございました
おかげをもちまして○月○日に
四十九日の法要を滞り無く相営みました
つきましては供養のしるしまでに
心ばかりの品をお届けいたします
本来であれば拝眉の上
御礼申し上げるべきとは存じますが
失礼ながら書中をもってご挨拶申し上げます
謹白
令和○○年○月○日
喪主 佐藤次郎
親族一同

儀礼文書の例「香典返しに添える礼状」

会葬御礼や香典返しに添える礼状など、弔事の書状では、文中に「、」や「。」の句読点を付けていないものが多く見られます。もともと句読点は、和文（日本語）には存在せず、学校で子どもが文章を読みやすくするために、明治時代に使われ始めたもの。その後、活字の普及で一般的に使われるようになった一方で、冠婚葬祭などでとくに儀礼を重んじる〝儀礼文書〟は、和文の伝統的な体裁で書くことも慣例になりました。

それには、次の３つの理由があるといわれています。

●儀礼を重んじる書状は手書きにすることが多く、伝統的な和文の体裁が用いられた。

●句読点は〝読み手の補助をするもの〟として、読む力を十分にそなえた相手に向けた書状に用いないことで、敬意を表す。

●文章が途切れるような句読点を用いないことで、冠婚葬祭の儀礼が滞りなく行われるようにという願いや、つつがなく終了したという意味が込められていることを表す。

現代でも、手書きの感謝状や賞状、印刷物でも主に弔事で用いられていますが、あくまで〝慣例〟としてのこと。〝儀礼文書〟も普段の手紙も、こうした慣例があるのをふまえたうえで、読みやすい体裁、文章を心がけましょう。

お付き合いのしきたり

お付き合いのしきたり

挨拶とお辞儀の作法

かたちが伴ってこそ心が伝わる 挨拶とお辞儀の作法を知る

朝、出会った人と「おはようございます」と挨拶を交わすと、その日一日が気持ちよく過ごせます。挨拶とは「礼」、あらたまった場面だけでなく、家族や親しい人とよりよい関係を築くうえで日常生活でこそ大切にしたいものです。

先に言葉、次にお辞儀。場面によってお辞儀の深さは変わっても「先語後礼」は挨拶の基本。

日本語には、仏教由来の言葉が多くあります。「挨拶」もそのひとつで、「挨」は軽く押す、「拶」は強く迫る、という意味。悟りを開くための修行法が、いつしか人と人が出会ったときに「お互いの心を押して開く」言葉や態度を指すようになりました。

挨拶にお辞儀を伴うのも、古くからの習慣です。あらたまった場面では頭を深く下げ、通りすがりならば軽く一礼。時と場合の機微をお辞儀の深さで表す礼法に、日本人らしい細やかさが感じられます。

正しいお辞儀の仕方

まずは、現代の生活様式に合わせて、立って行う「立礼」の正しいお辞儀の仕方を紹介しましょう。

❶挨拶の言葉が終わる頃から頭を下げていく。

❷息を吸いながら頭を下げ、挨拶の言葉を終える。

❸いったん静止して息を吐き、息を吸いながらゆっくりと頭を上げていく。

❹頭を上げきったら、相手と視線を合わせる。

指先を軽くそろえて、腕は両脇に自然に下ろす

手を重ねる動作は「叉手（さしゅ）」といって、話を聞くときや相手を待つ間の「休め」の姿勢です。お辞儀をするときは、腕を自然に伸ばし、上体の動きに合わせて下ろしていきましょう。

お辞儀は手の位置が大事

お辞儀をしたとき、手が脚の付け根とひざの中間にあれば、上体は約45度に前傾しています。手の位置を目安にしてお辞儀をするには、まず正しい姿勢で立つことが大切です。

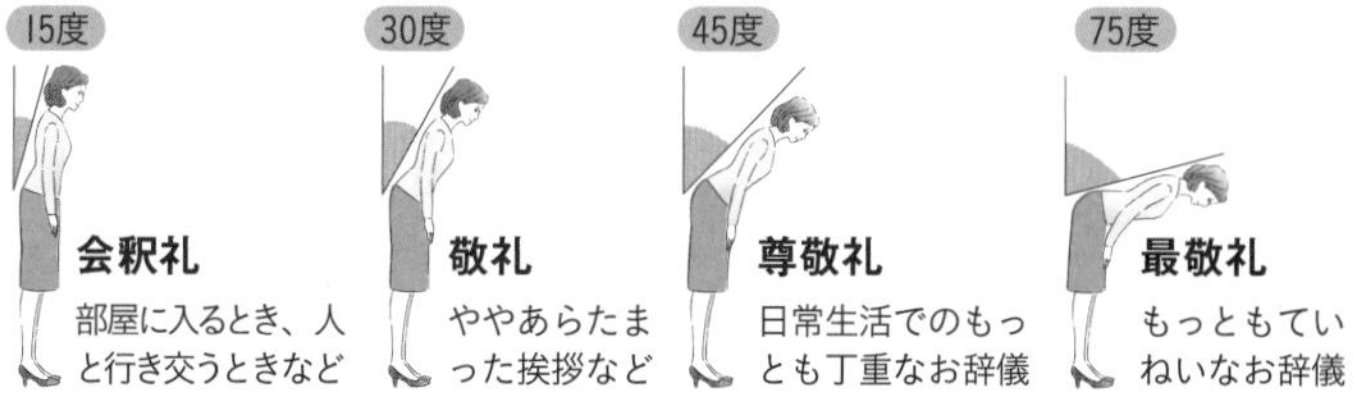

会釈礼
部屋に入るとき、人と行き交うときなど

敬礼
ややあらたまった挨拶など

尊敬礼
日常生活でのもっとも丁重なお辞儀

最敬礼
もっともていねいなお辞儀

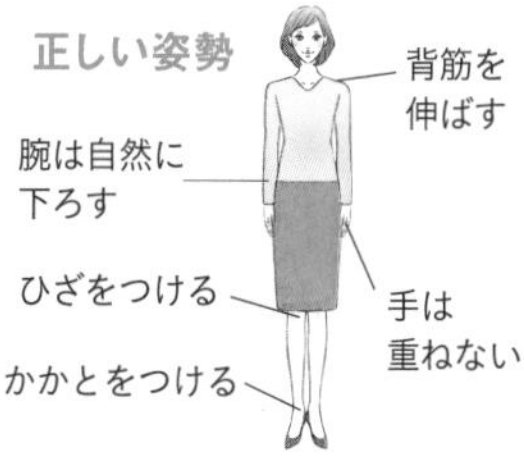

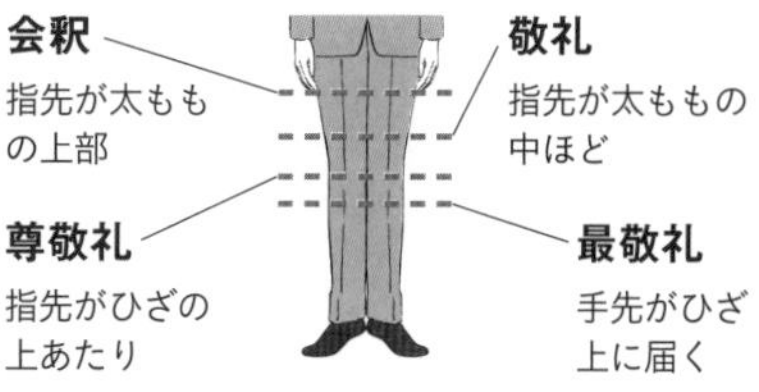

和室の作法

不慣れであればなおのこと 知っておきたい作法の基本

今では、畳敷きの部屋がない家も多くなり、和室での立ち居振る舞いといっても、普段はあまり意識することはありません。それだけに、あらたまった席や訪問などでお座敷に通されたとき、不安に感じる方も多いのでは？

和室の席次は床の間の位置で決まる

床の間　日本家屋の座敷に 床を一段高くして設けられた場所

正しくは「床」といい、地位の高い人を迎えるために作られた場所。時の流れとともに目的は変わっても、神聖な場所として、現代でも床の間の前は最上位の席とされる。

日本の礼儀作法の考え方のひとつに、「上座・下座」があります。日本独特ともいわれますが、どこの国でも、お客様に敬意やおもてなしの気持ちを表すために、伝統的な「序列」や「席次」があるもの。一般の家庭でも、お客様をもてなす際は、家の中で一番居心地のよい部屋にお通しします。かつては、それを家族が日常過ごす「居間」とは区別して、洋風住宅では「応接間」、伝統的な日本家屋では、畳敷きの一番広い部屋を「客間」や「座敷」と呼んでいました。

床の間と席次の関係

席次は、入り口からもっとも遠い場所が「上座」、入り口から近い場所が「下座」というのが基本。床の間のある和室での席次は、床の間の位置によっても異なります。

※数字が小さいほど、席次は上（上座）になります。

中央 正式な構え

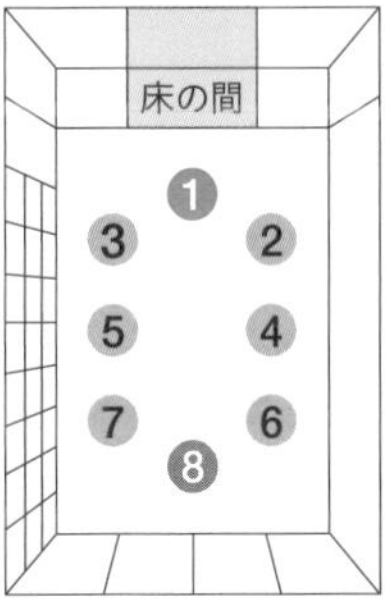

右側 本勝手

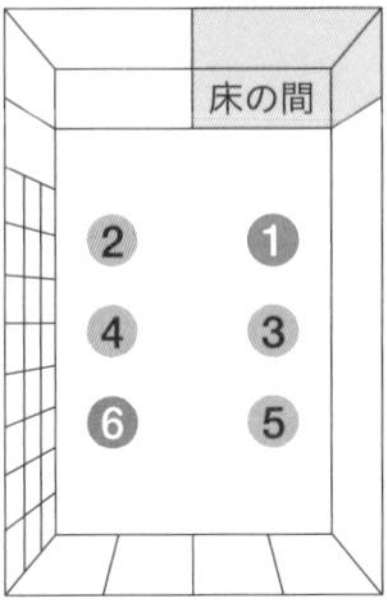

左側 逆勝手

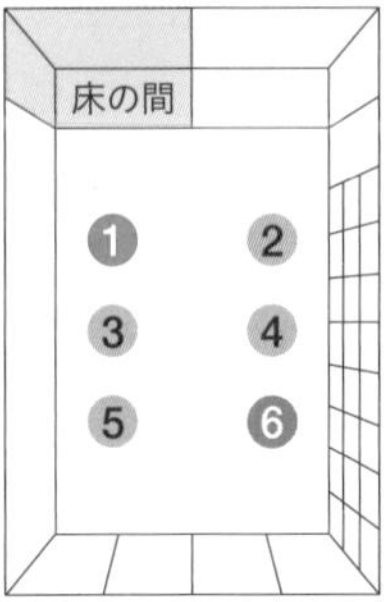

「勝手」とは「利き手」のこと。茶道や華道で、動作をするときに右側にゆとりを持たせるために、向かって右にある場合を「本勝手」、左にある場合を「逆勝手」とし、床の間の形式の呼び方にも使われている。

床の間がない和室の場合

上座…部屋の中でもっとも眺めのよい場所
　　　または、出入り口から遠く落ち着きのある場所
下座…出入り口に近い場所
末座…下座のうちでももっとも出入り口に近い場所

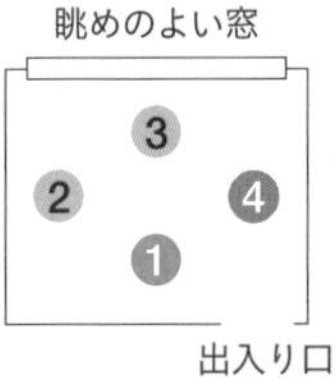

庭や窓からの景色が一番よく見える場所が最上位。

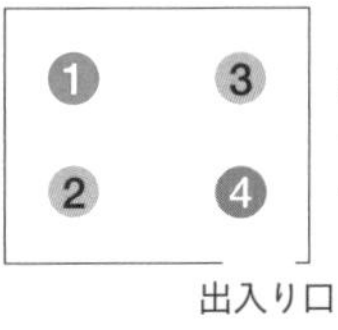

出入り口からもっとも遠い場所が最上位。

床の間がある横長の宴会場の場合

床の間の前が最上位席。以下、序列の順に床の間の前、向かい側の奥から出入り口へと並ぶ。

※数字が小さいほど、席次は上（上座）になります。

座礼

座礼とは、座ってする礼のこと。茶道や華道、剣道、柔道など日本の伝統的な武道は、礼に始まり、礼に終わるというほど、礼の心が大切にされます。その「礼」とは、座礼が基本。正しく座って、きれいなお辞儀の仕方をぜひ身につけてください。また、お辞儀や挨拶は、座布団をはずして行うのが礼儀です。

正座の基本姿勢

- ●足の親指が少し重なる程度にかかとを開いて腰を落とす。
- ●背筋を伸ばして、あごを引き、視線は正面へ。
- ●自然に指をそろえて、両手をひざの上に置く。

会釈礼

両手をひざの両側に下ろし、指先を床面に軽くつけ、上体を15度ほど傾ける。

本来、目下の人の礼を受けるときにするお辞儀。
先客がある座敷に入るときなど

ひじは軽く
伸ばす

敬礼

ひざの両側で手首を折り、前方へ滑り出し、指先がひざ頭とそろうあたりで止め、上体を45度くらいに傾ける。

挨拶やお礼をいうときの基本のお辞儀

手を自然に滑らせる

尊敬礼

頭が床面から40cmくらいになるように、上体を75度くらいに傾ける。
ひざの上のおいた手は、上体の動きとともに前方へ滑らせ、手元で約15cm、手先を9cmほど開くように両手をつく。

目上の人、初めての挨拶のときなど

背中を丸めない

最敬礼

胸が太ももにつき、背筋が床と平行になるように90度くらいまで上体を前に倒す。
上体の動きとともに、手を前に滑らせ、両手の親指、人さし指の先をつけて三角形を作る。

もっともあらたまった深いお辞儀

お尻を上げない
ひじを外に
張らない

座布団の当て方

部屋に通されて座布団にいきなり座ってはいけません。とくに、訪問先では、先方にすすめられてから、軽く会釈して、座布団の下座側にいったん座り、にじり上がります。

❶座布団の左斜め後方から上がる
❷右足から座布団の上にのる
❸左足を引き寄せる

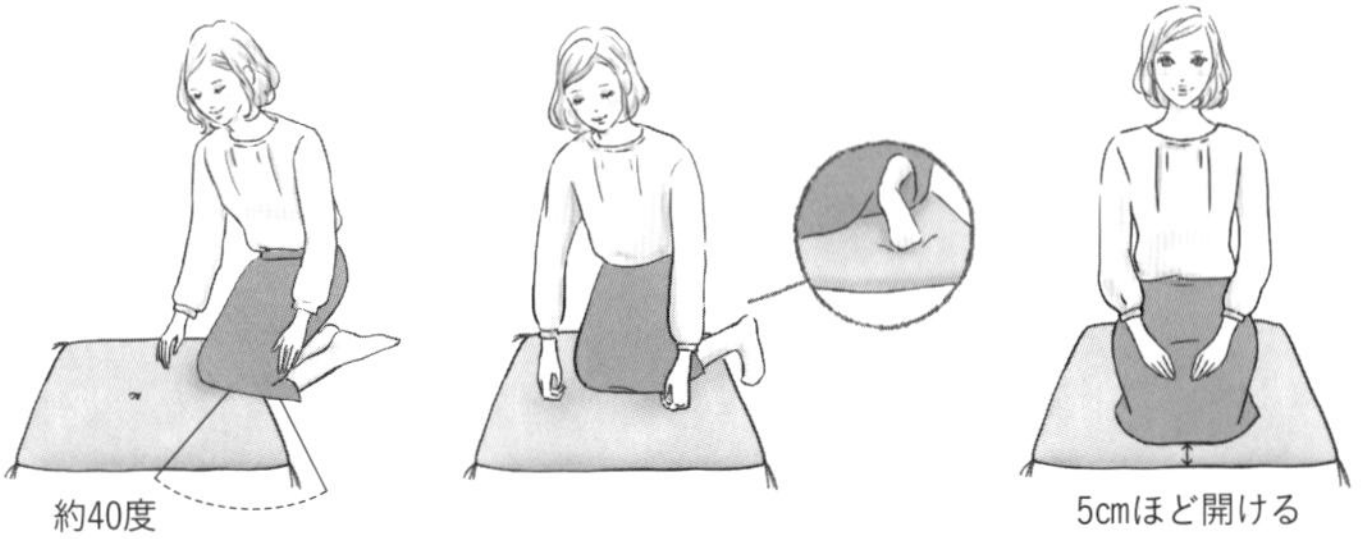

❶つま先を立てて、床にひざをつく。右ひざだけ座布団にのせる。
❷腰を少し浮かせて、右足から座布団の上にのる。
❸左足を引き寄せ、つま先を伸ばして腰を落として座る。

宴会などでの〝うっかり〟に注意！

✕ 座布団を踏む

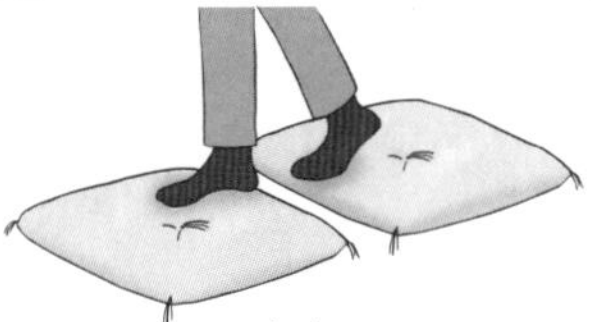

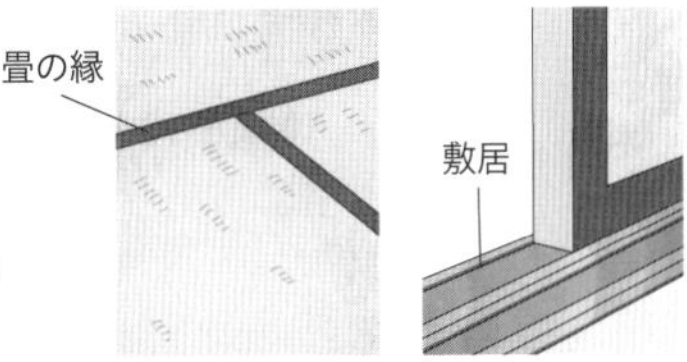

✕ 座布団の上を歩く

✕ 敷居や畳の縁を踏む

宴会などで座布団に座るときは……

宴席など、座布団が敷きつめられている場合は、座布団の後方から上がります。

両手の拳を座布団の上につき、身体を支えるようにしてひざからにじり上がる。

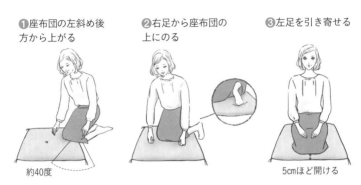

訪問とおもてなし

訪ねる人、迎える人がともに楽しい時間を過ごすために

明治の文明開化で、日本人の生活習慣は大きく変わりました。西洋式の「マナー」が取り入れられ、現代日本の礼儀作法は和洋混合で戸惑うことも多いですが、「おもてなしの心」を後の世代へと伝えていきましょう。

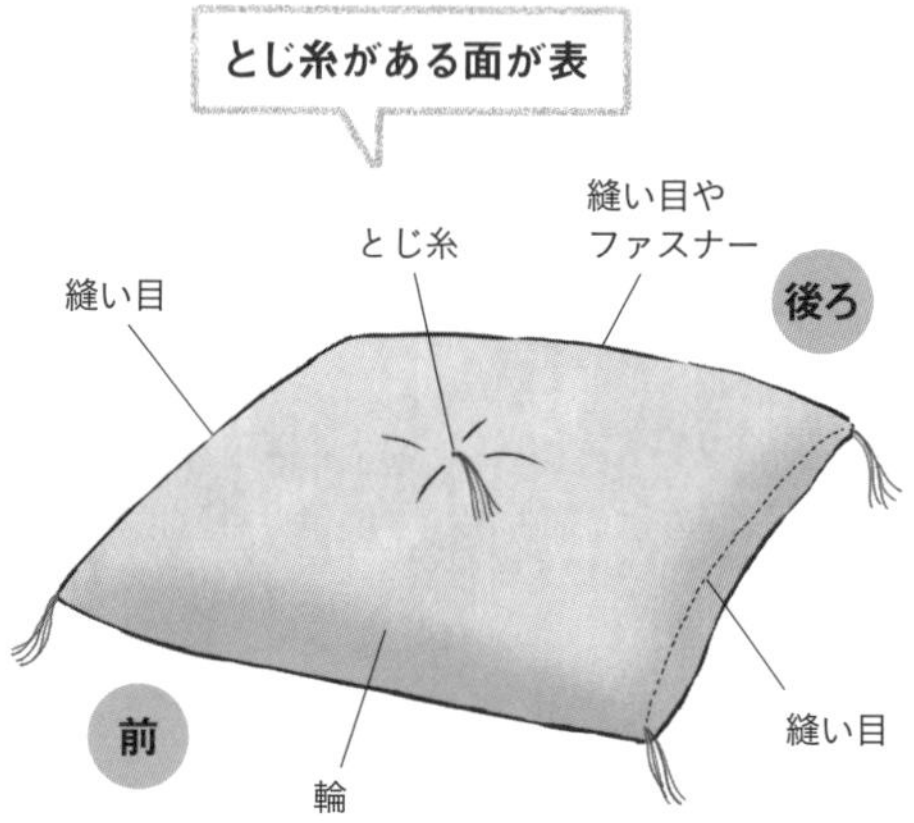

座布団は、部屋の中での座る位置を決めたものであるため、勝手に動かしたり、裏返したりするのは失礼に当たる。

玄関先で挨拶するだけのときでも、玄関に入る前にコートやマフラー、手袋ははずしておきます。でも、これは礼儀というよりも思いやり。たとえば、脱いだコートを裏返しにたたむのは、外のほこりを家の中に持ち込まないようにするためです。

マナーにこだわり過ぎては、お互いに気疲れしてしまいますが、温かいおもてなしは、相手に対する細かい心配りから生まれるもの、相手の気持ちを考えることが、おもてなしの第一歩です。

訪ねる・迎える

人を訪ねる際には、相手の都合を聞いて、約束の時間に伺うのが最低限の礼儀です。迎える側は、約束の時間の30分くらい前までにおもてなしの準備をすませておきましょう。

	訪ねる	迎える
玄関に入る・迎える前に	**コートを脱ぐ** チャイムを鳴らす前に、コートはたたんで、腕にかけておきましょう。寒さが厳しいときは、「着たままで失礼いたします」と断って玄関の中に入ってからでもかまいません。	**玄関を整える** お客様を迎える前に、玄関に余計なものがないか、ゴミやほこりが落ちていないかを再確認。来客の人数分のスリッパを、履き口を玄関側に向けて出しておきます。 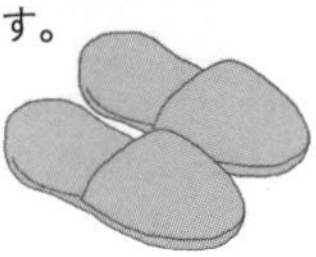
玄関での挨拶	**笑顔で手短に** 「お邪魔いたします」と、立ったまま簡単な挨拶だけをします。花束や冷蔵が必要な手土産は、このタイミングで渡すようにしましょう。 お邪魔いたします	**迎え入れる** 上がりかまちで待たず、自分からドアを開けて迎え入れます。お客様の顔が見えたら、ドアを支えながら、明るく「いらっしゃいませ」のひと言を。 いらっしゃいませ
挨拶のあとで	**荷物は最小限に** 部屋に上がる際の持ち物は、カバンやバッグ、手土産など最低限に。その他の物は基本的には玄関の邪魔にならない場所に置かせていただきましょう。 	**荷物を預る** お客様を玄関先で長く待たせないように気をつけて。部屋に案内する前に、コートを預かります。お客様からは言い出しにくい「洗面所」の場所も、それとなく伝えておくとよいでしょう。

もてなす側の心得

茶道千家流の始祖として名高い千利休は、人と人との出会いは「一期一会」、主人も招かれた客も、お互いがそのひとときを一生に一度のことと大事にしなければならないとしています。全身全霊を傾けて一服の茶を饗する利休の精神は、茶道の世界に留まらず、世界を魅了する日本の「おもてなし」に受け継がれています。

お客様を迎える準備を怠らない

お客様を迎える前に、玄関や部屋など家の中だけでなく、ドアの外、門の外側まできちんと掃除をしておきましょう。

玄関でお待たせしない

約束のあるお客様は、ひとまず部屋に通してから、取りつぎ、準備していたお茶を出します。

履物を直すのは部屋に通したあとで

お客様の目の前ではしないこと。お客様が帰るまでの間、席を外したときにそろえ直します。複数人いる場合は、目上の人、女性の靴を履きやすい位置に。靴べらの用意も忘れずに。

靴の脱ぎ方・そろえ方

❶前向きのまま上がる

前向きのまま靴を脱いで上がる。

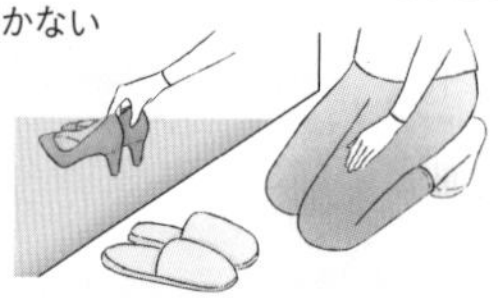
中央（上座）に
置かない
出迎えの人に
お尻を向けない

❷身体の向きを変えてそろえる

身体を斜めにしてひざをつき、靴をそろえる。その後、スリッパを履く。

「入り船」で脱ぎ、「出船」でそろえる

前を向いて脱ぐ「入り船」

つま先側を外に向けなおして置く「出船」

戦国時代、茶道をたしなむ武将たちが、相手に背を向けずに脱ぎ、素早く外に出られるように、履物を船にたとえたもの。

出船
入り船

ちょっとした心遣い

訪問の用件にもよりますが、自宅に家族がいたら、お客様に紹介しましょう。とくに、目上の方や今後末永くお付き合いしたい方には、家族全員を引き合わせます。

妻→長男のように年齢順に紹介する。家族以外の人が居合わせたときは、そちらを先に。目上の人に、目下の人を先に紹介する。

相手に合わせて心のこもったおもてなしを

暑い日

- 上座でなくても、エアコンがほどよく効く場所をすすめる。
- 部屋に通したら、すぐに冷たい飲み物とおしぼりを出す。

雨の日

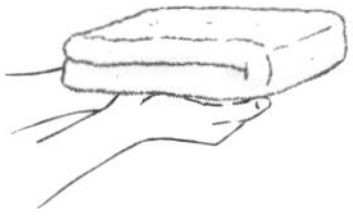

- 出迎えたときに傘を預かり、帰りには忘れずに渡す。
- タオルを用意して、部屋に上がる前に使ってもらう。

寒い日

- 上座でなくても、暖房器具に近い、温かい場所をすすめる。
- 自由に使ってもらえるように、席のそばにひざ掛けを用意する。

部屋に通されてから

和室では床の間の前が上座、入り口に近いほうが下座です。部屋に通されたときは、上座をすすめられても、「こちらに座らせていただきます」と辞退して、下座に近い場所で相手を待ちます。

このとき、座布団は当てずに、畳に座ること。相手が部屋で迎え入れてくれたとき、先客がすでに挨拶をすませて座布団に座っていた場合も、自分は、挨拶がすむまで下座に座りましょう。

待っている間

バッグや手土産は、自分の下座側（出入り口に近い側）に置く

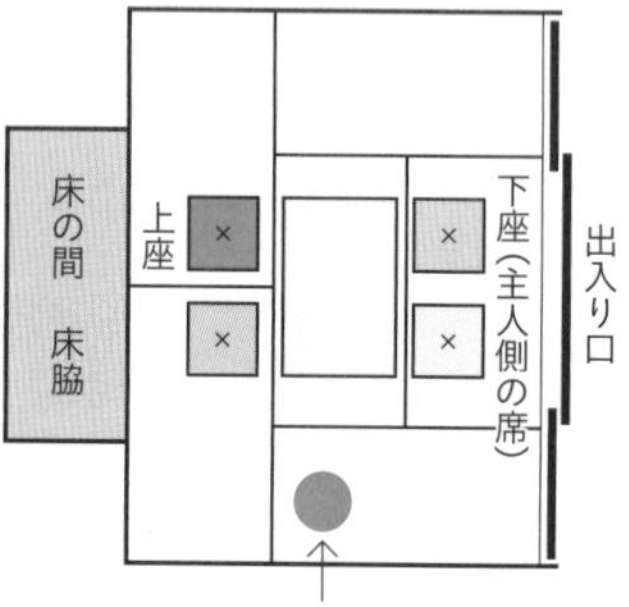

ふすまの開け閉め

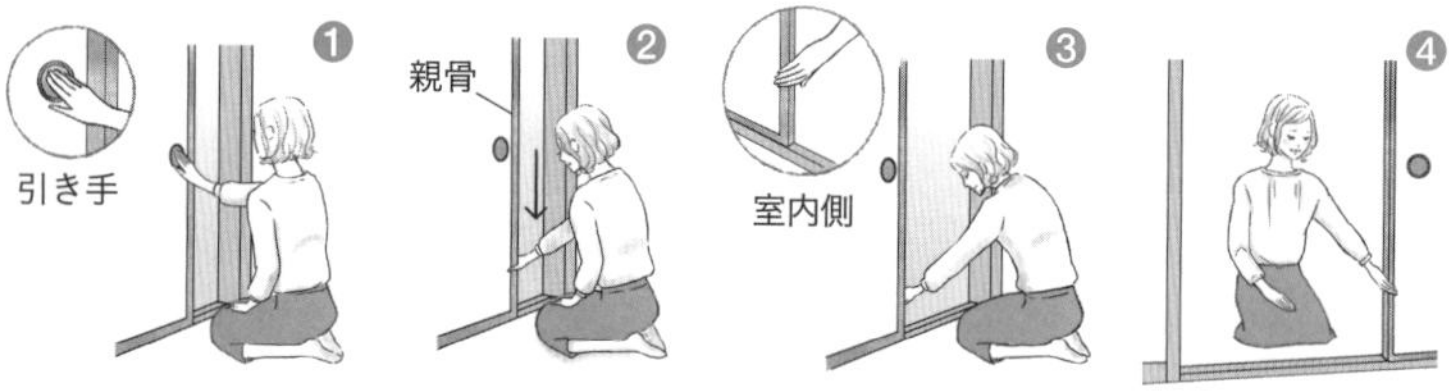

開け方（引き手が右側にある場合）

❶ふすまの前に座り、右手を引き手にかけて少し開ける。
❷右手を差し入れ、親骨にそって下へすべらせ、床から20cmほどのところで止める。
❸左手に持ち替え、ふすまの横幅の半分くらいまで開ける。
❹正面を向き、身体が入るところまで開ける。

閉め方

立ち上がって中に入ったら、再び座る。
❶ふすま側の手を親骨にかけて、自分の身体の中心まで引いてくる。
❷反対の手に持ち替えて10cm手前のところまで引き、その手を引き手にかけて最後まで閉める。

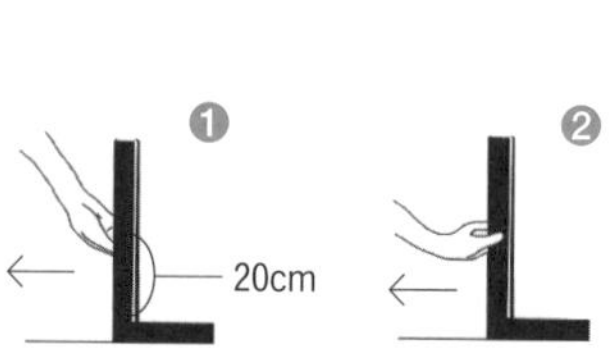

挨拶を交わし、手土産を渡す

その日の用向きにふさわしい挨拶の言葉を述べますが、あらたまった用件でなくても、お辞儀は相手よりやや深めにし、先方が頭を上げてから上体を起こすようにします。

手土産は、挨拶のあとで渡します。品物を相手の正面に向けたら、「お口に合うとよろしいのですが」などといい添えて、両手で差し出しましょう。

正しいお辞儀の仕方→P163　座礼→P166　お祝いの品を渡す→P129

手提げ袋に入れた手土産は?

最近はお店の紙袋に入れて持っていくことも多くなりました。お祝いやお礼などあらたまった用件でなければ、掛け紙ではなく、リボンがけでかまいませんが、品物の渡し方は、手土産も同じ。風呂敷や紙袋はほこりよけのために使われていますので、お渡しする際は必ず取り出しておきましょう。

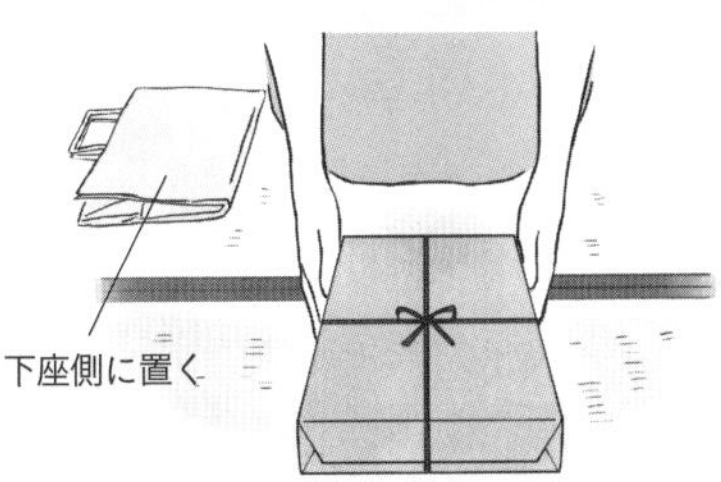

品物を取り出し、紙袋はたたんで、自分の下座側（出入り口に近い側）に置き、風呂敷で包んだときと同じように渡す。相手からの申し出がなければ、紙袋は持ち帰る。

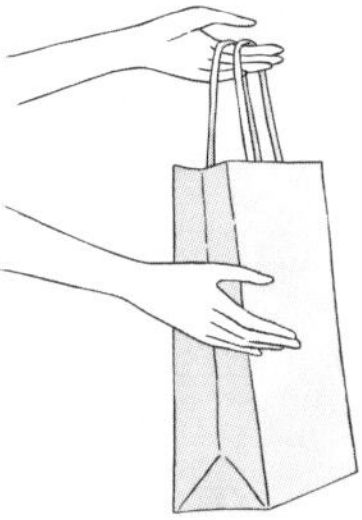

室内で渡すときは、必ず紙袋から出すこと。これは洋室でも同じ。外のレストランや料亭などで渡す場合は、提げてきた袋ではなく、未使用の手提げ袋を別に用意しておく。

お茶を出す前に

お客様からいただいた手土産は、両手でていねいに受け取ってお礼を述べ、自分の上座に置きます。そのあと、お茶の準備に席をはずす場合は、「どうぞ、座布団をお当てください」などと上座をすすめ、お客様が席についたのを確かめてから部屋を出ましょう。

また、手土産は、お客様から「冷蔵庫に入れてください」といった指示がない場合は、すぐに下げず、床の間や上座に当たる棚の上などに置きます。

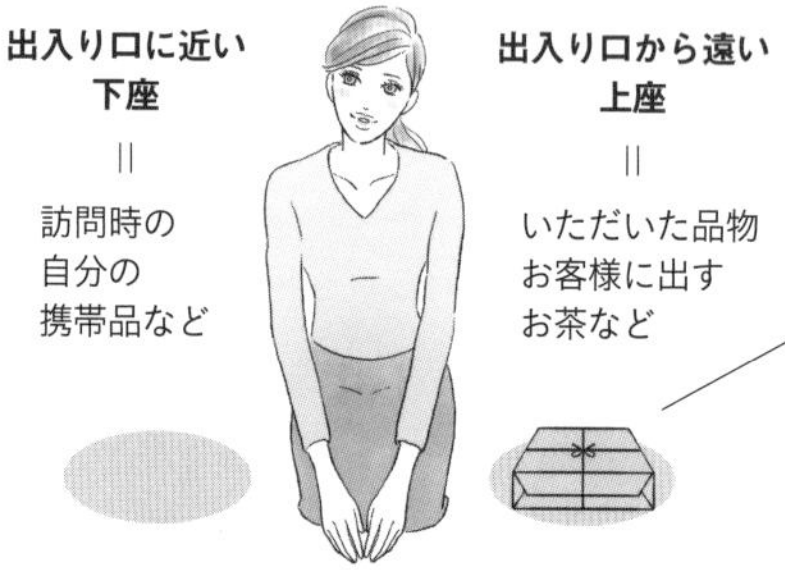

出入り口に近い
下座
||
訪問時の
自分の
携帯品など
出入り口から遠い
上座
||
いただいた品物
お客様に出す
お茶など

上座・下座は「左上右下」のしきたりに則ったもの。舞台の左側（客席から見て右側）を「上手」、右側を「下手」と呼ぶのと同じ。

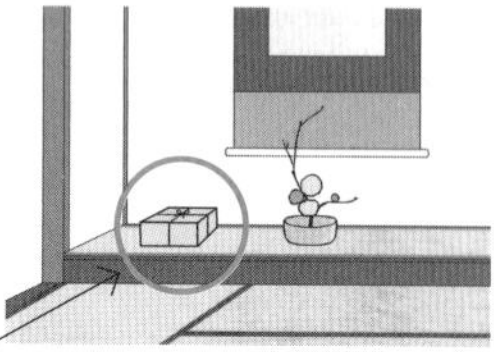

お客様が帰るまで置いたままにするのは厳禁。
お茶のおかわりをするときなど席をはずすタイミングで下げる。

煎茶のいれ方

挨拶のあとは、お茶とお菓子でもてなします。最初は煎茶、おかわりのときに好みの飲み物を聞きます。また、親しい方、気軽な訪問なら先に好みを伺うとよいでしょう。

❶一度沸騰させたお湯を、湯呑みに注ぎ入れ適温になるまで冷ます。

❷急須にお茶の葉を入れる。

❸湯冷まししたお湯を急須に注ぎ、ふたをして、お茶が浸出するまで蒸らす。

❹最後の一滴までていねいに注ぐ。複数人分いれる場合は、お茶の分量が均等になるよう順にまわし入れる。

おいしさの目安（2杯分）

種類	茶葉の量	湯の温度	湯の量	浸出時間
煎茶	4g	80～90℃	200mℓ	約30秒
深蒸し煎茶	4g	80℃	150～200mℓ	約30秒
玉露	6g	60℃	100mℓ	約2分

※多人数の場合は1人分の茶葉の量を少なめにする

茶菓子の出し方

和菓子の起源は干し柿といわれますが、今は、伝統的な和菓子から洋風にアレンジしたものまでさまざまな茶菓子が手に入ります。見た目の美しさや季節に合わせて、お客様に喜んでいただけそうなものを用意しましょう。

陶磁器、木目、塗り物などの銘々皿。あらたまった席では塗り物を使う

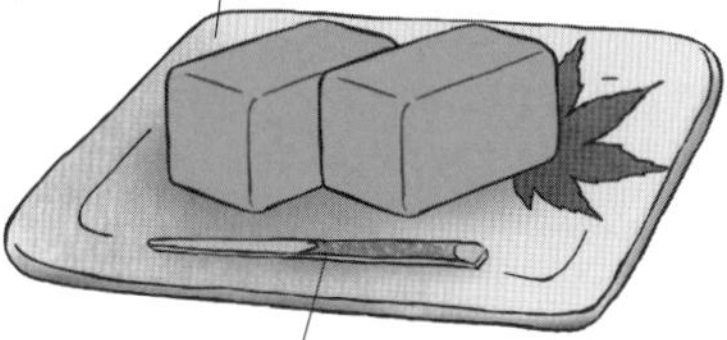

黒文字（和菓子用の楊枝）を添える

黒文字を添えなくてよいもの
らくがんなどの干菓子、大福、最中など、手で持って食べるものには、おしぼりを添える。

敷き紙は、角が右上になるように折る
※弔事や仏事は逆

懐紙の基礎知識→P190

茶碗、茶托、銘々皿の向き

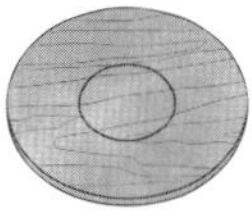

木目のある素材のもの
木目を横に通す

無地または総柄
どの向きでもよい

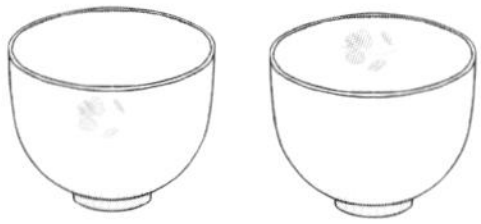

外側・内側に1ヵ所柄がある
絵柄をお客様に向ける

ふた付き茶碗
お茶は、必ず茶托にのせて出します。また、あらたまった席では、ふた付きの湯呑みを使うのが正式。その際、ふたと碗の柄を合わせることもお忘れなく！

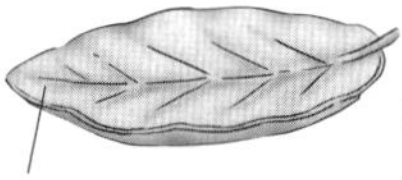

頭が左

角切りが右

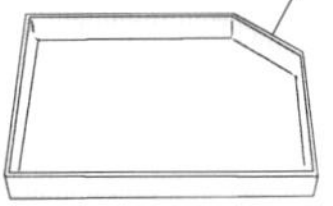

銘々皿
正面がわからないときは、お客様から見て、絵柄や形が美しく見える向きに置く

茶菓のおもてなし

お客様に出すお茶とお茶菓子は、お盆にのせて運びます。おしぼり、ふきんも用意しておくとよいでしょう。

↓ **お盆にのせて運ぶ**

部屋に入ったら、座卓の下座側（出入り口から近いところ）の畳の上にお盆を置きます。お茶出しは、お客様の下座側から出すのが基本ですが、部屋の構造とお客様の人数や位置によってどこが下座かを判断しかねることがあります。
優先すべきは、お客様を待たせないこと。位置に関係なく、お客様の下座側からお出しするとよいでしょう。

↓ **出す前に「失礼いたします」と必ず声をかける**

前からお出しするとき「前から失礼いたします」

両手でお出しできないとき「片手で失礼いたします」

↓ **お客様の左側から出す場合は**
左手で持ち、右手を添えて、両手で出す

先にお茶をお客様の右側に、次いでお菓子を左側に置きます。おしぼりがあるときは、一番右側になるように、お茶の前に出しましょう。また、お茶だけの場合は、右側に置きます。

↓ **お客様の正面に並べる**

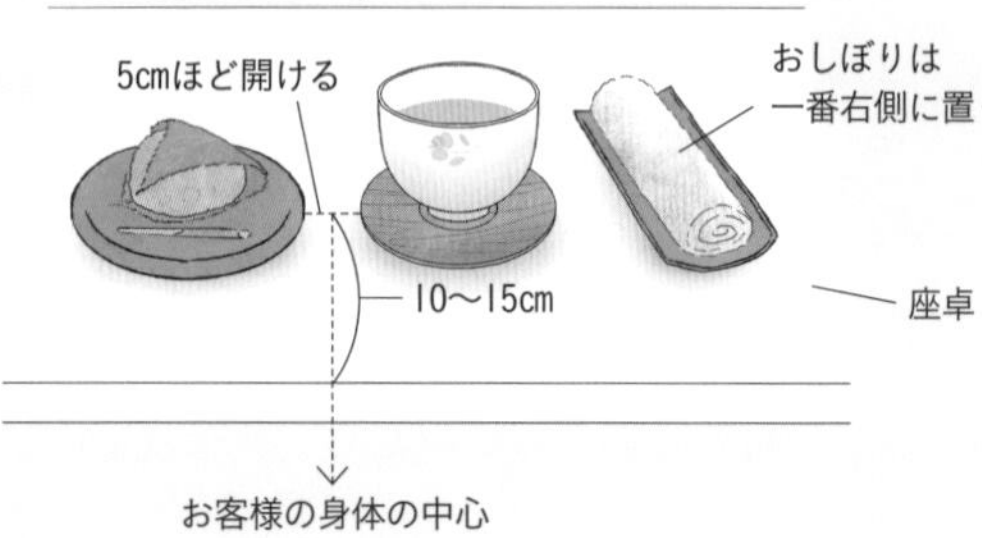

お茶、お菓子をいただく

❶茶碗に左手を添え、右手でふたを持ち上げ、静かに傾けて茶碗の中にしずくを落とす。

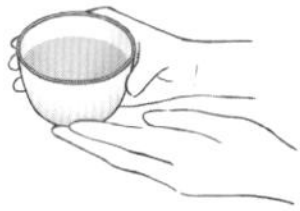

飲むときも、戻すときも両手で。

❷右手で茶托の右向こうにふたを差し込む。

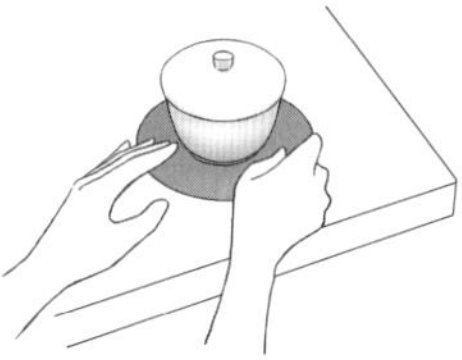

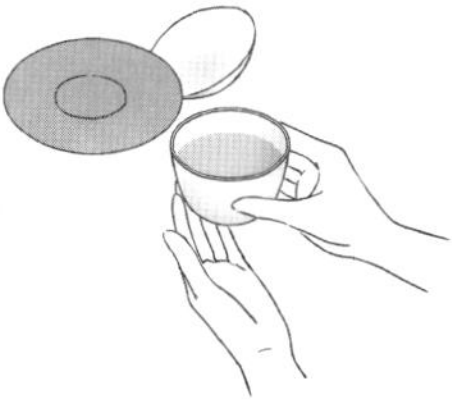

❸左手を茶碗に添えて、右手で持ち上げる。

飲み終えたら、ふたを取ったときと逆の順で元に戻します。また、離席する前に、器を下座側に寄せてから立ち上がりましょう。

和菓子のいただき方

生菓子、羊羹など

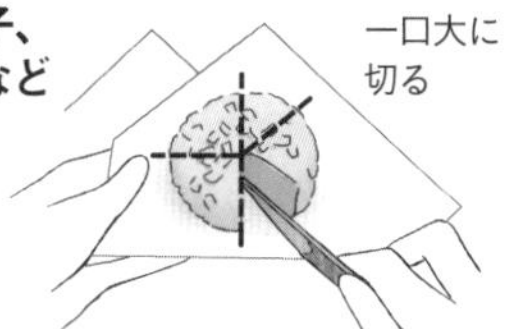

一口大に切る

最中、大福など

手で割る

クズや粉は、敷き紙や皿に落とす

団子などの串物

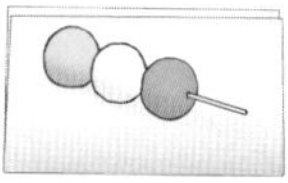

敷き紙（懐紙）で串をつまんで外す

→

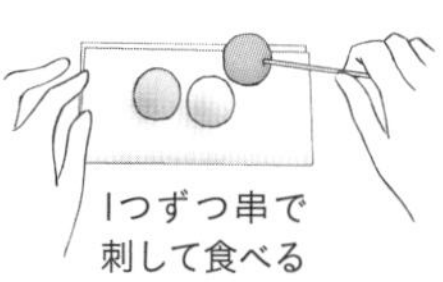

1つずつ串で刺して食べる

食べ終わったら

敷き紙をたたんで、黒文字を中に折り込みます。黒文字に袋がついてる場合は、中に戻して、袋の端を折り返しておきます。

おもてなしを受けるとき

お茶やお菓子をすすめられたら、遠慮なくいただきましょう。「どうぞ」といわれても手を伸ばさないでいると、嫌いなものだったのかと相手は余計に気を遣ってしまいます。

そして、口をつけたものは残さないことも大事。もてなす側も、お客様が食べ残すことがないように量を加減し、あらかじめ好き嫌いを聞いておいたほうがよいかもしれません。

お茶やお菓子、食事に口をつけられないときは……

先にお礼を述べてから失礼にならないように言葉を選んで断る

例：「お茶とお菓子のおかわりはいかがですか？」とすすめられた場合

では、お茶をもう一杯いただきます

せっかくなのですが、食事をすませてきたばかりで……

●お菓子がおいしかったなど、おもてなしに満足していることをきちんと伝える。
●残してしまったお菓子は、敷き紙や懐紙に包んで持ち帰ってもよい。

お菓子と器と敷き紙の関係

和菓子をいただくときは、まず「菓子切り」が添えられているかどうかを見ます。菓子切りがなければ、手で割って食べていいもの。黒文字などの楊枝やフォークが添えられていたら、一口大に切り分けていただきます。また、お菓子を盛る銘々皿には、漆器など傷つきやすいものがあります。その場合は、懐紙ごと手の上にのせ、菓子切りで切っていただきましょう。

お皿の上で切ってよい

お皿に直にのっている

菓子敷きにのっている

懐紙ごと手にとる

懐紙にのっている

菓子切りがついていないものも懐紙にのせてある場合は、懐紙ごと手にのせて食べましょう。左端をお菓子にかぶせて持ち、右手で割ります。

苦手なものがあったら……

大皿に盛られている場合は、無理に手をつける必要はありませんが、個別に出されたものは、相手の好意を傷つけないように断りましょう。

たとえば、甘い物が苦手な人が、お茶で流し込むといった無理をする必要はありませんが、「苦手です」とはっきりいってしまうのも考えものです。ただし、親しい間柄なら正直に述べてもかまわないでしょう。

例：甘いものが苦手

おいしそうなのですが、歯を治療中でして……

例：辛いものが苦手

あいにく、今、喉を痛めておりまして……

例：お酒をすすめられて断りたい

申し訳ありません。不調法なもので……

おとなのたしなみ　懐紙の使い方

もてなす側、受ける側双方ともに用意しておくと役立つのが「懐紙」。ひとつ用意するなら、あらたまった席でも使える白無地をおすすめします。

包む

箸袋やぽち袋に

箸袋の作り方

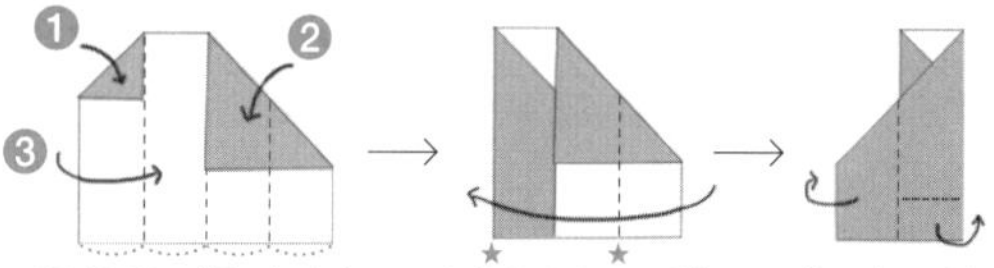

❶❷❸の順にたたむ　★印を合わせて折る　後ろ側に折る

拭く

こぼれた水や食事中に口元を拭くときにも

敷く

絵柄つきのものを使って、料理に季節感や彩りを加えることも

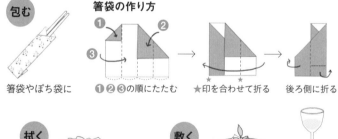

食事どきになったら

食事どきの訪問は避けるべきとはいっても、お互いの都合や用件が長引いて食事どきになってしまうことはよくあります。そんなときに、「お食事はどうなさいますか？」とお客様に聞くのは、「そろそろ帰ってほしい」と催促しているようなものです。

食事どきになったら、お客様が気づく前に食事を出しましょう。「すませてきましたから」と一度は断られても、「何もありませんが、用意しましたので」とすすめるのが、もてなす側の礼儀。食事の時間帯にかかりそうなときは、事前に下ごしらえをして、あとは調理するだけですむように準備しておくとよいでしょう。

できあいのお惣菜やおひたしのような簡単な料理でも、おもてなし用の器にきれいに盛りつければ、立派なおもてなし料理になります。

●店屋物を出すときは、自宅の器に移し替える。
●お寿司やうな重などは移し替えなくてよい。
●店屋物には、手料理を1～2品加える。

訪問先で食事をいただく

レストランなどの飲食店のテーブルには、塩とこしょうなど調味料がセットで置かれていることがよくあります。これは、香辛料が貴重だった時代、それを置くことがお客様への歓迎とおもてなしの心の表れだったため。今でもテーブルに置いてあるのは、その名残、装飾のひとつなのです。

訪問先での食事は、それ自体が最高のおもてなし。出された料理に、塩やこしょうなどの調味料を加えるのは、心を込めて作ってくださった方に対して、とても失礼なふるまいといえます。少なくとも、おかずとして出されたものは、全部食べるのが礼儀。また、もてなす側は、食事を出す前に、相手の好き嫌いだけでなく、食物アレルギーについても聞いておきましょう。

✕ 大皿から直接口に運ぶ

✕ 調味料を加える

✕ 手を下から添える

おいとまする・見送る

楽しい時間を過ごしていると、「そろそろ帰ります」とは言いにくいのですが、おいとまは、訪問した側が切り出すものです。用件にもよりますが、滞在時間の目安は1～2時間。きっかけとして自然なのは、事前に約束した時間になった頃、相手がお茶をいれ替えてくれるときなどです。

「おいとま」を切り出すタイミング

●約束した時間になったとき

本日はお時間をいただきましてありがとうございました。
そろそろおいとまいたします

●お茶のおかわりや食事をすすめられたとき

ありがとうございます。
せっかくですが、このあと寄るところがありますので、失礼いたします

●会話が途絶えたとき、相手に電話がかかってきたとき

楽しくて、長居してしまいました。
そろそろおいとまさせていただきます

「おいとま」を告げたら、座布団をはずして下座に座り直し、挨拶をします。感謝とお礼の気持ちをていねいに伝えたら、玄関に向かいましょう。

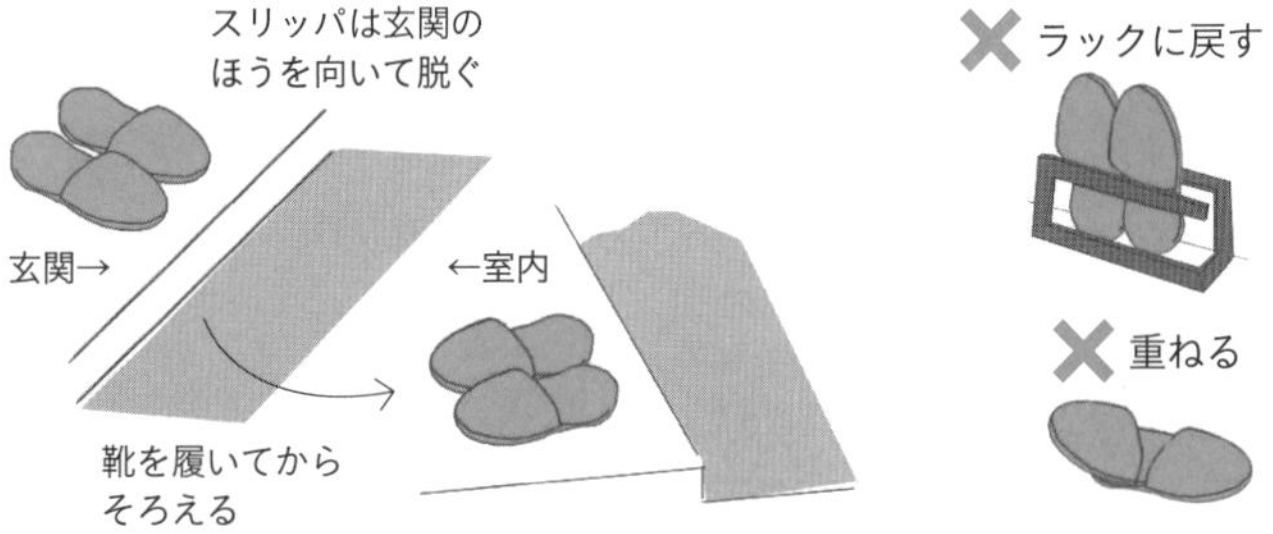

出迎え3歩、見送り7歩

お客様がいらしたときは、3歩前に進み出て中に招き入れ、お見送りするときは、7歩外に出てお送りする。実際の歩数ではなく、もてなす側の心がけを表した言葉です。訪問への感謝と帰りの道中の無事を願って、背中が見えなくなるまでお見送りするくらいの心構えで。帰る人は、2～3度振り返って、名残惜しい気持ちを表しましょう。

特別なときだけではない
普段から心がけたい和食の作法

食前の「いただきます」と食事を終えたときの「ごちそうさま」は、どちらも大切にしたい言葉。一人のときも、皆と一緒のときも欠かさない短い挨拶のなかに、食事を作ることに関わったすべての人と自然の恵みへの大きな感謝が込められています。

和食の基本　一汁三菜
副菜
主菜
副々菜
ご飯
香の物
汁物

一汁三菜は、ご飯と汁物と香の物（漬物）にいくつかの「菜＝おかず」が添えられるという組み合わせ。「三菜」は、必ず3品を添えるわけではなく、複数の「菜」を組み合わせて、味、素材のバランスを取ることが大切、という意味。

「和食」の源流は「饗」、つまり「もてなし」でした。氏神様や年神様などへ旬の野菜や山海の幸を供えることから始まり、宴席で客をもてなすことが武家の習わしとなった室町時代には、献立や調理法から箸・器の使い方といった作法まで、日本の食文化が確立しました。

細々とした決まりごとは、食事をともに楽しみ、人と人とのつながりを深めるためのもの。食事作法には、お付き合いを円滑にする先人の知恵がたくさんあるのです。

和食を支える箸と椀

箸食文化圏の中でも、炊いた米を箸だけで食べるのは日本だけ。家庭で自分専用の箸や器を使うのも日本特有の習慣です。

また、食べるときに「器を持つ」というのも、和食の作法のひとつ。これには、箸を使うことと食卓が登場するまで低い銘々膳で食事をしていたことが関係しています。

高坏

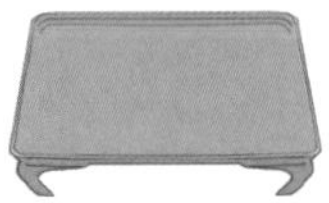

銘々膳

奈良時代は、神仏へのお供え物を盛る「高坏」が、器を兼ねた食台として使われていました。平安時代には、折敷に脚をつけた「銘々膳」の原形のようなものを使うようになり、以後、家庭での食事は、銘々膳を使う「一人一膳」が基本でした。

江戸時代から昭和初期まで、家庭での食事に欠かせないものだったのが食卓と食器の収納を兼ねた「箱膳」。大正時代、家族で食卓を囲むちゃぶ台の登場によって衰退し、戦後、テーブルが一般化すると、日本の家庭から箱膳は姿を消しました。

衣食住のすべてが多様化した現代では、料理に合わせて箸とナイフ＆フォークを使い分け、低いお膳を使っていた頃のように器を持って食べることに必然性はないかもしれません。ただし、こと和食に限っては、おいしくいただくために、箸と器は欠かせないものなのです。

箱膳

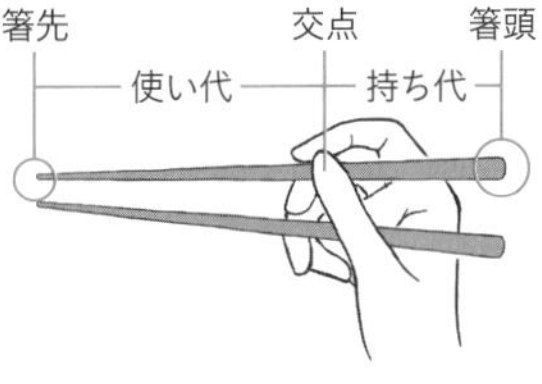

奈良時代以降、さじを使う習慣が消え、日本人は箸だけを使うようになりました。箸食文化圏でも、炊いた米を箸で食べるのは日本だけ。粘り気が強い日本の米は、箸でも食べやすい、というのが理由のひとつですが、根底にあるのが箸への「愛着」。家庭に自分用の箸と器を持ち、箸使いの細かな作法も日本特有だそうです。

箸とともに和食の文化的価値を高める役割を担ったのが「器」。今でも正式な宴席にはふた付き漆器が使われます。だしが味の決め手となる和食では、このふたがとても大切。ふたを開けたときにふわっと広がる香り、盛りつけの美しさを引き立てる漆の色合い、さらには、ふたや身に施された蒔絵が料理の格を一段と高めてくれるのです。

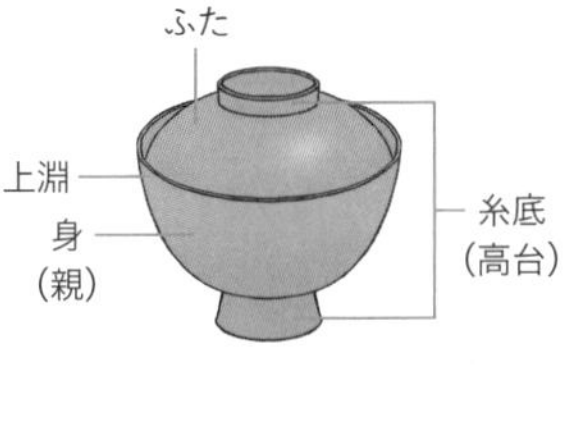

箸、器の使い方を中心とした作法、季節やもてなしへの思いを演出するしつらい、また、それらを鑑賞することまで含めた「食のしきたり」は、2013年（平成25年）、「和食；日本人の伝統的な食文化」と題して、ユネスコ無形文化遺産に登録されました。

箸の持ち方・使い方

箸は、2本の棒を片手で操り、つかむ、持ち上げるなどさまざまに機能する優れた道具です。日本人の手先が器用なのは、幼い頃から箸を使うことで、細かな指の使い方、力加減が身につくからだといわれています。

箸の持ち方

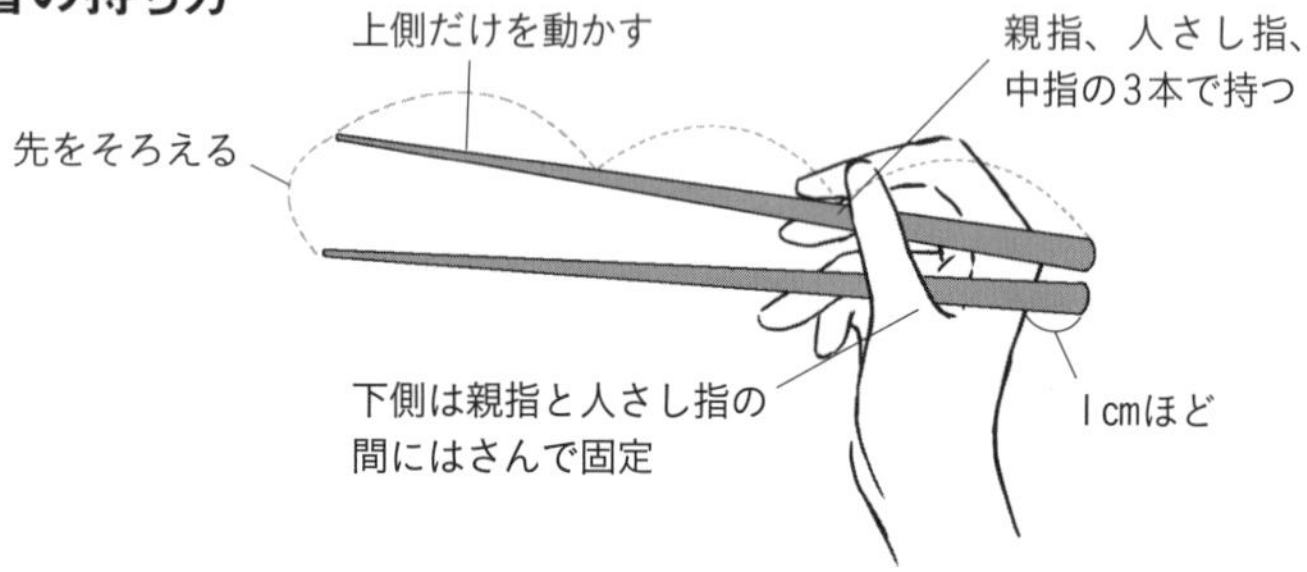
上側だけを動かす
親指、人さし指、中指の3本で持つ
先をそろえる
下側は親指と人さし指の間にはさんで固定
1cmほど

箸の取り方

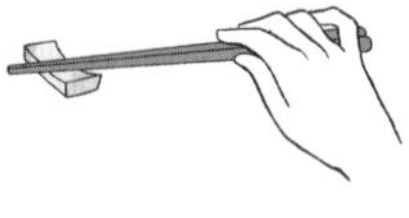

❶右手の親指と人さし指、中指の3本の指で、上から箸をつかんで持ち上げる。

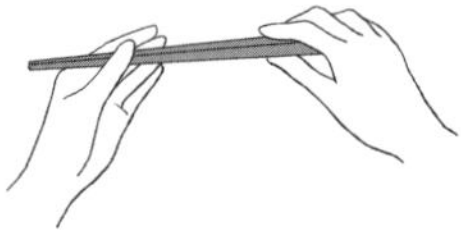

❷左手で、下から受けるようにして持つ。

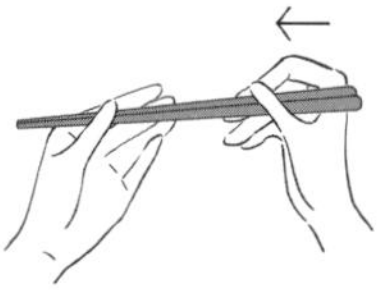
←

❸右手を滑らせ、持ち位置まできたら手のひらを上に向けて、下から正しい持ち方に持ち替える。

特別な日に使う祝い箸

祝い箸は、お正月やお祝い事があるおめでたい日の食事で使うもの。両端が細くなっているのは、一方は神様用、もう一方を人が使う「神人共食」を意味しています。

中ほどが太くなっているのは、五穀豊穣を願い、米俵を模しているため。子孫繁栄にも通じるとして「はらみ箸」とも呼ばれています。

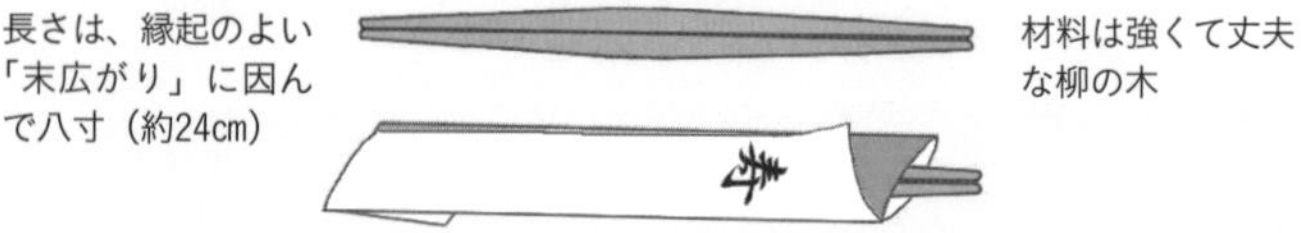
長さは、縁起のよい「末広がり」に因んで八寸（約24cm）
材料は強くて丈夫な柳の木
寿

嫌い箸

ともに食事をする人に不快感を感じさせる、無作法な箸使いを「嫌い箸」「忌み箸」といいます。お箸を使う国はほかにもありますが、箸使いにまつわる決まりは日本独特の風習。

箸の持ち方、使い方は、いったん癖がつくと直すのが難しいもの。普段の生活で正しい箸使いを心がけましょう。

逆さ箸

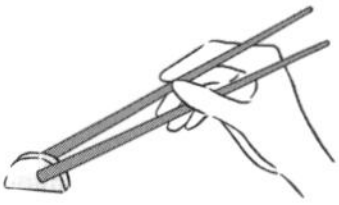

そろえ箸

渡し箸

立て箸

振り上げ箸

迷い箸

人さし箸

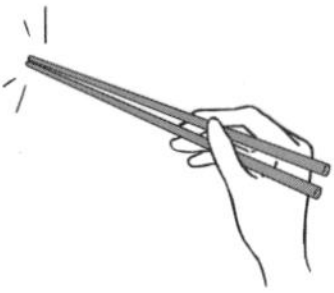

叩き箸

刺し箸

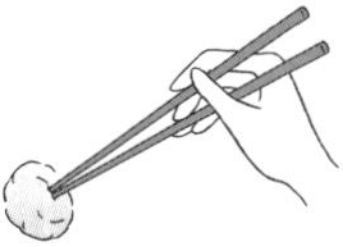

移り箸

寄せ箸

涙箸

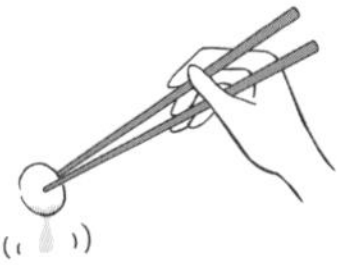

横箸

探り箸

拾い箸（移し箸）

ほじり箸

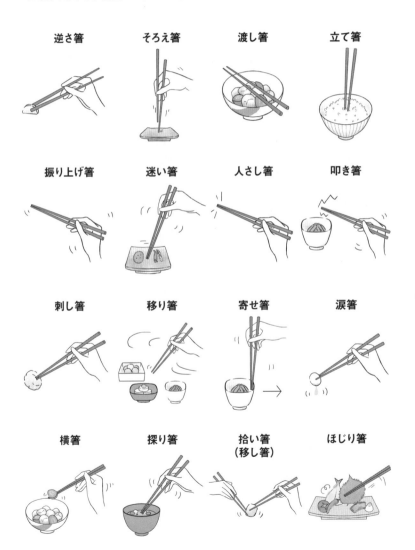

和食の配膳と器の扱い方

器の位置は動かさないこと。また、ふた付きの器は、食べる前にすべて開けて、左側にあるものは、左手でお膳や器の左側に、右にあるものは右手で右側に置きます。

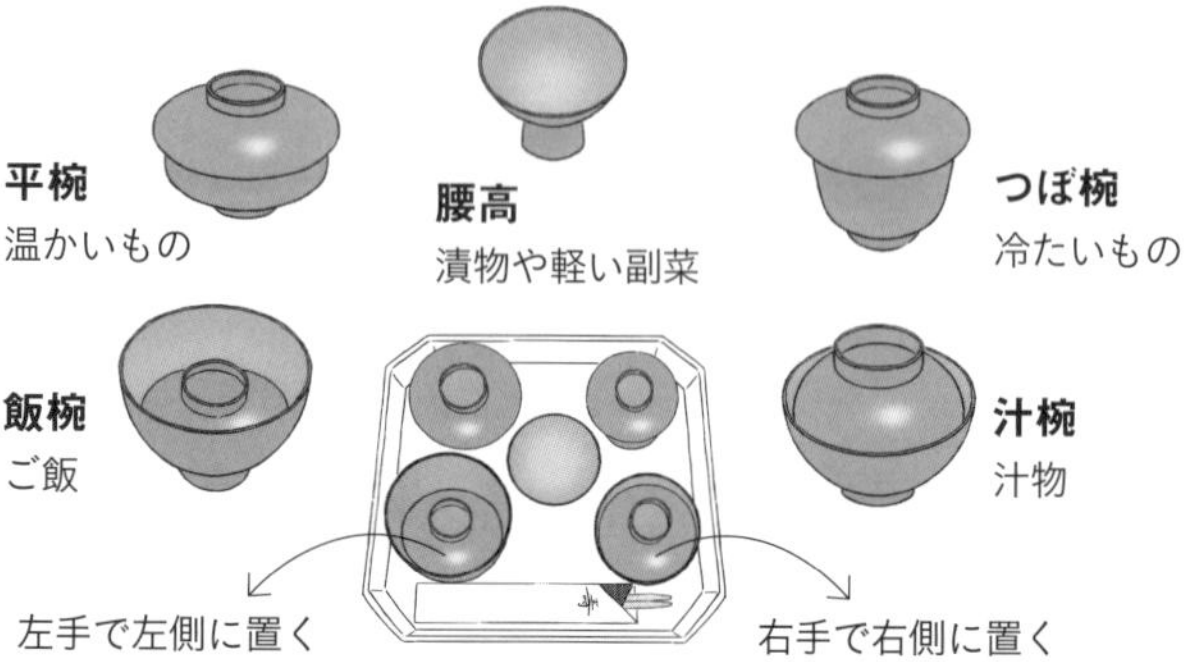

ふたの外し方（右側に器がある場合）

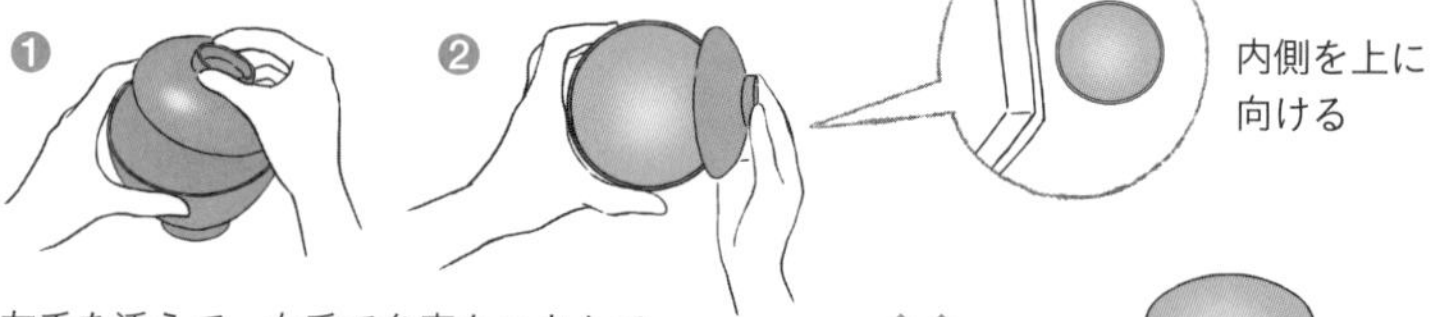

左手を添えて、右手で糸底をつまんでふたを開け、水滴を器に落とす。
左側の器の場合は、ふたを左手で持つ、内側を上に向けて、器の右側に置く。

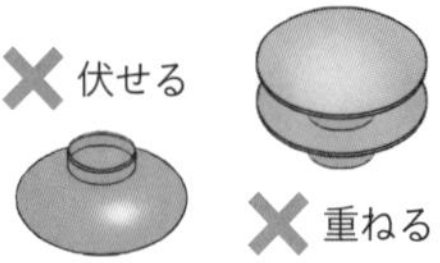

会席料理では先に器、次に箸を取り上げる

❶両手で器を持ち上げる。

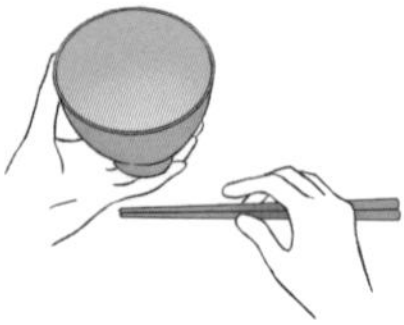

❷器を左手に移し、右手で箸を取り上げる。

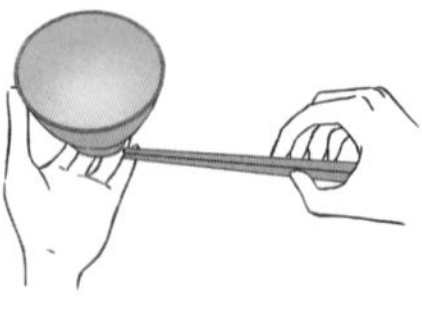

❸箸先を左手の薬指と小指の間に挟む。

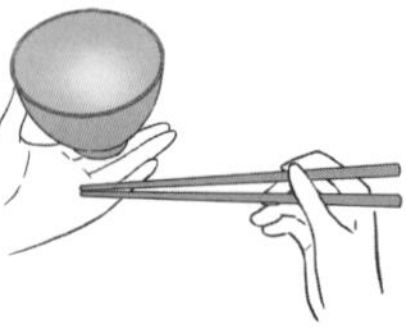

❹右手を横に滑らせるようにして箸を持つ。

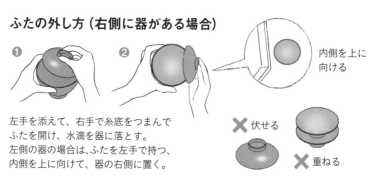

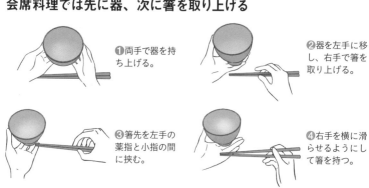

食べる順番と食べ方

汁物を先に食べるのは弔事のとき。慶事や普段の食事では、ご飯から手をつけましょう。おかずの間に必ずご飯か汁物をいただきます。

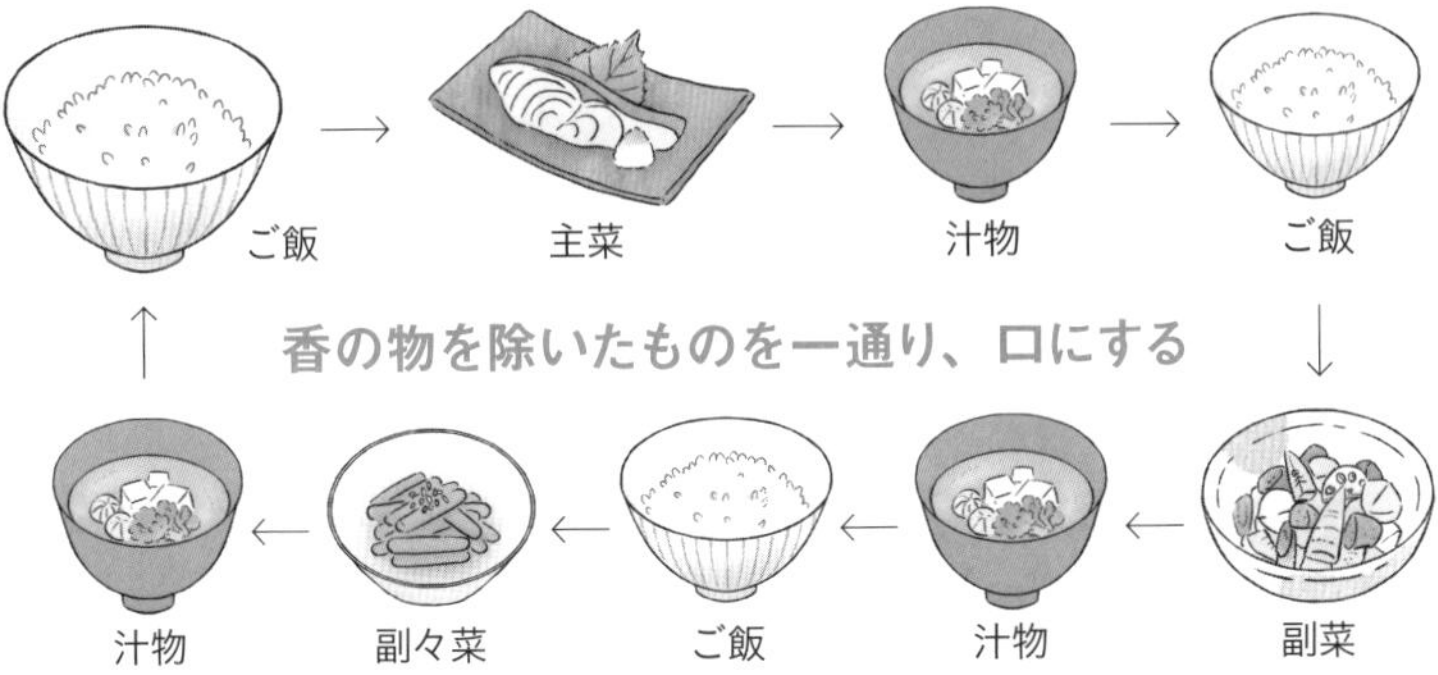

おもてなしでいただく和食の決まりごと

ご飯はおかわりするのが礼儀？

亡くなった人の枕元に供える「一膳飯」を連想させ縁起が悪い、と昔からいわれています。ただし、現代では1膳しか食べられないときは、無理におかわりをしなくてかまいません。

汁物のおかわりは2杯まで

ご飯は3膳まで、汁物は2杯まで。3杯目をすすめられても辞退する。

盛りつけは崩さない

味の淡白なものから濃いものへ、など食べて欲しい順に盛りつけられているので、盛りつけを崩さず、手前から箸をつけていく。

漬物はすぐに手をつけない

ご飯1膳目から香の物に手をつけるのは「料理がまずい」という意味になってしまうので注意。また、漬物はなるべく音を立てないように食べること。

尾頭付きの魚は一口ずつほぐす

頭の後ろから尾に向かって、一口ずつほぐしながら口に運ぶ。

器を持って食べる

大きな器以外は、手に持って食べる。持ち上げられないものは、小皿やふたなどを使って。

気持ちを受け取って欲しいから心を「包み」、思いを「結ぶ」

日本には昔から「包む」という文化が育まれています。贈り物を包むのは、ものに込めた思いも一緒に包み込むこと。また、慶弔で使い分ける水引や包みの結び目にも、縁を「結ぶ」という意味が込められているのです。

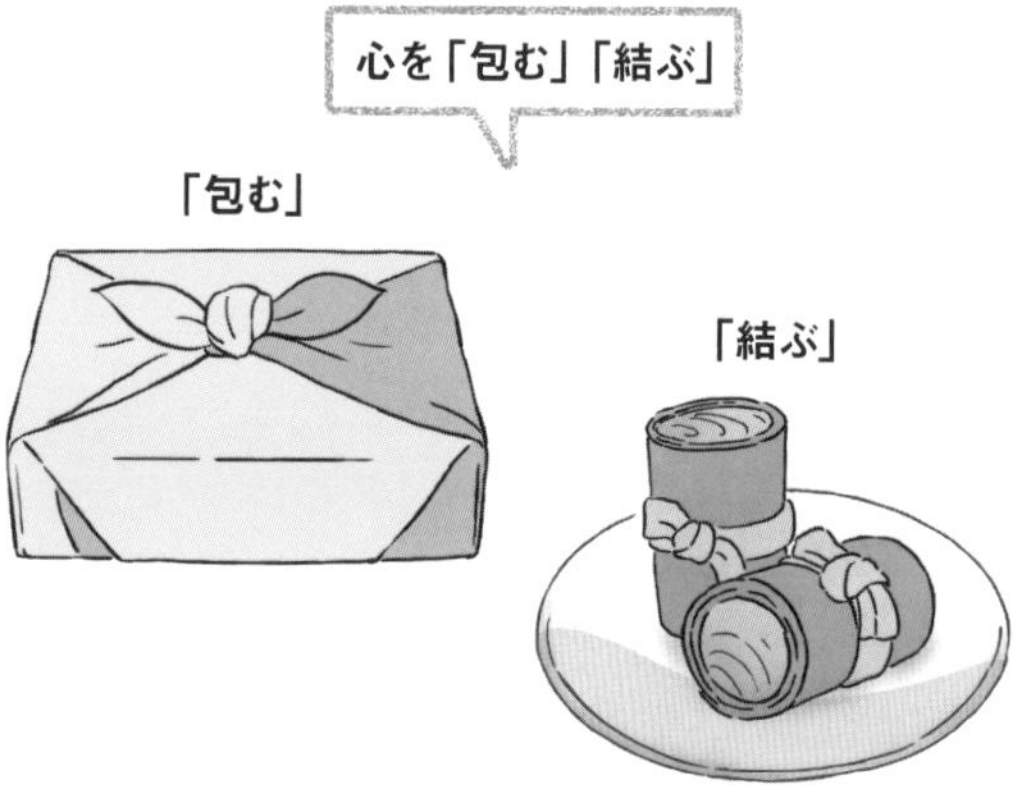

日本の「包む」を代表するものが「風呂敷」。また、「包む」「結ぶ」は、ものだけでなく、衣食住のあらゆることに用いられ、めでたさを象徴するものとして、おせち料理の昆布巻きなど行事食にも多くみられる。

日常の心遣い

風呂敷は日本発祥。その原形は、奈良時代に「ツツミ」と呼ばれていた布だといわれています。身の回りのものをしまう、品物を運ぶために使う一枚の布に、日本人は早くから心も一緒に「包む」という意味を見出してきました。

たとえば、あらたまった贈り物は、結び目を作らない「平包み」に。気軽に受け取って欲しい手土産などは、結び目を作る「お使い包み」でと、包み方と結び目を使い分けることで、気持ちまで表現してきたのです。

風呂敷使いの基本「お使い包み」

手土産や気軽なお届け物は「お使い包み」と呼ばれる、この包み方で。結び目も、基本の「真結び」ですが、きちんと横に並ぶようていねいに結びましょう。縦結びは、弔事の結び方になるので気をつけて。

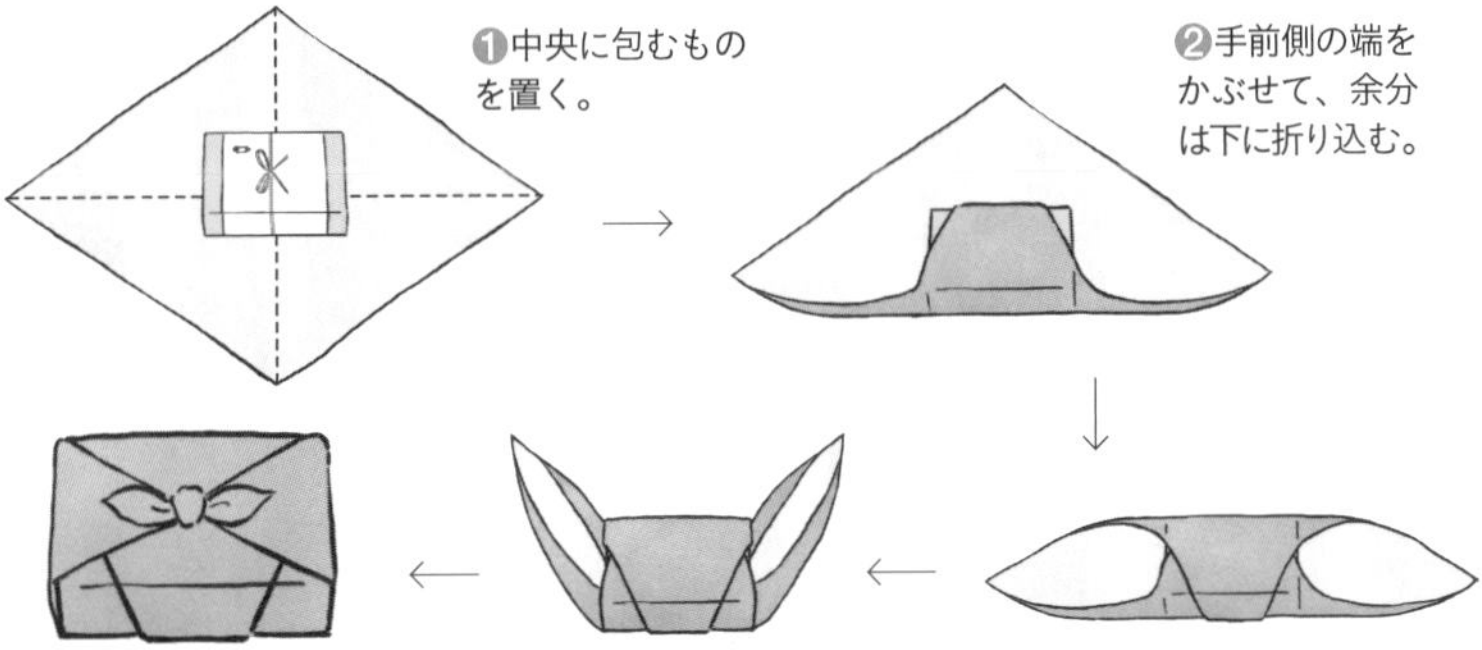

❶中央に包むものを置く。

❷手前側の端をかぶせて、余分は下に折り込む。

❸奥の端をかぶせ、余分がでたら内側に折り込む。

❹左右の端を持って、真上に引き寄せる。

❺左右を交差させ、しっかりと真結びをする。

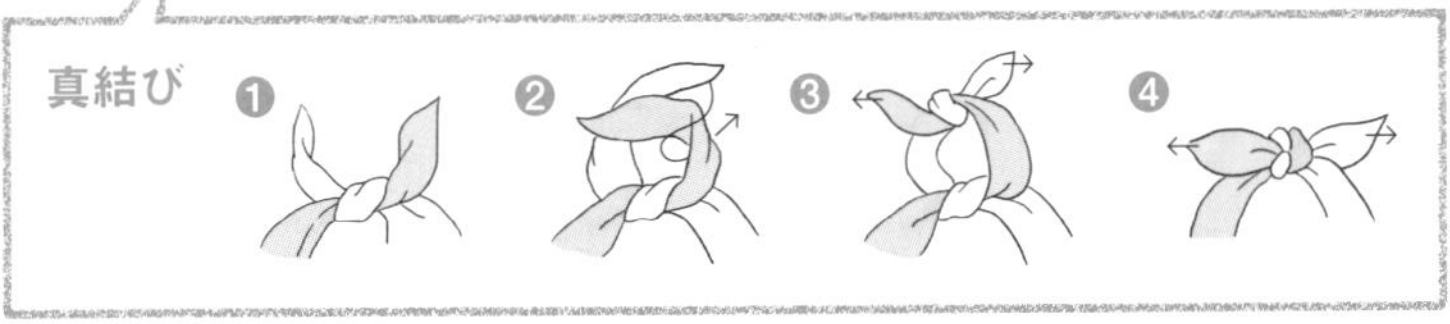

びん包み

日本酒やワインのボトルを包むときは、この方法で。

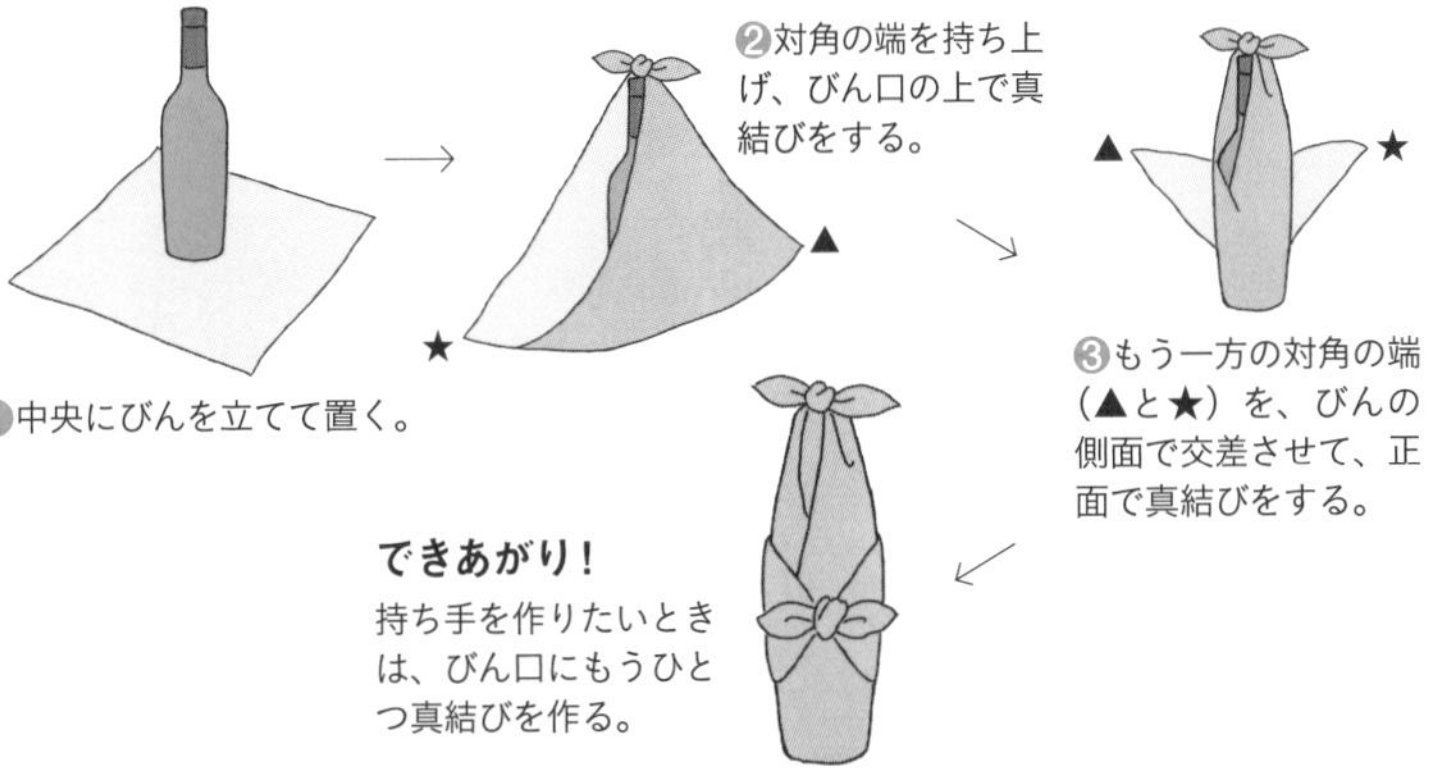

❶中央にびんを立てて置く。

❷対角の端を持ち上げ、びん口の上で真結びをする。

❸もう一方の対角の端（▲と★）を、びんの側面で交差させて、正面で真結びをする。

できあがり！

持ち手を作りたいときは、びん口にもうひとつ真結びを作る。

懐紙の基礎知識

大きさは男性用が17.5×20.5cm程度、女性用が14.5×17.5cm程度のものが一般的です。正式な茶席では白無地を使いますが、普段使いなら男女兼用、色柄のものでかまいません。

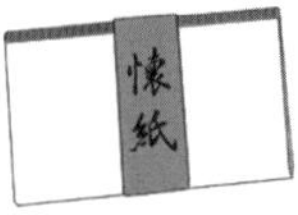

懐紙

一組は10〜30枚くらい

真　最も格の高い、基本の折り方

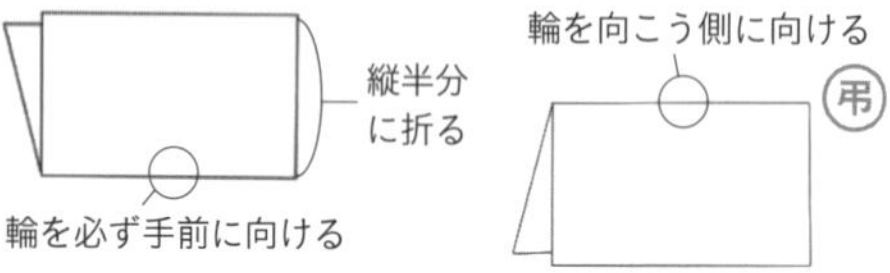

縦半分に折る
輪を必ず手前に向ける
輪を向こう側に向ける
弔

行　真を少しくずした形

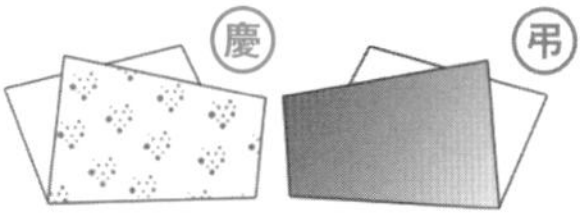

慶
弔

草　自由な形。普段のおもてなしに。

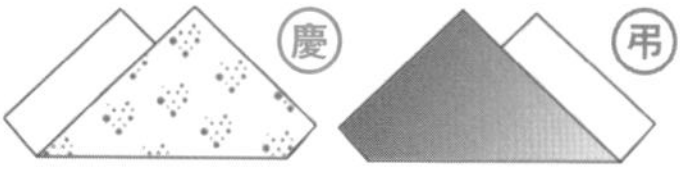

慶
弔

「真行草」は、書道の書体から転じて茶道や華道などでも使われる型を表す言葉。あらたまった席では「真」を用います。また、いずれも「輪」を手前に向けて使うこと。「行」「草」は、弔事以外では、重なりの向かって右側が上になるように折ります。

奉書紙で作る「目録」

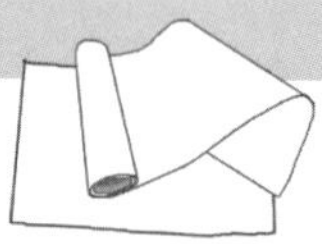

奉書紙は、敷き紙や掛け紙のほか、金封、目録にも用いられます。用途に合わせて切って使える巻紙もあります。

目録の作り方

下側が輪になるように縦半分に折る。

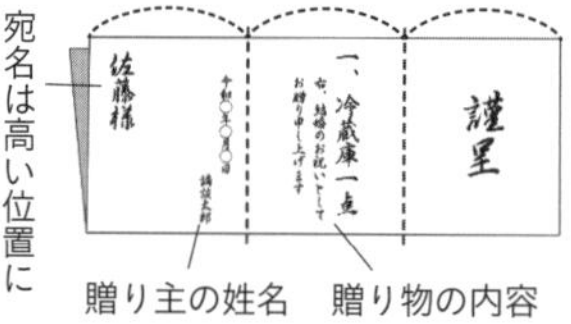

宛名は高い位置に
佐藤様
一、冷蔵庫一点
右、結婚のお祝いとして
お贈り申し上げます
謹呈
贈り主の姓名
贈り物の内容

上包み

三つ折りにした目録を中央に置き、❶、❷の順に重ねて、上下の端を折り返す。

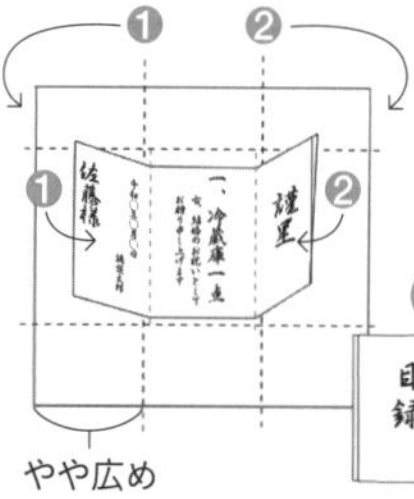

❶
❷
佐藤様
一、冷蔵庫一点
謹呈
やや広め

表
裏
目録
折り返す

上包みを巻紙で作る場合

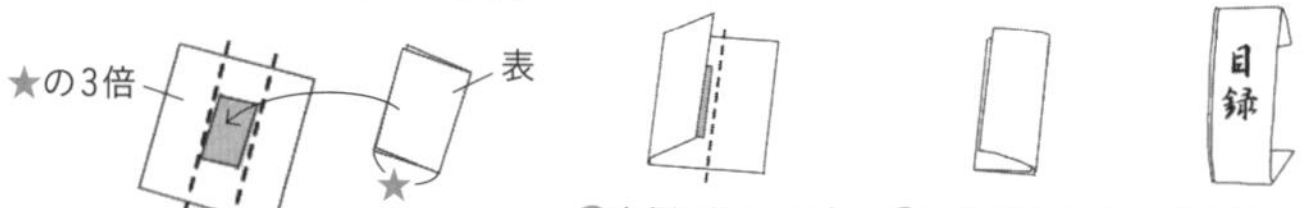

★の3倍
表
★
目録

❶表を向けて、目録を中央に置く。

❷左側3分の1を内側に折りたたむ。

❸右側3分の1を上から重ねる。

❹上下の端を折り返す。

多当折りのぽち袋

お正月のお年玉袋としておなじみの「ぽち袋」も、「包む文化」のひとつです。「ぽち」は、「わずか」という意味の「これっぽっち」からきているとか。心付けとして渡す少額のお金も、むき出しではなく、感謝の気持ちと一緒に包んで渡しましょう。

❶紙は縦長に使い、裏を出して中央に包むものを置く。
左側、右側の順に両端を折りたたむ。

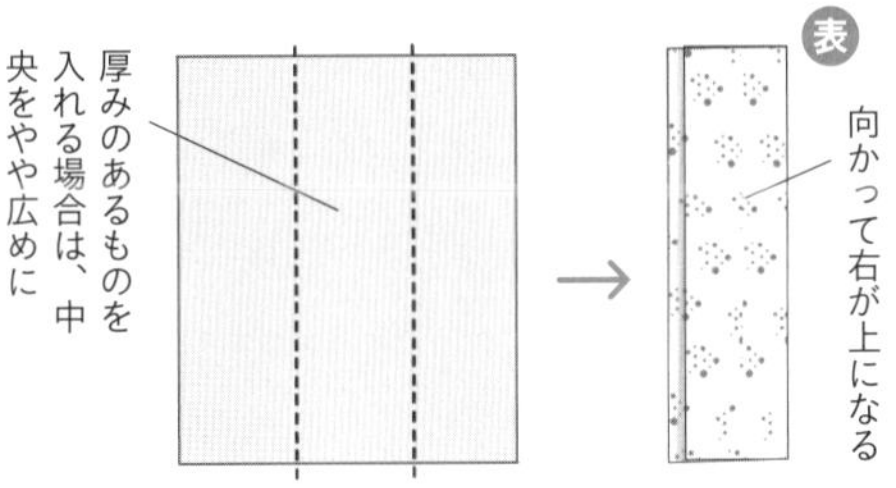
厚みのあるものを入れる場合は、中央をやや広めに
表
向かって右が上になる

❷包むものに合わせて、上下に折り返し分を取る。上側、下側の順に後ろへ折り返す。

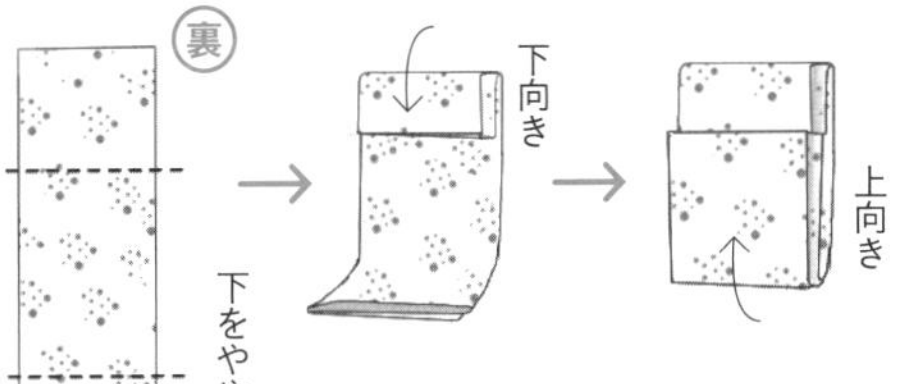
裏
下向き
上向き
下をやや長めに

※弔事で使う場合は、白無地の紙を使い、重なりは向かって左が上、折り返しは、下側、上側の順に折る。

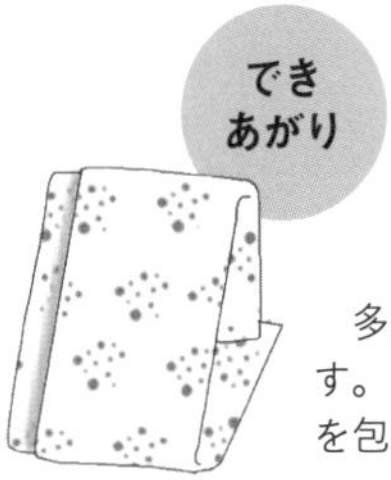
できあがり

多当折りは、一枚の紙を折って作る袋の折り方のことです。 御守りや御札など神社の授与品を入れる袋や、お金を包む金封にも、この折り方がよく使われます。

旅館での心付けの渡し方

「心付け」は、必ず渡さなければいけないものではありませんが、何か特別なはからいをしてもらったときには、感謝の「気持ち」として渡しましょう。

2000円、3000円、5000円ときりのいい金額で、宿泊費の1〜2割を目安に。新券がない場合は、なるべくきれいなお札を選びます。ぽち袋に入れて、相手の手にすーっと滑らせるように渡すのが美しい所作でしょう。

- **何度も利用している旅館でいつもよくしてもらっている場合**
- **部屋を替えてもらうなど、こちらのわがままを聞いてもらった場合**
- **迷惑をかけたときのお詫び、温かい対応へのお礼として**

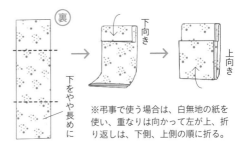

日本のしきたり雑記帳

人と分かち合う日本の「お土産」

宮笥 **みやけ・みやこけ**
神札、護符、瓦笥など、
参拝の際の授かり物

↓

みやげ

↓

土産 **どさん**
土地の名産品

↓

「みやげ」を
「土産」と書く
ようになる

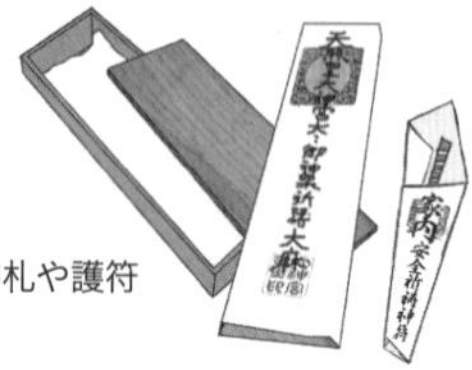

神札や護符

瓦笥 かわらけ

神酒をいただく
ときに使う素焼
きの盃

丸薬は道中
薬としても
重宝した

伊勢神宮の神札「剣祓
大麻」を象った生姜糖

十返舎一九の『東海道中膝栗毛』（1802年初版）出版をきっかけに、庶民の間で寺社詣でが大ブームとなった江戸時代中期。伊勢神宮や善光寺、金刀比羅宮などの寺社に参詣した人々は、神仏からの授かり物「宮笥（みやけ・みやこけ）」を故郷に持ち帰り、親しい人に配りました。神札（しんさつ）や神酒をいただく瓦笥（かわらけ）、供え物を入れる箱など、いくつかの種類があったようですが、この「宮笥」が「みやげ」の原点といわれています。

土地の産物を意味する「土産（どさん）」を「みやげ」というようになったのも、この頃から。その土地の名産品を「宮笥」とともに持ち帰るようになったことから、みやげを「土産」と書くようになったそうです。旅先で相手の喜ぶ顔を思い描きながらおみやげを選ぶ習慣は、やがて人を訪問するときに持っていく「手土産」へと、日本独特の「お土産文化」が根付いていきました。

欧米にも、旅先でおみやげを求める習慣は昔からありますが、英語の〝スーベニア〟は、主に自分のために買う物を意味します。それに対して、日本でのおみやげは、多くの場合は自分以外の誰かに贈る物。旅の思い出を「分かち合う」精神と相手への思いやりを表す物なのです。

贈答・手紙のしきたり

季節の贈り物

感謝をかたちにするものだから「心ばかり」でも末長く続ける

季節の節目に年神様や氏神様、そして、ご先祖様に捧げるお供え物に由来する「季節の贈り物」。人に物を贈ること、お返しをすることも、「今生きているのはあなたのおかげです」という感謝をやり取りすることなのです。

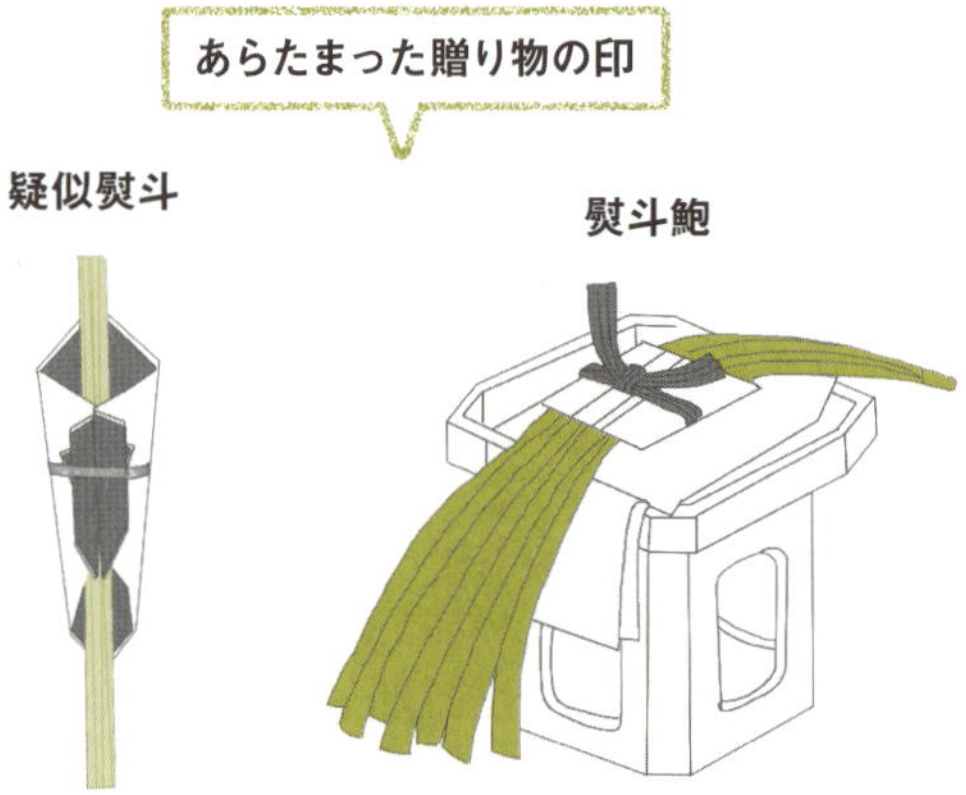
あらたまった贈り物の印
疑似熨斗
熨斗鮑

「のし」は、あわびを伸ばして（熨して）干物にした「熨斗鮑」に由来。室町時代以降、「のし」と呼び方が簡略化され、さらに、布や紙で作った「疑似熨斗」が進物に添える敬意の象徴として用いられるようになった。

お中元・お歳暮は、身の回りのお世話になった人への感謝を表す贈り物です。そもそもは両親や親戚など血縁の人に贈るのが習わしですが、現代では、目下の人から目上の人へ贈るものという意味合いが強くなっています。

感謝を示すとともに「一生のお付き合いをしたい」という願いも込めたお中元・お歳暮は、一度きりにするものではありません。「心ばかり」でも、毎年その時期に贈って変わらぬ感謝を示すことが、大切なのです。

ていねいな挨拶まわり

「盆暮れの付け届け」といって、昔は、お中元・お歳暮は、相手先に足を運んで届けるのが当たり前のことでした。贈り物は、袱紗と風呂敷でていねいに包み、受け取る側も、品物をのせる広蓋を用意するのが礼儀。それが作法だからというだけでなく、ていねいな所作でお互いの気持ちをやり取りしていたのです。

今とは事情が違うとはいえ、便利な時代だからこそ「顔を合わせる」ことの大切さをあらためて感じます。

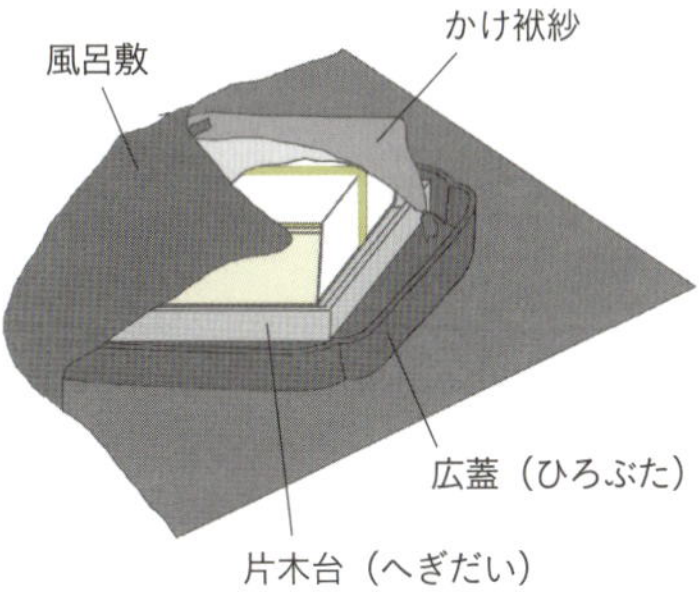

袱紗と風呂敷はほこりよけのため。また片木台と広蓋には、品物をのせて包むことで持ち運びやすくする役割もあった。

折り紙一枚で作れる「のし」

親しい人にハンドメイドの物を贈るときなどには、「元気です」の近況報告も兼ねて、手作りの「のし」を添えてはいかがでしょう。

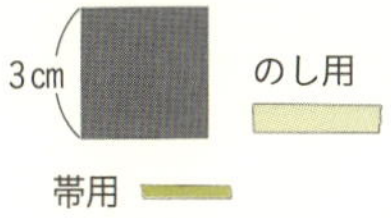

●用意する物

赤い折り紙　3cm程度の正方形
のし用の薄茶（金）の折り紙または和紙　幅・長さは適宜
帯用の金の折り紙　幅・長さは適宜
接着剤（のり、両面テープなど）

❶折り紙を三角形に折る。

❷一度開いて、下から上に向かって広がるように、左端を斜めに折る。

❸中央の折れ線に沿って、左端を折り返す。

❹右端でも❷と❸をくり返す。

❺一度開いて、中央にのし用の紙を貼り付ける。

❻左、右の順に閉じて、帯用の紙で留める。

お中元・お歳暮のいろは

日本には、古くからお盆とお正月の年2回、ご先祖様をお迎えする習わしがあります。家中を掃除して清め、「私たちが存在しているのは、ご先祖様が命をつないでくれたおかげ」という感謝を込めたお供え物をします。

このお供え物が、日本の贈答の起源。また、同じ贈り物でも、とくに、目上の人への贈り物を「進物」といいます。目上の人とは、「目より上」、つまり自分が見上げてしまうような、尊敬に値する人のことです。お中元・お歳暮は、その目上の人への「進物」、お祝いと違って、その時だけ贈ればいいというものではありません。

年2回、年神様や氏神様、ご先祖様にお供えをするのと同じように、毎年決まった時期に贈ること。また、一度贈った相手には、毎年欠かさず贈るのも原則です。

お中元・お歳暮の心得

- 一度贈ったら毎年欠かさず贈り続けるのが原則。
- 贈る時期がそれぞれ決まっている。
- なるべく持参する。宅送する際は、挨拶を述べた「送り状」を添える。
- 高価な物は贈らない。金額の目安は3000円～5000円。
- 現金や商品券は不適切。食品や日用の消耗品など、使うと消えてしまう物を選ぶ。

食品を贈ることが多いのは……

お盆とお正月に、神様に食べ物をお供えし、それを皆で食べる習わしの名残といわれています。お供え物には、酒、餅、米、魚介類や海産物の干物などの「なま物」が用いられ、やがて「なま物」の代用品として「のし」が添えられるようになりました。

本来ならば、肉や魚などを贈る際、「なま物」が重なってしまうため「のし」は添えません。ところが、「のし＝なま物」ということをほとんどの人が意識していません。肉や魚にも、のしが添えられることが多いようですが、水引だけの掛け紙を使うのが、正しい贈り方です。

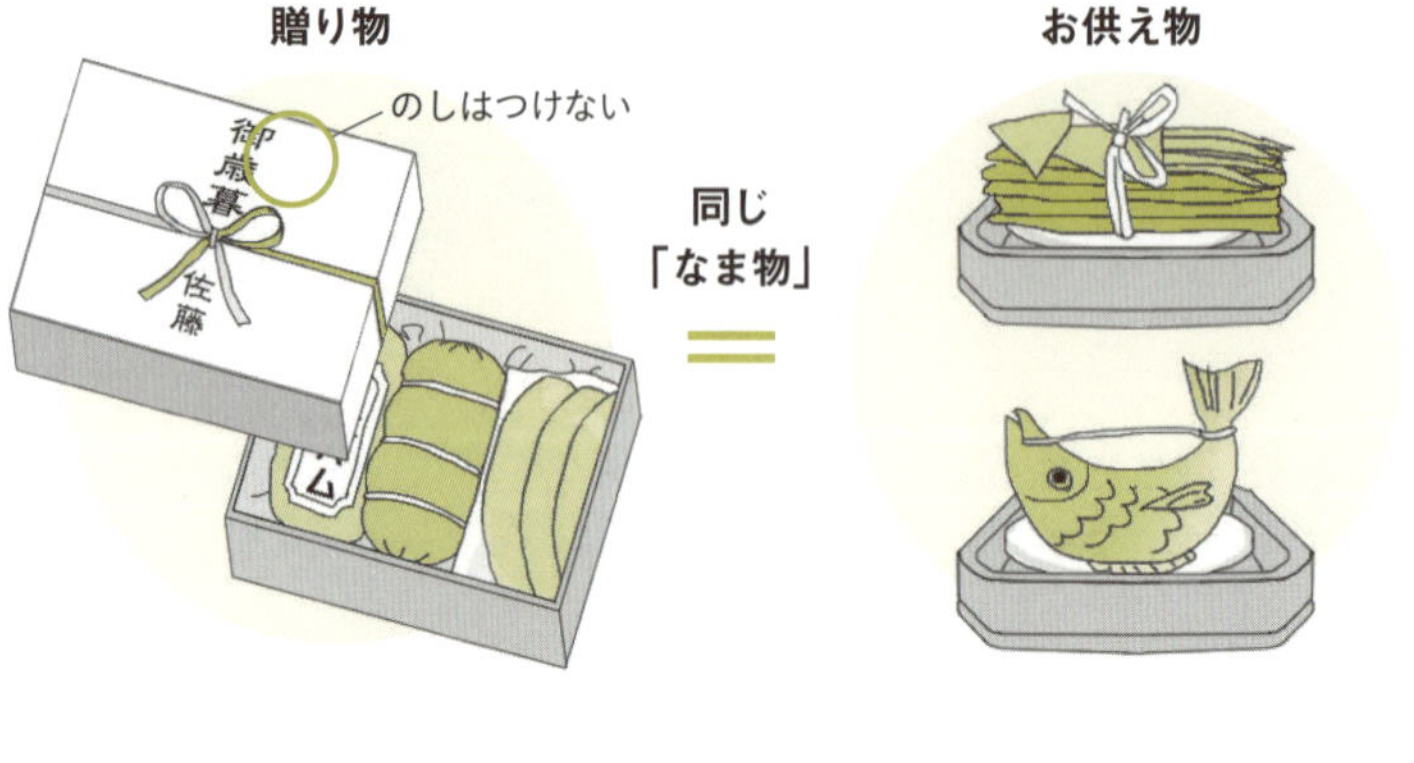

大きなものには「短冊のし」

お祝いではありませんが、お中元・お歳暮の掛け紙には、のしと赤白蝶結びの水引を添えます。購入店から宅送する場合は、印刷された掛け紙（のし紙）を使うのが一般的ですが、最近は、簡易包装が浸透し、短冊型がよく使われます。

箱に合わせると掛け紙が目立ってしまう、段ボール箱入りのビールなど大きな物には、注文の際に「短冊のしで」とお願いするとよいでしょう。通常の掛け紙と見た目は異なりますが、失礼には当たりません。

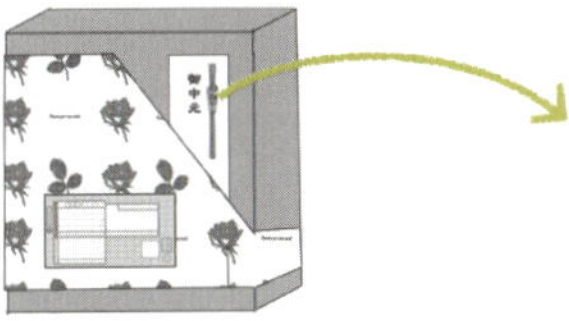

水引は印刷されていないが、表書きや名入れなどの形式は、通常の掛け紙と同じ。箱の右肩に貼り、大きさや用途に合わせて上から包装紙で包む「内のし」にすることが多い。

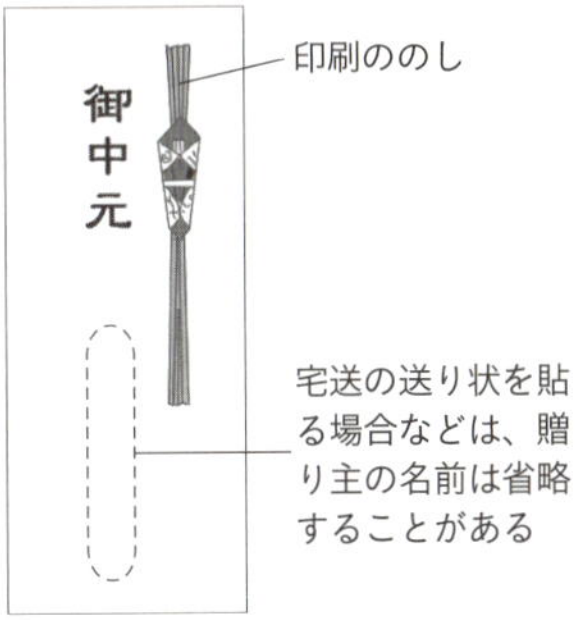
御中元
印刷ののし
宅送の送り状を貼る場合などは、贈り主の名前は省略することがある

ちょっとよそ行きな「隠し包み」

真結びにすると風呂敷の主柄が隠れる、品物が大きすぎて結び目が小さくて不格好になるときは「隠し包み」で。正式な包み方「平包み」のように上品な仕上がりです。

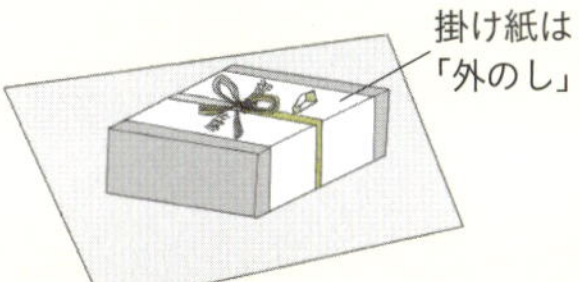
掛け紙は「外のし」

①品物を中央に置く。

結び目は横向きに
主柄は奥側に

②左右の端を真結びにする。

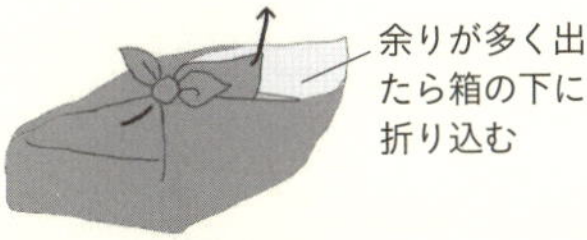
余りが多く出たら箱の下に折り込む

③手前の端を結び目の下を通して、箱にかける。

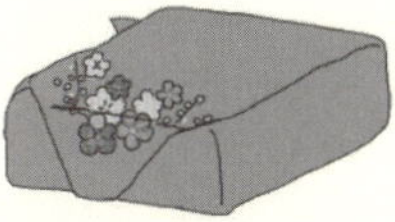

④奥の端を結び目の上からかぶせる。

お使い包み・真結び→P189
平包み→P234

お中元

「お中元」は、一年を上中下の3つに分ける「三元」という古代中国の暦に由来します。この時期、先祖に供え物をし、身の穢れを清めるという習慣は、暦とともに日本に伝わりました。なかでも「中元」はお盆と重なり、一族が祖先への供え物を持ち寄る日本古来の風習と相まって、中元贈答の習慣ができたといわれています。

贈る時期

関東、東北、北陸：7月初旬～7月15日
北海道、関西、東海、中国、四国：7月15日～8月15日
九州：8月初旬～8月15日

掛け紙 のしあり

水引：赤白蝶結び

表書き 御中元、お中元

名入れ 贈り主が個人の場合は姓のみでもよい

お歳暮

「歳暮」とは年末という意味。お正月に年神様を迎える際のお供え物として、塩鮭や数の子などを一族が持ち寄ったり、娘の嫁ぎ先に贈ったりする習慣が、いつしかお世話になった人への感謝を伝える「お歳暮」へと変わっていったのです。

お供え物に「なま物」を添える名残で、現代でも生鮮食品を贈ることがあるなどお歳暮の品は食品が主流となっています。

贈る時期 12月初旬～12月20日頃

遅くても12月31日までに届くようにする。お正月に使う生鮮食品の場合は、先方の予定を聞いたうえでなるべく遅めに届ける

掛け紙 のしあり

水引：赤白蝶結び

表書き 御歳暮、お歳暮

名入れ 贈り主が個人の場合は姓のみでもよい

贈る時期を逃してしまったら

お中元の場合　9月初旬までは、表書きを以下のようにして贈ります。

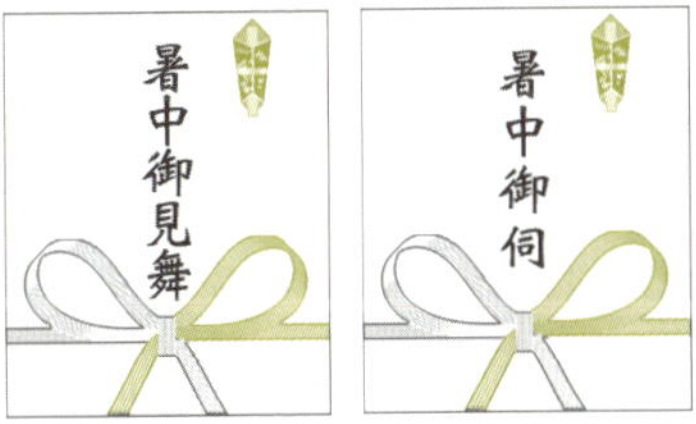

のしあり　水引：赤白蝶結び

●7月16日～8月7日頃（立秋まで）

表書きを「暑中御見舞」、目上の人へは「暑中御伺」として贈る。

●8月7日頃（立秋以降）～9月初旬（処暑まで）

表書きを「残暑御見舞」、目上の人へは「残暑御伺」として贈る。
※お中元の期間が旧盆（8月15日頃まで）の地域は、お盆が過ぎてから。

お歳暮の場合　2月初旬の「立春」までは、表書きを以下のようにして贈ります。

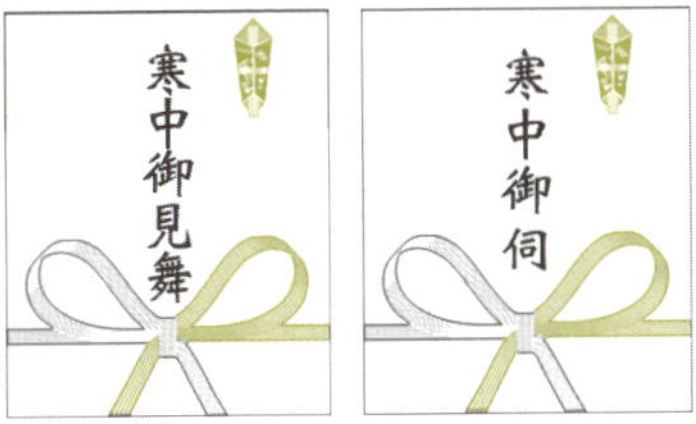

のしあり　水引：赤白蝶結び

●1月1日～1月7日（松の内※地域によっては1月15日まで）

表書きを「御年賀」として贈る。

●1月8日頃（松の内後）から2月4日頃（立春）

表書きを「寒中御見舞」、目上の人へは「寒中御伺」として贈る。立春を過ぎても寒さが残るときは、2月末までに「余寒御見舞（御伺）」として贈ってもよい。

贈り先、贈り主が「喪中」の場合は？

お祝いごとではなく季節のご挨拶なので、相手や自分が喪中であっても贈って問題ありません。ただし、不幸があった直後や四十九日前は避けること。また、華やかな色合いの品物は避けて、掛け紙や短冊も白無地のものを使うとよいでしょう。

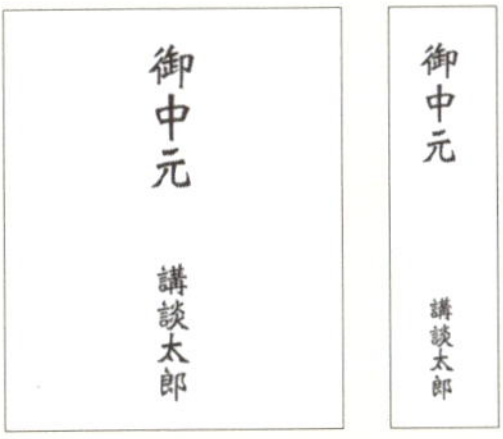

忌明けは、仏式では亡くなった日から49日目、神式は死後50日目。キリスト教は教義上に「忌明け」や「喪中」の考えはないが、相手に不幸があったことを知っている場合は、少し日にちをおいてから贈る。

のし・水引なし
白無地の掛け紙か短冊に、表書きと贈り主の姓名、もしくは姓のみを書く。

お中元・お歳暮をいただいたら

品物が届いたら、まずは贈り主を確認します。基本的に、お中元・お歳暮は、日頃からお付き合いのある人から贈られてくるものですが、自分宛てでない場合は、勝手に開けないように。とくに、次のような場合は注意が必要です。

❶贈り主が、家族の仕事関係者で個人的な付き合いがない。
❷以前は交流があったが、ここ数年は途絶えている。
❸まったく知らない、または名前を知っている程度の相手。
❹お互いの環境や状況の変化などで今後の交際が不透明。

公私ともに贈り物を禁止している企業が多く見られます。個人名でも、関係性やお付き合いの程度によって辞退したほうがよい場合もあるので、いったん受け取っても、開封するのは、必ず本人に確認するか、家族で相談してからにしましょう。

品物に破損・不良があった場合

破損・不良があっても、贈り主には伏せておくこと。こちらに過失がない場合は、配送業者や発売元にその旨を伝えれば、同じ品物か等価商品と交換できます。

なるべく早く礼状を出す

お礼はもちろん、届いたことを早く知らせるのが受け取った側の礼儀。中身を確認したら、遅くても2〜3日中には礼状を出しましょう。電話やメールで伝えたとしても、ハガキでよいので礼状を出すことをおすすめします。近況を添えたお礼の便りは、親しい間柄であればなおさらうれしいものです。

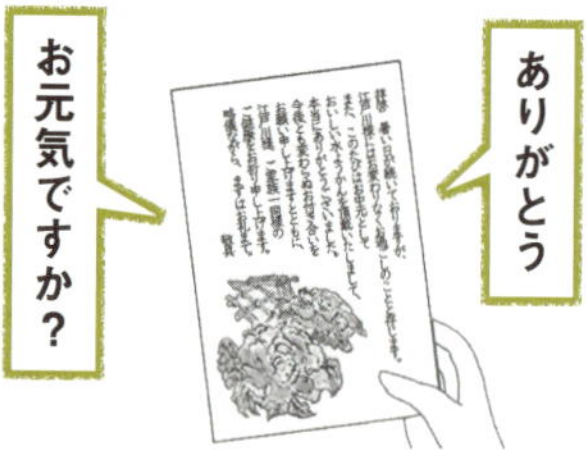

贈るのをやめたい・辞退したいとき

贈る側

3年をめどに贈るのをやめても失礼にはなりません。また、お中元とお歳暮のどちらかにするなら、お歳暮を優先するのが一般的。お歳暮だけにする、次に年賀状、暑中見舞い、寒中見舞いなど季節の挨拶状だけにする、といったように段階を踏むのもひとつの方法です。

受け取る側

礼状にひと言添えるか、お返しと一緒に断り状を出します。その際「次回からは結構です」というような直接的な表現は避けて、お礼とともに「今後はどうかこのようなお気遣いはされませんよう……」などと簡潔に遠慮したい旨も伝えましょう。立場上受け取れない場合は、再包装して、お礼と辞退する旨を記した手紙を添えて返送します。

お返しをしたい・1回だけ贈りたい

本来、お中元・お歳暮にお返しは不要ですが、礼状だけでは申し訳なく感じるときは、表書きを「御礼」とするか、時期をずらして「暑中御見舞」や「御年賀」として贈ります。お世話になったけれど、翌年以降もお付き合いが続くかどうかが判断できない場合も、「御礼」「暑中御見舞」「御年賀」であれば1回きりでも失礼には当たりません。

お中元・お歳暮は、日頃お世話になった方への感謝の気持ちとして毎年贈るのが原則です。いずれの場合も、毎回贈るかどうか決めかねるようであれば、表書きで名目を使い分けたほうがよいでしょう。

掛け紙 のしあり

水引：赤白蝶結び

表書き 「御礼」※時期は関係なし

お中元時期：「暑中御見舞」「残暑御見舞」など

※時期はP198を参照

お歳暮時期：「御年賀」「寒中御見舞」など

※時期はP198を参照

お返しの場合は、いただいた品物の半額から同額程度が目安。同じような物、別商品でも同じメーカーの物は避ける。

いただいた物　お返し

高価なお返しに要注意！

いただいた品物より見るからに高価なお返しは、かえって失礼に当たります。これは、お中元・お歳暮に限らず、「贈り物はもう結構です」と暗に伝えているようなもの。自分にその気はなくても、相手の気分を害したり、不安にさせたりすることがあるので気をつけましょう。

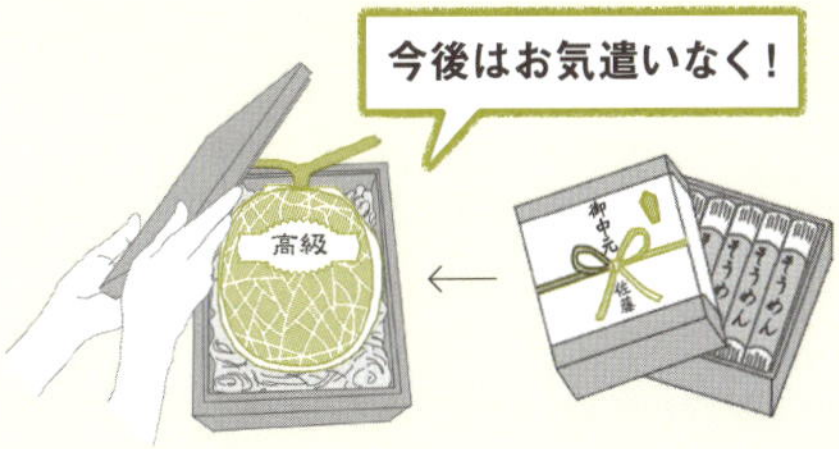

お中元・お歳暮は基本的にお返し不要。礼状のほかに品物を贈るなら、高くてもいただいた品物と同額程度に。とくに、目上の人の場合は、少し控えめくらいにするのが無難。

贈り物とお返しのしきたり

相手の笑顔が一番のお返し
贈答とは幸せのやり取り

「喜んでもらえるかな」と少し不安に感じながら選んだ品物を、相手が笑顔で受け取ってくれたら、それが何よりのお返し。さまざまな「しきたり」も、お互いに幸せをやり取りするためにあるのです。

気持ちのお返し「お移り」

「お移り」とは、盆や重箱でいただき物をした際、その器にちょっとした物を入れて返すこと。京都では、お祝いの当日返しをする「おため」という風習がある。

たとえば、重箱に詰めたおはぎをお届け物にすると、受け取った側は、空になった重箱をきれいに洗って、懐紙や半紙、マッチを入れて返します。この「お移り」は、神様にお供えした食べ物を皆で分け合って食べる習慣の名残といわれています。

いただき物をした際にお菓子や雑貨などちょっとした物をお返しするのも、今風の「お移り」。いつの時代でも、「お付き合いが続きますように」という願いが込められていることに変わりはありません。

「相場」は目安のひとつと考える

そもそも気持ちを金額にして測るのは無理なこと。自分の気持ちに見合う金額がわからないとき、目安のひとつとなるのが「相場」。統計的に、このくらいなら常識の範囲とされるものです。

最終的に決めるのは自分自身。また、贈り物はお返しを期待してするものではありません。受け取った側も、お返しは「相場」ではなく、お礼の気持ちを伝えることが一番大切だと考えましょう。

職場のお返しはあまり大げさにしないほうがよいでしょう。祝儀の2分の1から3分の1でよいのです。誰かが大げさにすると後に続く人が困ります。職場では周囲と足並みをそろえる思いやりが必要ではないでしょうか。

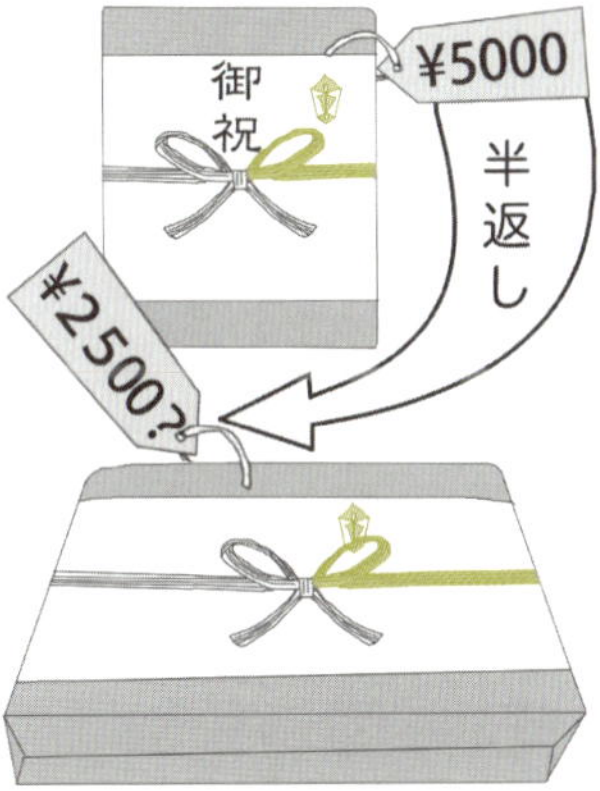

水引の結び方「蝶結び」

一般的なご祝儀、ご挨拶やお礼などのほかに、慶事のお祝いにも使える「蝶結び」の結び方を紹介します。普段の贈り物も、水引をかけて和の趣を演出してみましょう。

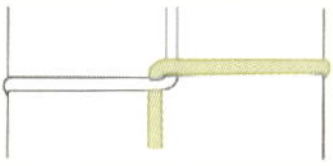

❶白を上にして交差させ、白を赤の下からくぐらせる。

❷結び目をしっかり押さえ、赤で右上に輪を作る。

❸白を上から下ろして輪を作る。

❹赤白の輪を左右に引っ張り、結び目を締める。

❺輪を美しく整え、端を切って長さをそろえる。

できあがり

お礼のいろは

「ちょっとした贈り物で感謝の気持ちを表したい」ということが、日常よくあります。お祝いよりも贈る機会が多いのですが、用向きがはっきりしていないため、表書きや掛け紙はどうしたらいいのか迷ってしまうのが、こうした日常の贈り物です。

基本的に、表書きは「御礼」でいいのですが、贈り物に込める気持ちはさまざまです。「表書き」は、何に対しての贈り物かを示すもの。お世話になったことへのお礼と、相手をわずらわせた場合のお詫びが含まれたお礼との、微妙な違いが相手に伝わる言葉を選びましょう。

用途別ちょっとしたお礼の「表書き」→P142

日常の贈り物に使う「のし紙」

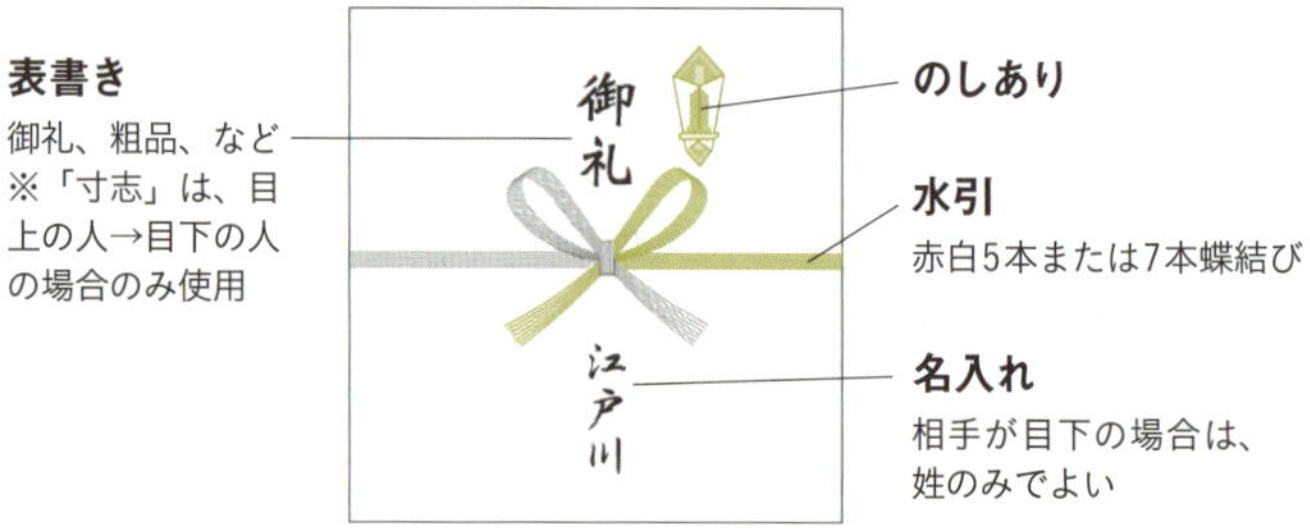
表書き
御礼、粗品、など
※「寸志」は、目上の人→目下の人の場合のみ使用
御礼
江戸川
のしあり
水引
赤白5本または7本蝶結び
名入れ
相手が目下の場合は、姓のみでよい

お礼の品には、のしと水引が印刷された「のし紙」が使われます。弔事を除く一般的な贈答に用いられるのは、「のしあり・赤白蝶結び」のものですが、用向きによってふさわしくないこともあるので注意が必要。気軽に受け取って欲しい「御礼」なら、掛け紙を使わず、リボンがけにするとよいでしょう。

水引を省略した「赤の帯紙」

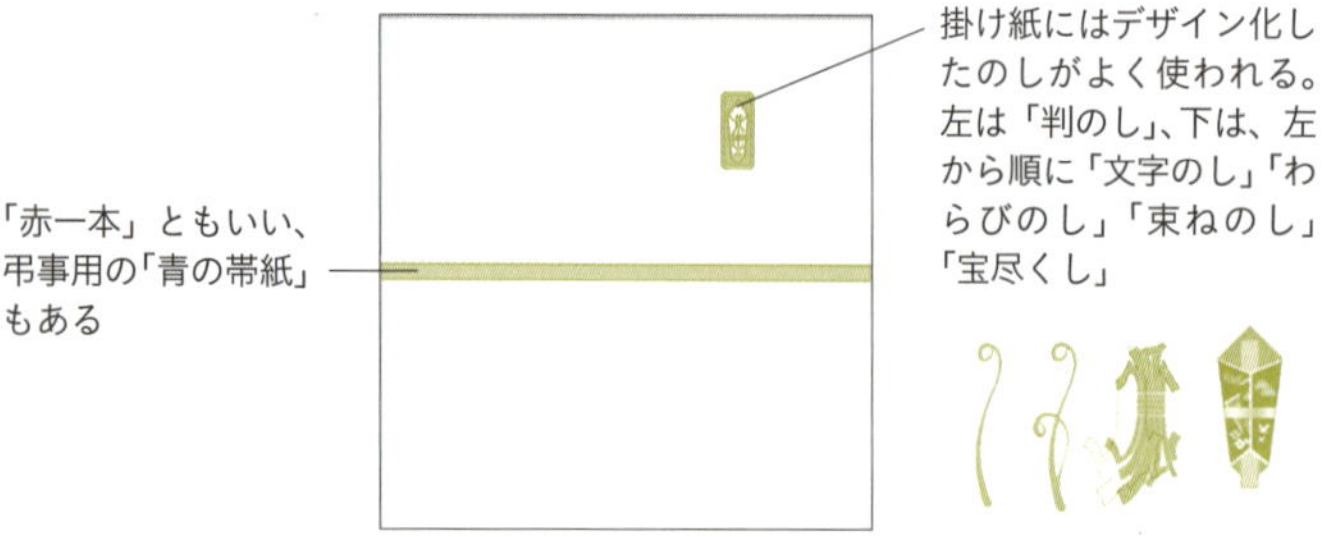
「赤一本」ともいい、弔事用の「青の帯紙」もある
掛け紙にはデザイン化したのしがよく使われる。左は「判のし」、下は、左から順に「文字のし」「わらびのし」「束ねのし」「宝尽くし」

印刷された「赤の帯紙」は、粗品、記念品、賞品、景品などを贈る際に利用される形式。タオルや手ぬぐいをそのまま包んで、包装紙と兼用でき、引っ越しの挨拶やお礼の場合も、水引を使うには少し大げさな場合に用います。

お詫びの贈答作法

お詫びに伺う際には、必ず菓子折りなどの手土産を持参します。挨拶と謝罪のための訪問ですから、手土産は、時間を作ってくれたことへのお礼の気持ちを表すためのもの。華やかな色合いの物や奇をてらった物は避けたほうがよいでしょう。「重く受け止めています」という意味合いから、お詫びの際の手土産には、手に持ったときに重みを感じる、羊羹やゼリー、カステラなどの焼き菓子がよく選ばれます。

お詫びの内容や事の大小にもよりますが、掛け紙は簡単な結び切りのものを使います。通常の包装でも構いませんが、その場合、包装紙やリボンは、落ち着いた色合いのものを選びましょう。

●**金額の目安**…3000円～5000円、迷惑の度合いや相手によって異なるが、高くても1万円以内

掛け紙を使う場合

表書き

お詫び、粗品、など
※「お詫び」→「深謝」→「陳謝」の順で謝罪の度合いが深くなる

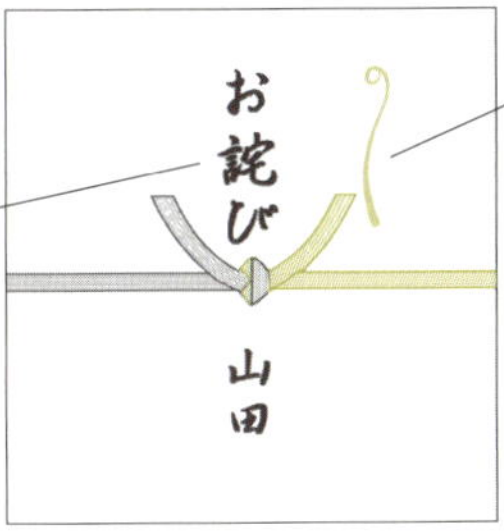

工事中の騒音のお詫びなど重い過ちでない場合は、のしあり・赤白結び切りののし紙を使う

お詫びの手土産は、できれば風呂敷に包んで持参しましょう。購入店の紙袋の場合でも、必ず袋から出して渡します。
まずはお詫びの言葉を相手に伝えます。ていねいに気持ちをこめて謝罪し、相手が受け入れる旨の言葉をかけてくれたら、「せめてものお詫びの気持ちです」などの言葉を添えて相手に渡します。
相手が手土産を受け取ることは、少なくともその場では「謝罪を受け入れた」という意味。相手が受け取らないと言っているのに置いて帰るのは無礼なふるまいです。無理強いはせず手土産は持ち帰りましょう。

無地の風呂敷で

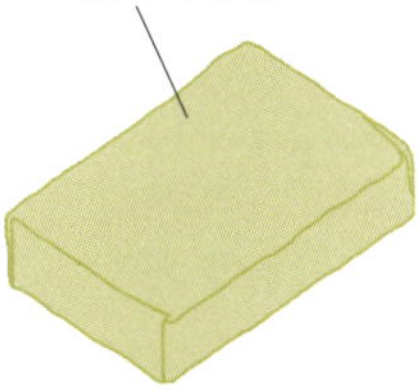

平包み→P234

お返しのしきたり

「内祝い」の本来の意味は、身内におめでたいことがあったときに、親しい人を招いてもてなしたり、記念の品物を贈ったりすることです。つまり、お祝いをいただく、いただいていないにかかわらず、幸を皆で分かち合い、「これからもよろしくお願いします」という気持ちを込めて贈るものでした。

今では、「内祝い」の意味合いを「お返し」と捉えている人が多くなりました。それも間違ってはいないのですが、「内祝い」と「お礼」の違いを知っておくことも大切です。

「内祝い」と「お礼」の違い　例：病気見舞い

お見舞いを贈った場合

病気見舞い →

← お礼

内祝いへのお返しは不要。

快気内祝い

表書き
快気内祝
内祝
御礼など

のしあり
赤白
蝶結び

病気見舞いを贈っていない場合

表書き
快気御祝

水引
赤白
蝶結び

のしあり

快気祝いを贈る ↑

← **内祝い**

お返しの意味を含む

「内祝い」へのお返しではなく、病気が快復したことへのお祝いとして贈る。

子どもへのお祝いをいただいた場合

表書き　〇〇内祝
「内祝」でもよいが、お返しとして贈る場合は、「七五三内祝」のように名目をはっきりさせたほうがよい

のしあり

水引　赤白蝶結び

名入れ
贈り主は子どもの名前にする。
※本人からのお礼の言葉を添えた挨拶状と一緒に贈る

経済力のない子どもへのお祝いに対しての「お返し」は、原則として不要です。気持ちとして何かお返しをしたい場合は、内祝いとしてお菓子や赤飯などを贈る、食事に招くなどして心を込めておもてなしするのもよいでしょう。

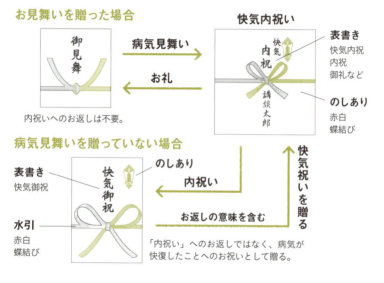

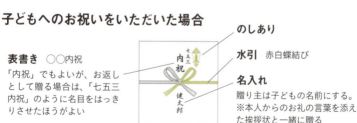

こんなときはどうする?

●結婚と出産のお祝いを同時にいただいた場合のお返し

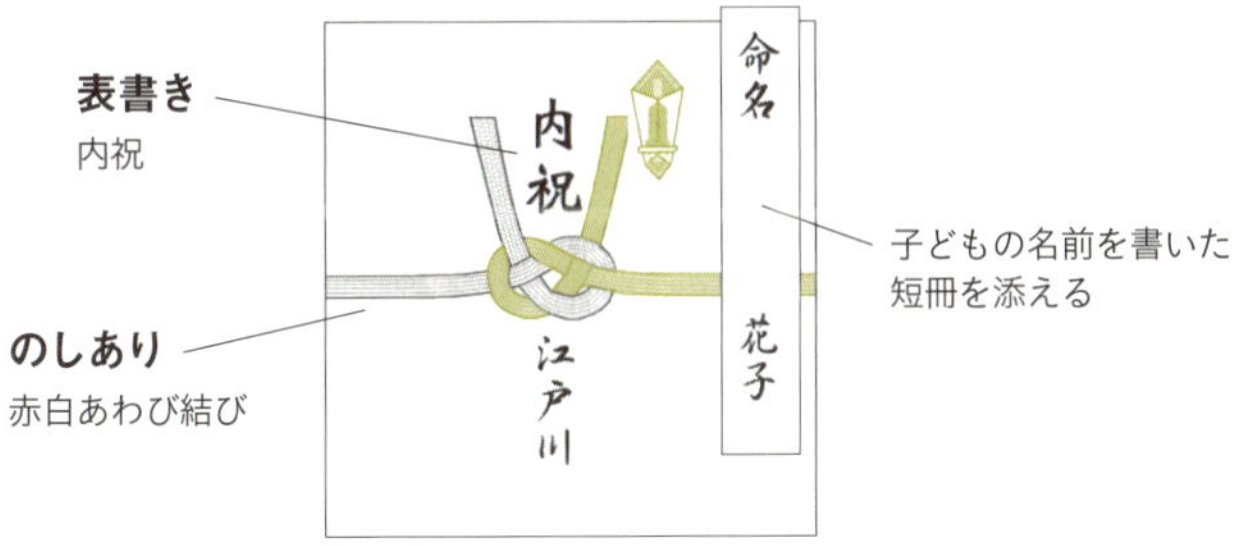
表書き
内祝
のしあり
赤白あわび結び
内祝
江戸川
命名
花子
子どもの名前を書いた
短冊を添える

結婚内祝いは「結び切り」、出産内祝いは「蝶結び」と、水引が異なります。本来の意味に従うと別々にするものですが、それではかえって相手に気を遣わせてしまうかもしれません。この場合は、「内祝」の掛け紙をして、両方のお祝いに対するお礼と、お返しをひとつにまとめたお詫びを伝える挨拶状を添えて贈るとよいでしょう。

●出産祝いをいただいた後で流産した場合のお返し

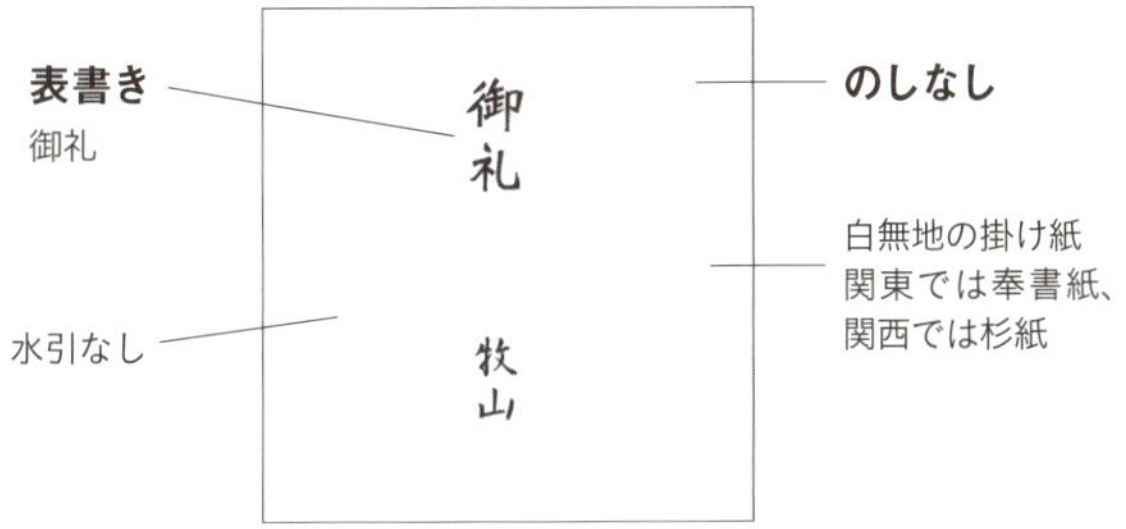
表書き
御礼
水引なし
御礼
牧山
のしなし
白無地の掛け紙
関東では奉書紙、
関西では杉紙

お祝いは、早く贈ればよいものではありません。贈る側は、それぞれに適した時期があると心得て。出産祝いの場合は、赤ちゃんが生まれて7日目から1ヵ月後くらい、無事に出産した知らせを受けてから贈りましょう。

また、お返しをする際、のしや水引など体裁に迷うときは、白無地の掛け紙を使います。表書きを「御礼」とすれば、「お返し」の意味で贈ることができます。

手土産のいろは

日本人は昔から「よろしくお願いします」という気持ちを表すことを大事にしてきました。それは、相手を敬い、ときには助け合って末長くお付き合いのほど「お願いします」ということ。その気持ちが大きいほどお辞儀は深くなり、言葉だけでは足りない気持ちの丈を少しでも補いたいという表れが「贈り物」です。

人様を訪ねる際に「手土産」を持参するのも、日本人が大切にしてきた「お願いします」という気持ちと「助け合いの精神」から生まれたもの。口だけで「お願いします」というのと、花一輪でも気持ちを込めた手土産を渡すのとでは、相手の受け取り方が違ってきます。

掛け紙は、物の価値ではなく、気持ちを表すもの

初めて伺うときや、目上の人を訪ねるときには、品物の値段に関係なく、手土産には掛け紙（のし紙）をかけてお渡ししましょう。大げさに思うかもしれませんが、引っ越し先でご近所に配るタオルでも、「挨拶」には掛け紙をかけて「よろしくお願いします」の気持ちを表します。

リボンがけに掛け紙はつけない

普段の気軽な訪問なら、リボンがけでかまいません。ただし、リボンがけにしたら、掛け紙はつけないこと。あらたまった贈り物を表す掛け紙と、カジュアルなリボンとの併用は、ていねいどころか、ちぐはぐな印象になってしまいます。

およばれの手土産

自宅でのお祝いに招かれたら、ご祝儀とは別に手土産を用意します。お菓子や果物、お酒、ジュースなど、皆で分け合えるものがおすすめです。その場で出して「おもたせ」にするかは相手にお任せするとしても、調理の手間がいらないもの、器代わりになるしゃれたかごや箱に入ったものを選ぶとよいでしょう。

お菓子

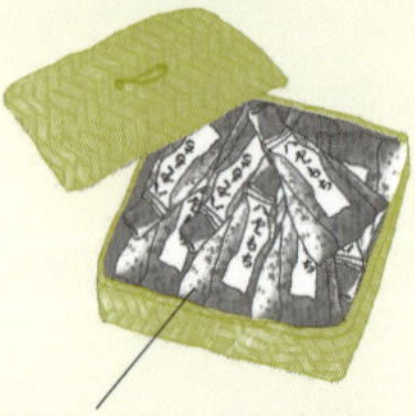

器代わりになるかごや箱入り

前菜やおつまみになるもの

飲み物

水引を結んでちょっとよそ行きに

贈り物の禁じ手

同じ物でも、時と場合、贈る相手によって贈り物にふさわしくないものがあります。たとえば、引っ越し蕎麦は、引っ越した本人がふるまうもので、引っ越し祝いの手土産にするのは間違い。また、慶弔ともに、昔からの言い伝えや習わしで、贈り物にはふさわしくないものがあることを知っておきましょう。

	品物	理由
全般	金額、個数が4、9の数字	4（死）や9（苦）を連想させるため。偶数も避けるとされるが、2（対）、8（末広がり）、10（5の対）はよい
結婚祝い	包丁、はさみ	「切れる」を連想させるため。どうしても贈りたい場合は、「粗品」「謹呈」などお祝い以外の名目にする
	陶磁器、ガラス食器	「割れる」を連想させるため。本人からの希望があれば贈ってもよいが、個数は奇数や2などの吉数にする
慶事全般	お茶	弔事でよく使われるものなので縁起が悪いとされる。花柳界で暇なことを意味する「お茶をひく」に通じるからとも
	ハンカチ	日本語で「手巾」と書くため、「手切れ」を連想させるため。ただし色ものや柄の入ったものはよい
	櫛（くし）	「くし」は「苦」「死」を連想させるため、縁起がよくないとされる
弔事	重箱	「箱が重なると不幸が重なる」という意味を避けるため。贈り物の数も1点にするほうが望ましいとされる
新築、開店・開業祝い	ライター、灰皿	火事の元となるようなものは新しい門出の際の贈り物にふさわしくないとされる。贈る相手からの希望でも避けるべき
	すぐに枯れる花	「すぐに枯れる＝繁栄しない」の意味になるため。また、「火」を連想させる赤一色の花も避ける
目上の人へ	靴や靴下などの履物、下着	履物は「踏みつける」に通じるため。靴下や下着は、一般に「生活に困っている人に贈る物」とされ、目上の人への贈り物には不適切
	筆記用具、かばん、時計	「より勤勉に励みなさい」という意味があり、本人の希望でない限り、贈るのは避けたほうがよい
	印鑑	「今後の自立を促す」意味をもつため、目上の人への贈り物にはふさわしくないとされる
お見舞い	鉢植え	「根付く＝寝つく」といわれ縁起が悪いため。最近は花の持ち込み禁止の病院もあるので注意を
	椿、シクラメン	自宅へのお見舞いでも、花が丸ごと落ちる「椿」、死と苦を連想させる「シクラメン」、また香りの強い花も不向き

上の表は、慣例に基づくもので、贈り物を受け取る本人の希望や、お互いが承知のうえであれば何ら問題はありません。

手紙のしきたり

メール世代にこそ伝えたい、知って欲しい手紙の楽しさ

メール全盛の時代になり、日常的に手紙を書く機会は少なくなりました。でも、手紙には、待つことの楽しみ、筆跡で書き手を思う余韻など、メールにはないよさがあり、受け取る側としても特別な気持ちがしてうれしくなるのです。

結び文と捻り文

捻り文
ひねりぶみ

正式な書状の形式。大切な書状は、巻いた上から紙で包み、こよりでしっかりと封をした。

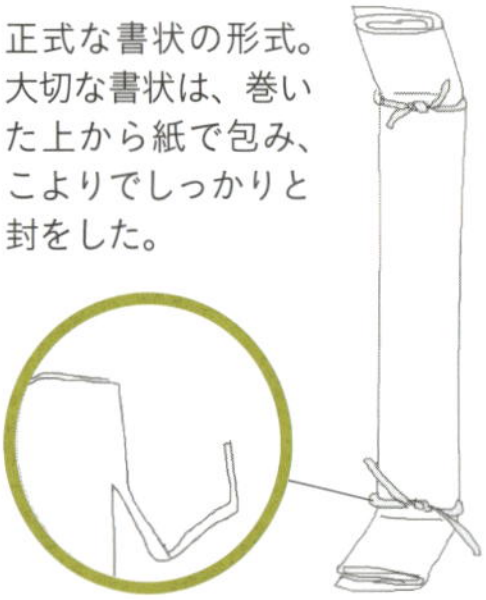

書状を包む紙の端を細く切ってこよりにし、ほどけないようにしっかりと真結びにする。

結び文
むすびふみ

かな文字が広まった平安時代の手紙の届け方。季節の花や木の枝に手紙を結んで風雅に。

手軽さではメールに敵わないとしても、手紙には、受け取るうれしさと、出す楽しさがあります。

書き方から、便箋・封筒の選び方、送り方まで、手紙を書くときの約束事を面倒に感じるかもしれませんが、それは、相手を思いやる気持ちに基づいたこと。相手のことを思いながら書くときの楽しい気持ち、少しでも慰めになればという思いやりは、受け取った相手にも必ず伝わるものです。

便箋、封筒、筆記具を使い分ける

あらたまった手紙は、白い便箋と封筒を使った封書にするのが正式、ハガキは略式。というのが基本ですが、親しい人への手紙でも、頼みごとやお詫びなど他人に見られたくない内容の場合は封書で。礼状を送る際、封書では相手が困惑するかもしれない場合はハガキでと、内容で使い分けましょう。

筆記具にも決まりがあります。筆か、インクを用いる万年筆、水性ボールペンを使うこと。インクの色は、ブルーブラック、ブルー、黒のいずれかに決められています。

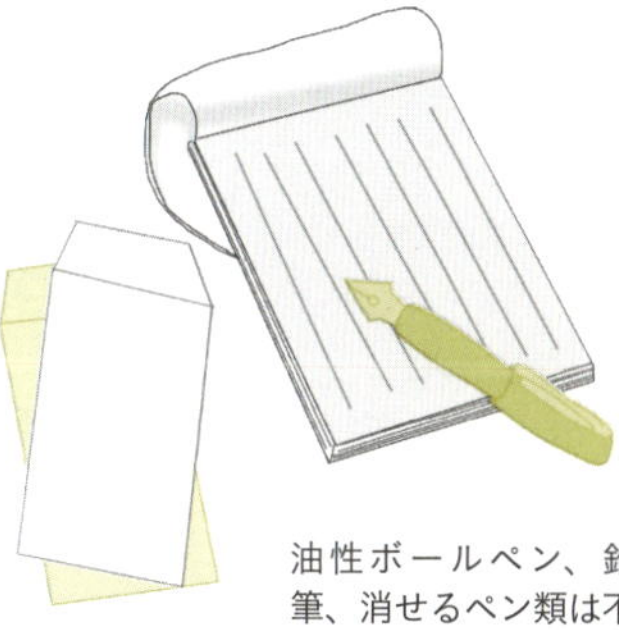

油性ボールペン、鉛筆、消せるペン類は不適切。これらで書いた手紙は失礼に当たる。

文字を上手く見せるコツ

手紙はていねいに書くことが大切、とわかっていても、いざ書くとなると文字の上手下手が気になるもの。そこで、手書き文字が上手に見えるコツをいくつかご紹介しましょう。

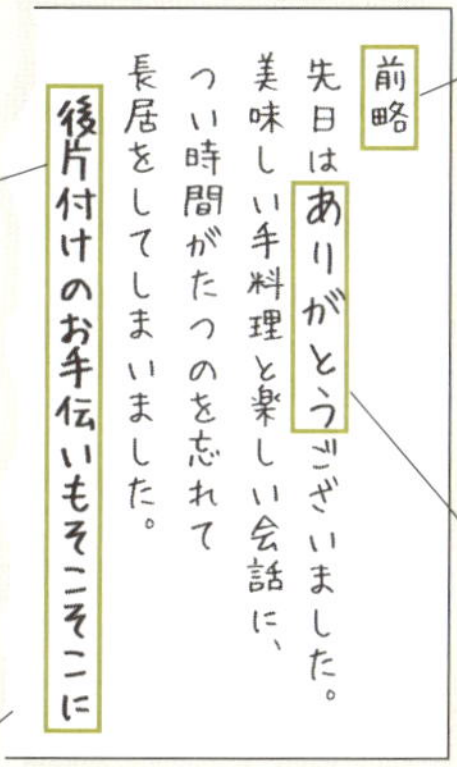

❶楷書でていねいに書く

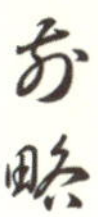

読みやすい文字で書くことが大事。草書のようにくずした文字は、達筆すぎて読みにくい。

❷大小でメリハリをつける

強調したい言葉は大きくするなど、気持ちをのせて書くと、手書きならではのメリハリと温もりのある表情に。

❸やや大きく、太くを意識して書く

読みやすく、おおらかで明るい印象に。繊細な印象にしたいときは、細字のペンで。

❹便箋は無地を選ぶ

手書きに不慣れな人は、無地か罫線の少ない便箋、書いているうちに文字列が斜めに傾いてしまうのが気になる人は、行間隔が広い便箋を選んで。

手紙の基本形式

「前文・主文・末文・後付」という形式に則って書くことが、昔からの約束事です。決められた書式で書くというのは、堅苦しいようですが、用件を正確に伝えるためには大切なこと。正式な書面から普段の気軽な便りまで、礼儀にかなった手紙を書くことができます。

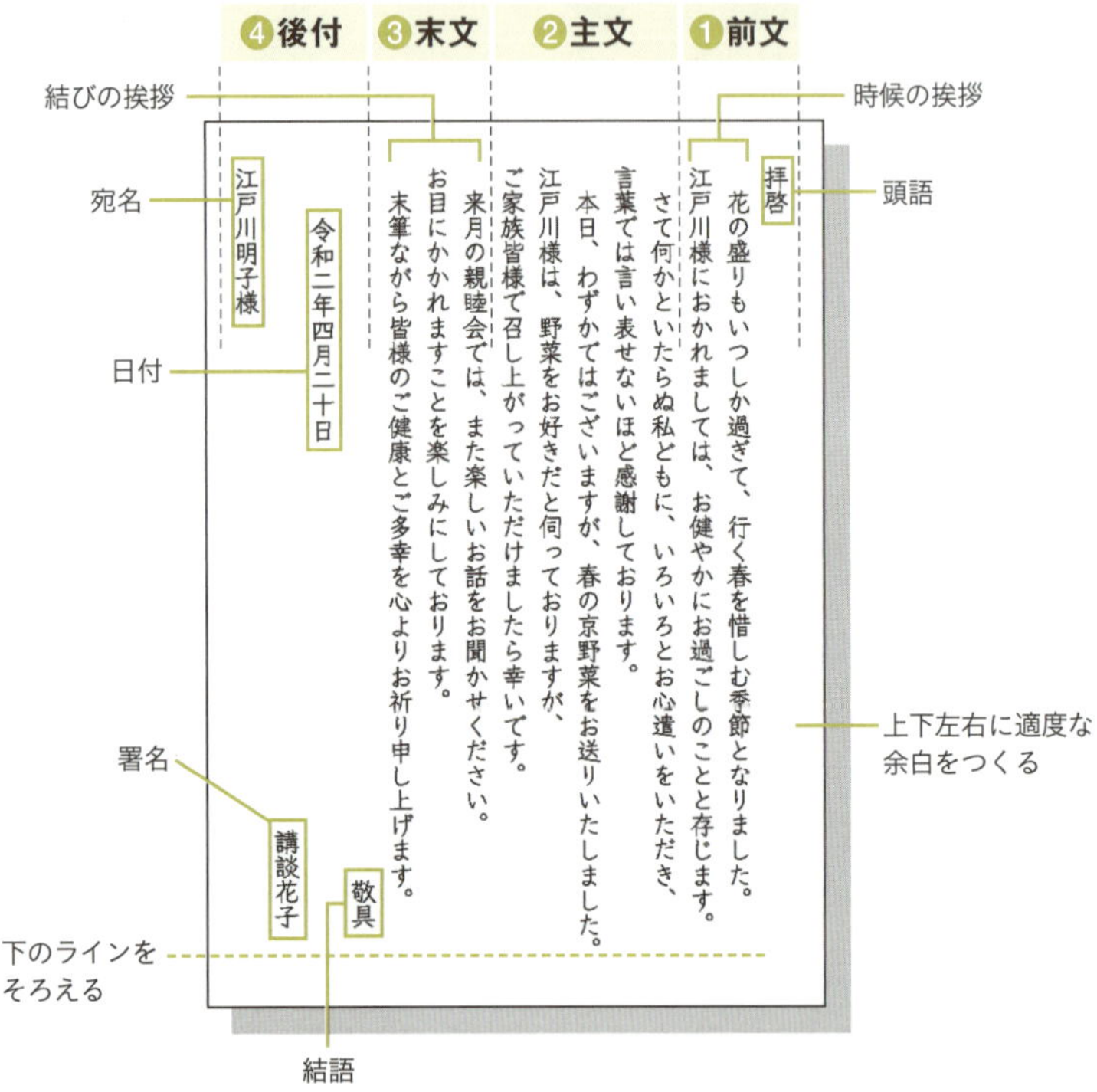

①前文　手紙特有の挨拶語「頭語」を冒頭に書き、時候の挨拶、相手の近況や安否を尋ねる、または自分の近況を知らせる短い文章を書くのが一般的ですが、すべてそろわなくてもかまいません。また、「前略」や「急啓」など、急ぐことを示す頭語を使う場合、お見舞い状やお悔やみ状は、前文は省略します。

②主文　用件を書く部分。前文とのつながりをよくするため、「さて」「ところで」などの起語で始めることがよくあります。

③末文　相手の健康や幸福を祈ったり、今後の指導などをお願いして手紙の結びとし、冒頭の「頭語」と対応した「結語」で締めくくります。

④後付　日付、署名、宛名を書き、いつ、誰によって、誰宛てに書かれたものかをはっきりさせます。

「頭語・結語」対応表

頭語は「こんにちは」、結語は「さようなら」にあたる言葉。頭語と結語は決まった組み合わせがあり、相手と状況によって使い分けます。

内容	頭語	結語
一般的なもの	拝啓 はいけい	敬具 けいぐ
	拝呈 はいてい	敬白 けいはく
	啓上 けいじょう	拝具 はいぐ
	一筆申し上げます	かしこ※
あらたまった手紙	謹啓 きんけい	謹言 きんげん
	恭啓 きょうけい	頓首 とんしゅ
	粛啓 しゅくけい	再拝 さいはい
	奉啓 ほうけい	頓首 とんしゅ
	謹呈 きんてい	謹言 きんげん
	謹んで申し上げます	あらあらかしこ
緊急の手紙	急啓 きゅうけい	早々 そうそう
	急呈 きゅうてい	草々 そうそう
	急白 きゅうはく	草々 そうそう
	とり急ぎ申し上げます	草々 そうそう　かしこ
初めての手紙	初めてお手紙を差し上げます	敬具 けいぐ　かしこ
	突然お手紙を差し上げる無礼を お許し下さい	敬白 けいはく 謹言 きんげん 頓首 とんしゅ　かしこ
返信	拝復 はいふく	敬具 けいぐ
	復啓 ふくけい	敬白 けいはく
	謹答 きんとう	拝具 はいぐ
	お手紙ありがとうございました 書状（お手紙）拝読いたしました	拝答 はいとう　かしこ
再発信	再啓 さいけい	敬具 けいぐ
	追啓 ついけい	敬白 けいはく
	再呈 さいてい	拝具 はいぐ
	重ねて申し上げます	再拝 さいはい　かしこ
略式	前略 ぜんりゃく	草々 そうそう
	冠省 かんしょう	草々 そうそう
	略啓 りゃくけい	不一 ふいつ
	前文失礼いたします	不尽 ふじん
	前文お許しください	不備 ふび かしこ※

※「かしこ」は女性限定の結語。漢語以外のすべての頭語に対応する。

時候の挨拶12ヵ月

四季の変化に富んだ日本では、手紙もその時季にふさわしい言葉で始めるのが習わしです。

二十四節気や和風月名などは旧暦に基づいているため、現在の季節感とはズレがあり、普段の手紙ではあまり使われなくなっていますが、これも、手紙の持つ伝統美のひとつ。月ごとの「時候の挨拶」を参考にして、季節感あふれる表現を自分なりに工夫してみましょう。

月	「〜の候」「〜のみぎり」 「〜の折」のいずれかをつなげる。	あとに「相手方の安否を 尋ねる挨拶」などをつなげる。
1月 睦月	初春・新春・迎春・小寒・大寒・厳寒・酷寒・極寒・烈寒・甚寒・寒冷・寒風・降雪・冷雨・厳冬・仲冬	新春を寿ぎ 麗らかな初日の光を仰ぎ 寒気厳しき折 三寒四温の候 松の内の賑わいも過ぎ 風花の舞う今日この頃
2月 如月	立春・向春・早春・春浅・春雪・春寒・晩冬・残雪・雪解・余寒・残寒・厳寒・梅花・紅梅・梅月・梅鶯・仲陽・節分・寒明け	日脚伸ぶ立春の候 暦の上に春は立ちながら 春寒ややゆるみ 梅の便りも聞こえるこの頃 清らかな香り漂う梅花の候 東風吹く季節
3月 弥生	早春・春分・春風・春色・春陽・春情・春晴・春寒・春暖・春雨・浅春・盛春・孟春・麗日・解氷・雪解若草・水ぬるむ・山笑う・菜種梅雨・春暖快適	春寒次第にゆるみ 一雨ごとに暖かさがまして 沈丁花がほのかに香るこの頃 桃の節句も過ぎ、春めいてまいりました 寒さ暑さも彼岸まで、と言うように 桜前線の待ち遠しい今日この頃 春眠暁を覚えず、と申しますが
4月 卯月	春暖・春晩・春日・春和・春粧・春眠・春爛漫・陽春・麗春・暮春・惜春・仲春・桜花・清和・温暖・春風駘蕩・桜花爛漫・花冷え	うららかな好季節を迎え 春たけなわ 春陽麗和の好季節 春宵一刻千金の候 花冷えの時節でございますが 花曇りの昨今 若葉萌えいづる頃
5月 皐月	晩春・残春・惜春・暮春・老春・藤花・葉桜・薫風・陽光・万緑・新緑・青葉・若葉・立夏・初夏・梅夏・向暑・軽暑・微暑	晩春の一時 青葉若葉の好季節 緑照り映える時節 若葉の緑が目にしみる季節 青葉繁れる好季節を迎え 新緑の野山に萌える今日この頃 牡丹の花が咲き誇り 風薫る五月

月	「〜の候」「〜のみぎり」「〜の折」のいずれかをつなげる。	あとに「相手方の安否を尋ねる挨拶」などをつなげる。
6月 水無月	入梅・梅雨・梅雨寒・梅雨空・長雨・小夏・初夏・立夏・首夏・青葉・深緑・夏秋・麦秋・向暑・薄暑	若葉青葉の候 時候不順の折 清々しい初夏を迎え 雲の晴れ間の青空も懐かしく 初夏の風に肌も汗ばむ頃 暑さ日増しに厳しく
7月 文月	盛夏・仲夏・猛暑・酷暑・炎暑・大暑・盛暑・厳暑・極暑・烈暑・炎熱・三伏	三伏大暑の候 炎威凌ぎ難く 暑気厳しき折柄 涼風肌に心地よく 土用の入りとなり 蟬の声に暑さを覚えるこの頃
8月 葉月	残暑・晩夏・残夏・処暑・暮夏・暁夏・残炎・早涼・新涼・秋暑・納涼・初秋・立秋	残暑厳しき折 降るような蟬しぐれ 朝夕涼味を覚える頃 土用明けの暑さ一段と厳しき折から 秋風の訪れる窓 空高く澄み渡り
9月 長月	早秋・爽秋・新秋・孟秋・秋分・秋涼・秋霜・秋色・涼風・早涼・清涼・新涼・野分・白露	新秋快適の候 二百十日もことなく過ぎ 残暑去り難く 秋色次第に濃く 爽やかな季節を迎え
10月 神無月	秋冷・秋晴・秋麗・秋月・秋雨・清秋・錦秋・仲秋・中秋・爽秋・菊花・紅葉・涼寒・朝寒・初霜・寒露	秋涼爽快の候 菊花薫る季節 清涼の秋気身にしみて 天高く馬肥ゆる秋 灯火親しむの候
11月 霜月	晩秋・季秋・霜秋・深秋・暮秋・深冷・夜寒・向寒・氷雨・菊薫る・残菊・落葉・初霜・立冬	小春日和の今日この頃 冷気日ごとに加わり 鮮やかな紅葉の候 落ち葉散りしく時節 ゆく秋の感慨も深く
12月 師走	師走・寒冷・初冬・歳末・歳晩・明冷・初雪・霜夜・霜寒・新雪・極月・孟冬・忙月・短日・厳寒・寒気	寒気いよいよ厳しく 北風すさぶ季節 歳末ご多端の折 年の瀬もいよいよ押し詰まり 年内余日なく

季節の挨拶状

季節の挨拶状を出す期間

年賀状	1月1日（元日） 〜1月7日（松の内）まで
寒中見舞い	1月8日（松の内を過ぎて） 〜2月4日頃（立春）まで
余寒見舞い	2月4日頃（立春）〜寒さの 続く頃まで（2月下旬）
暑中見舞い	7月7日頃（小暑） 〜8月7日頃（立秋の前日）まで
残暑見舞い	8月7日頃（立秋） 〜8月末頃まで
年賀欠礼状	11月〜12月初旬まで

　お正月やお盆に伺って挨拶するところを書状に簡略化したのが「季節の挨拶状」です。ハガキはそれをさらに簡略化したものですが、大切なのは季節ごとの挨拶を欠かさないこと。また、いずれも、言葉や書き方で、相手を敬う気持ちを表しましょう。とくに、暑中・寒中見舞いの「見舞う」は、自分と同等か下の立場の人に対して使う言葉です。目上の人に送る場合は、暑中・寒中「御伺い」とします。

●出し遅れた場合　年賀状→寒中見舞い、寒中見舞い→余寒見舞い、暑中見舞い→残暑見舞い、として出す。

ハガキでも基本は縦書き

　略式のハガキでも、「縦書き」にすると、少しあらたまった印象になります。
　注意していただきたいのは、相手の名前や、相手に関することはハガキ3分の2より上に、自分に関することは3分の2より下に書くこと。文字の並びで相手に対する尊敬の念を示す、「縦書き」ならではの表現です。

応用・散らし書き

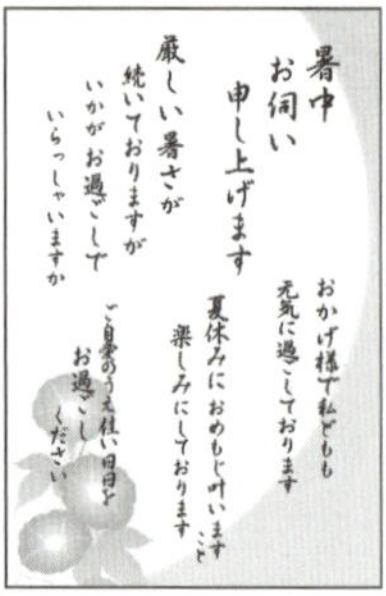

基本・縦書き

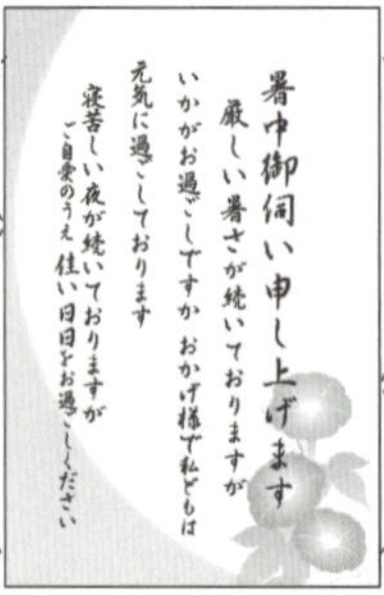

相手に関することは、行の3分の2より下に書かない

自分に関することは、行の3分の2より上に書かない

「散らし書き」は、かな文字の美しさを引き立てる日本独特の表現法。文章を一節ずつ散らしたり、行の高さ、文字の大小を変えることで、立体感が生まれ、書面そのものが一幅の絵のような味わいになる。

年賀状のしきたり

平安時代から明治時代にかけて、お世話になった方々に直接年始の挨拶に回る習慣がありました。それが、郵便制度が始まったのをきっかけに、書状に簡略化されたのが年賀状の始まりです。

年賀状には、新しい年を祝う言葉「賀詞」に、年始の挨拶を添えます。注意点としては、「敬う言葉」を含んだ「賀詞」を使うこと。よく使う「賀正」は「恭賀新正」を簡略化した言葉で、尊敬の意味を持つ「恭」が省略されているので、とくに目上の人に送る年賀状にはふさわしくありません。

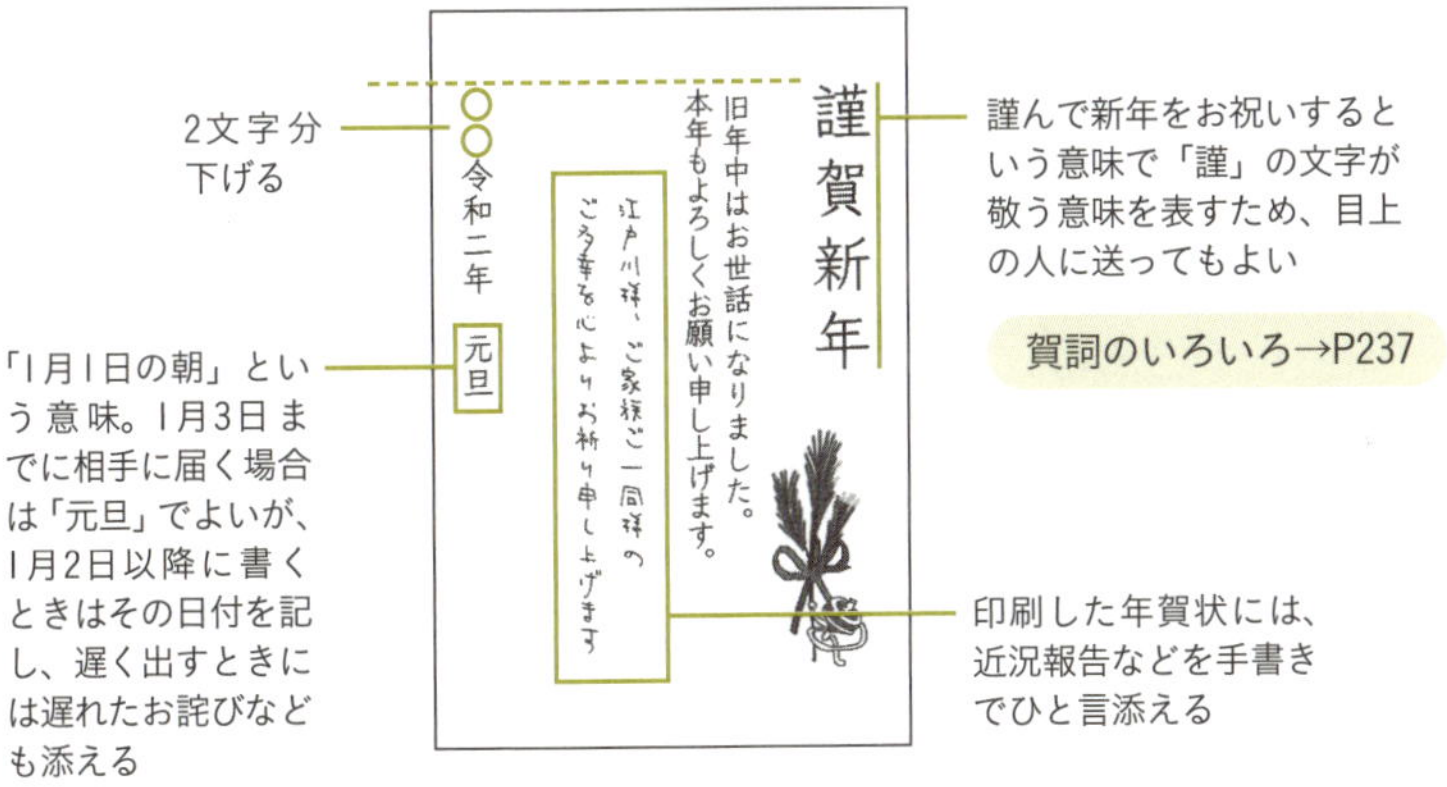
謹賀新年
旧年中はお世話になりました。
本年もよろしくお願い申し上げます。
江戸川様、ご家族ご一同様の
ご多幸を心よりお祈り申し上げます
令和二年
元旦
〇〇
2文字分下げる
謹んで新年をお祝いするという意味で「謹」の文字が敬う意味を表すため、目上の人に送ってもよい
「1月1日の朝」という意味。1月3日までに相手に届く場合は「元旦」でよいが、1月2日以降に書くときはその日付を記し、遅く出すときには遅れたお詫びなども添える
印刷した年賀状には、近況報告などを手書きでひと言添える

賀詞のいろいろ→P237

喪中に年賀状をいただいたときは

1月7日（松の内）を過ぎたら、喪中のため年始の挨拶を控えた旨を書いた「寒中見舞い（御伺い）」を出します。

ご丁寧なお年始状をいただき有り難く存じます。亡父の喪中につき年頭の挨拶を控えせていただきました。寒い日が続きますが風邪など召されませぬよう、お気をつけください。

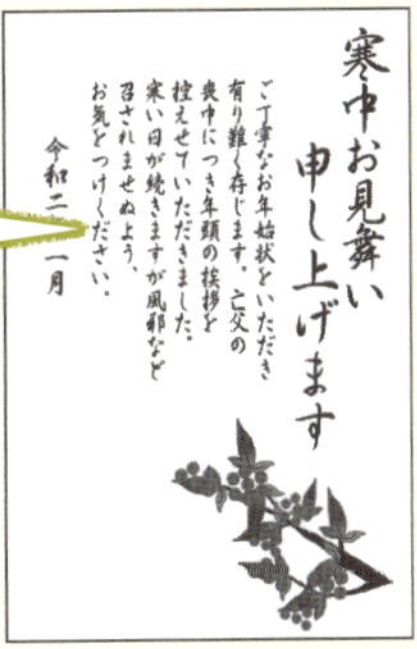
寒中お見舞い申し上げます
ご丁寧なお年始状をいただき
有り難く存じます。亡父の
喪中につき年頭の挨拶を
控えせていただきました。
寒い日が続きますが風邪など
召されませぬよう、
お気をつけください。
令和二年一月

年賀欠礼状を出していなかった場合は、「連絡が行き届かず、申し訳ありませんでした」などとお詫びのひと言を添える。

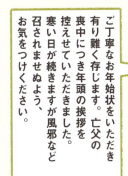

手紙のいろは

内容と出す相手によって封書とハガキを使い分ける

葉っぱや布の「切れ端に書く」という意味を持つ「葉書」（ハガキ）は、本来略式なのですが、現代では「季節の挨拶状」やお礼状などはハガキで出すのが一般的です。目上の人に宛てる場合、あらたまった依頼、お詫びなどの重要な用件は、封書で出すというように使い分けるとよいでしょう。

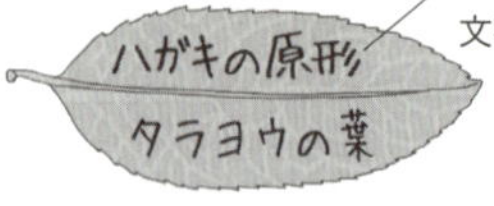

ひっかくと
文字が書ける
ハガキの原形
タラヨウの葉

タラヨウの葉は裏面に、先の尖った物で字を書くと鉛筆で書いたような黒い跡が残る。戦国時代には、タラヨウの葉に文字を書いて手紙を送る習慣がすでにあったとか。

便箋、封筒は「白」が正式

公私ともにあらたまった手紙は、便箋・封筒は「白」、書式は「縦書き」にします。読みやすさを考慮して、数字表記や英語表記が多い場合は「横書き」でもかまいませんが、縦書きの挨拶状を添えるとていねいな印象になります。

行の終わりに相手の名前を書かない

相手の名前、敬称や「御」の字が、行の終わりにこないようにします。行の終わりにきそうなときは、余白ができても改行して、次の行の頭から書き出します。

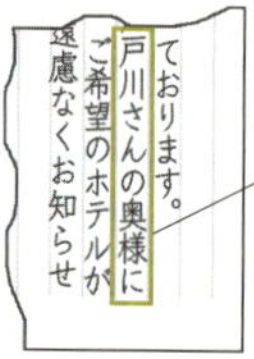

ております。
戸川さんの奥様に
ご希望のホテルが
遠慮なくお知らせ
相手の家族の名前、
仕事関係なら会社名
なども行末にきたら
改行する

宛名と署名だけでも自筆にする

最近は、私的な手紙も、パソコンで入力してプリントアウトすることが多くなりました。印刷の文字が手書き風であっても、宛名と文末の署名は、万年筆か水性ボールペンを使い、自筆で記しましょう。

女性限定の「かしこ」はビジネスでは使わない

恐れ多いこと、かしこまることという意味の「かしこ」は、相手への敬意を表す女性特有の結語です。やはり女性特有の「ひと筆申し上げます」や「謹んで申し上げます」のほか、すべての頭語と組み合わせて使えます。ただし、女性らしさを強調する言葉でもあるので、ビジネス上のやり取りをする手紙では控えたほうがよいとされています。

「前略」で始めたら時候の挨拶はいらない

用件を急いで伝えたい場合や用件のみを伝えても問題ない関係（身内や近しい親戚、ビジネスなど）なら時候の挨拶のいらない「前略」を使うことができます。

お悔やみの手紙には「前文」は不要

頭語や時候の挨拶などの前文は省略して、冒頭からお悔やみの言葉を述べ、故人への哀悼の念とともに、遺族をいたわり励まします。また頭語を省略するので結語は書きませんが、故人と遺族が仏教徒であれば、結語として「合掌」を用いてもかまいません。

用件別・手紙を出す時期

用件	手紙を出す時期	適した形式	
		封書	ハガキ
結婚報告	結婚式や新婚旅行、または入籍日から1ヵ月以内	○	○
出産報告	年賀状・寒中見舞い・暑中見舞いと兼ねて送る	○	○
転居・引っ越し通知	遅くとも転居後1ヵ月以内	○	○
転勤・転任通知	急な転勤を除き、できるだけ異動前に	○	○
転職・退職通知	前職の退職後すぐに	○	○
結婚式招待状	挙式や披露宴の1〜2ヵ月前まで	○	
同窓会、イベントなど開催の通知	開催日の約2週間前まで、遠方の人には1ヵ月前まで	○	○
お祝い状	祝い事を知ったらすぐに。贈り物をする場合、贈り物より先に届くようにする	○	○
送り状	贈り物と一緒に（封書）。別送の場合は、贈り物が先方に届く前に（ハガキでもよい）	○	○
贈り物へのお礼	品物が届いたその日のうちに、遅くても2〜3日以内	○	○
訪問などお世話になったお礼	できるだけその日のうちに、遅くても2〜3日以内	○	○
頼み事のお礼	できるだけその日のうちに。経過報告を兼ねて経過の節目ごとにも	○	
お見舞いへのお礼	ある程度体調が落ち着いてから	○	○
依頼状への返信	返事の期限がある場合はとくに、できるだけ早く	○	
詫び状	その日のうちに、遅くても2〜3日以内	○	
断りの手紙	相手の都合に配慮しつつ、できるだけ早く	○	
お見舞い	知らせを聞いたらすぐに。病状は尋ねず、相手を勇気づけ、全快を祈る内容にする	○	○
お悔やみの手紙	訃報を聞いたらすぐに	○	
お悔やみ状への返信・お礼	葬儀を終えたらできるだけ早く。ハガキにお礼のひと言を書くだけでもよい	○	○

公私を問わず、手紙はタイミングが大切です。とくに、お礼状などは、すぐに出せば「ありがとう」のひと言だけでも気持ちは伝わりますが、日をおくほどに書きにくくなるものです。また、子どもに届いた誕生祝い・入学祝いなどは、本人も一緒に礼状を書く習慣を身に付けましょう。手紙を出す機会を逃さないよう、ハガキ、レターセット、切手などを常備しておくことも大切です。

手紙の作法「宛名」と「裏書き」

和封筒に縦書きで書く場合

表 宛名

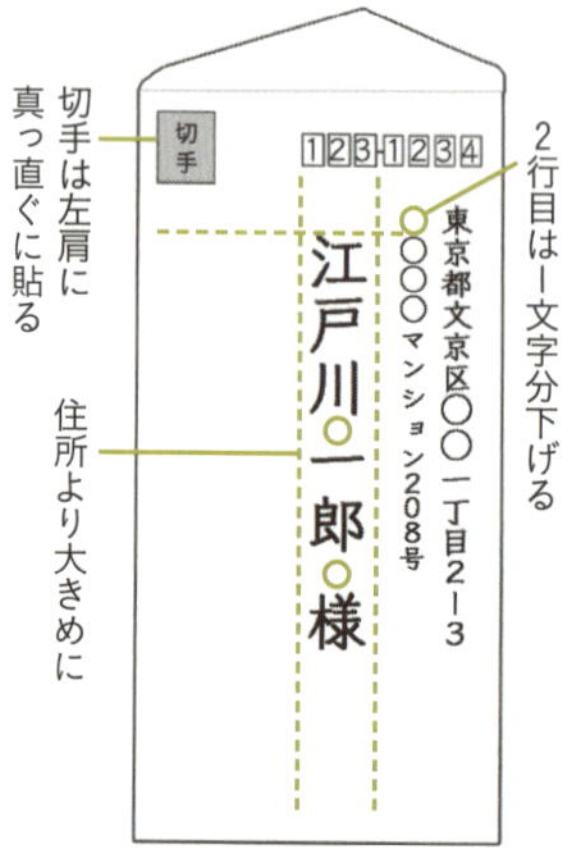

裏 裏書き（差出人名）

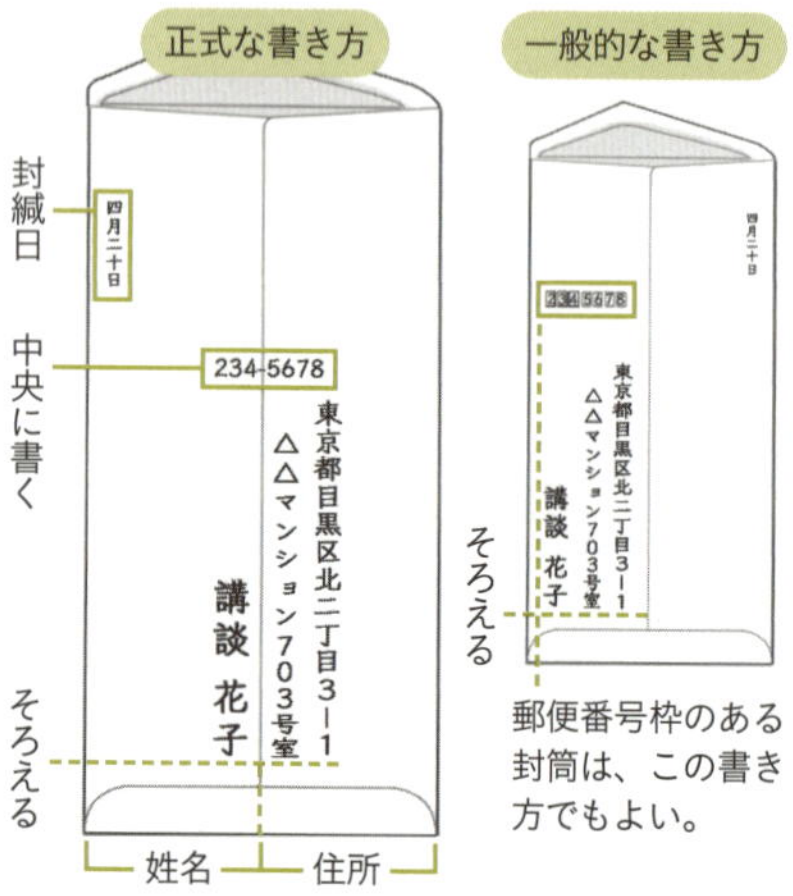

洋封筒に縦書きで書く場合

表 宛名

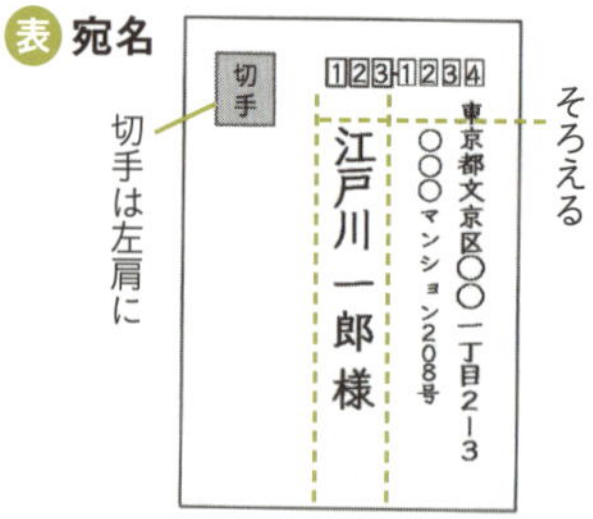

裏 差出人名

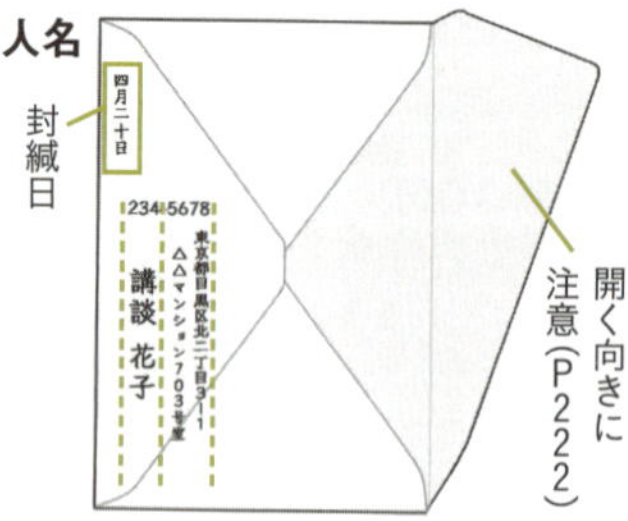

洋封筒に横書きで書く場合

表 宛名

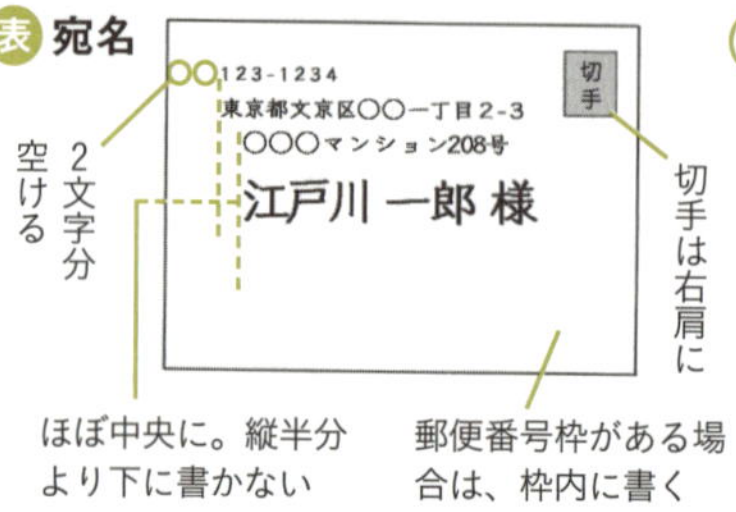

裏 差出人名

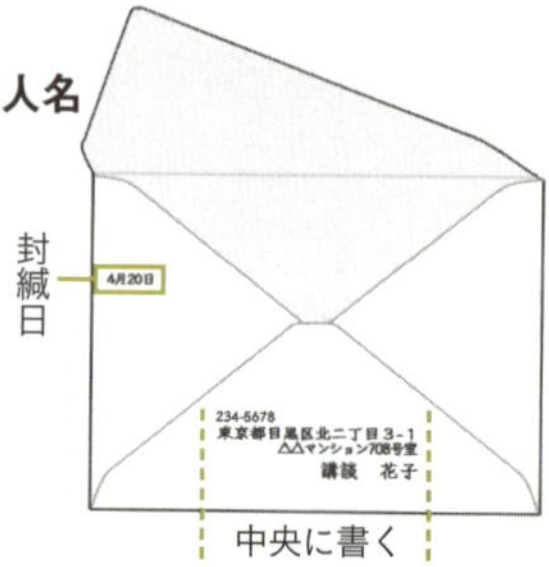

ハガキの場合

郵便はがき

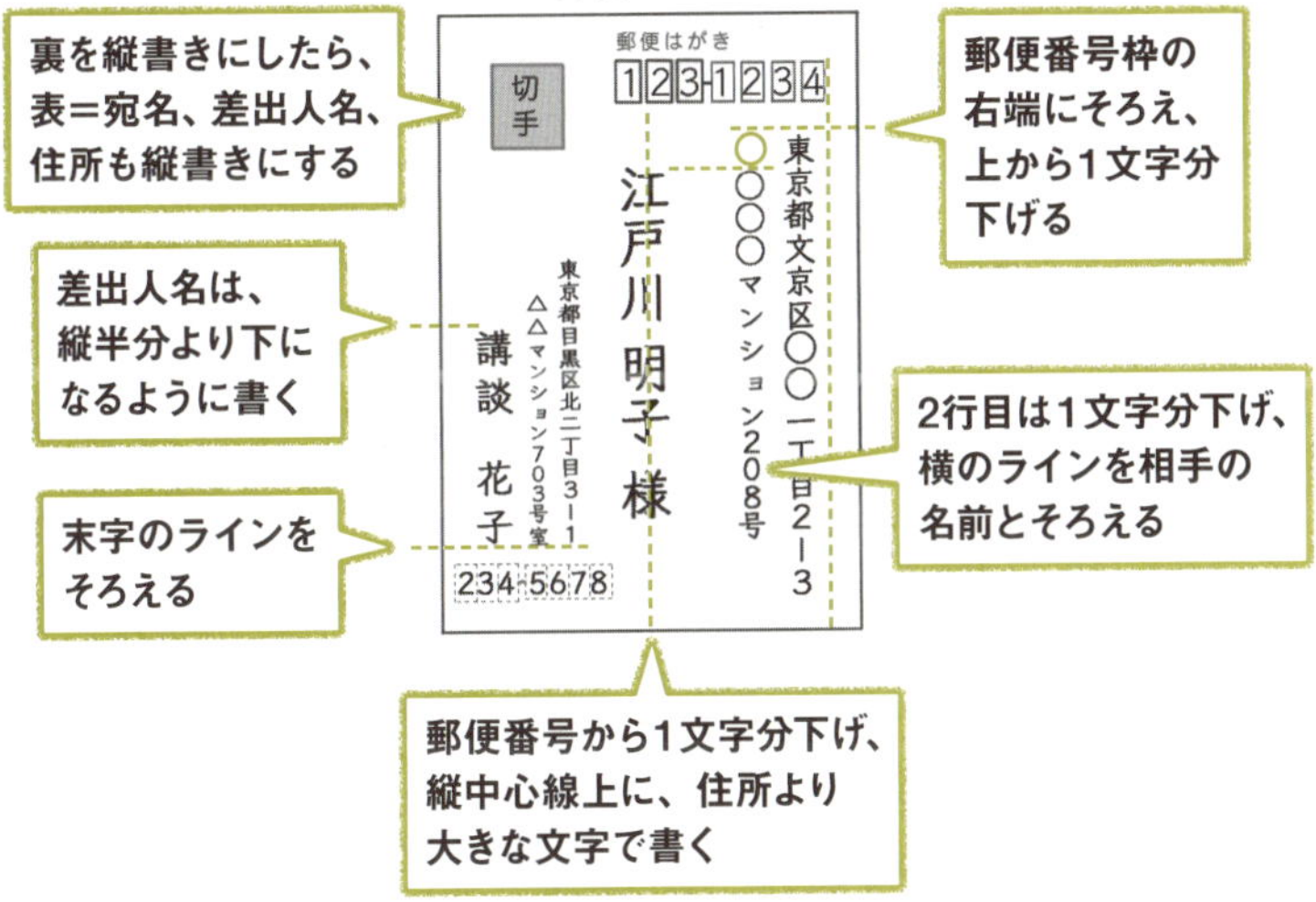

縦向きの絵ハガキ

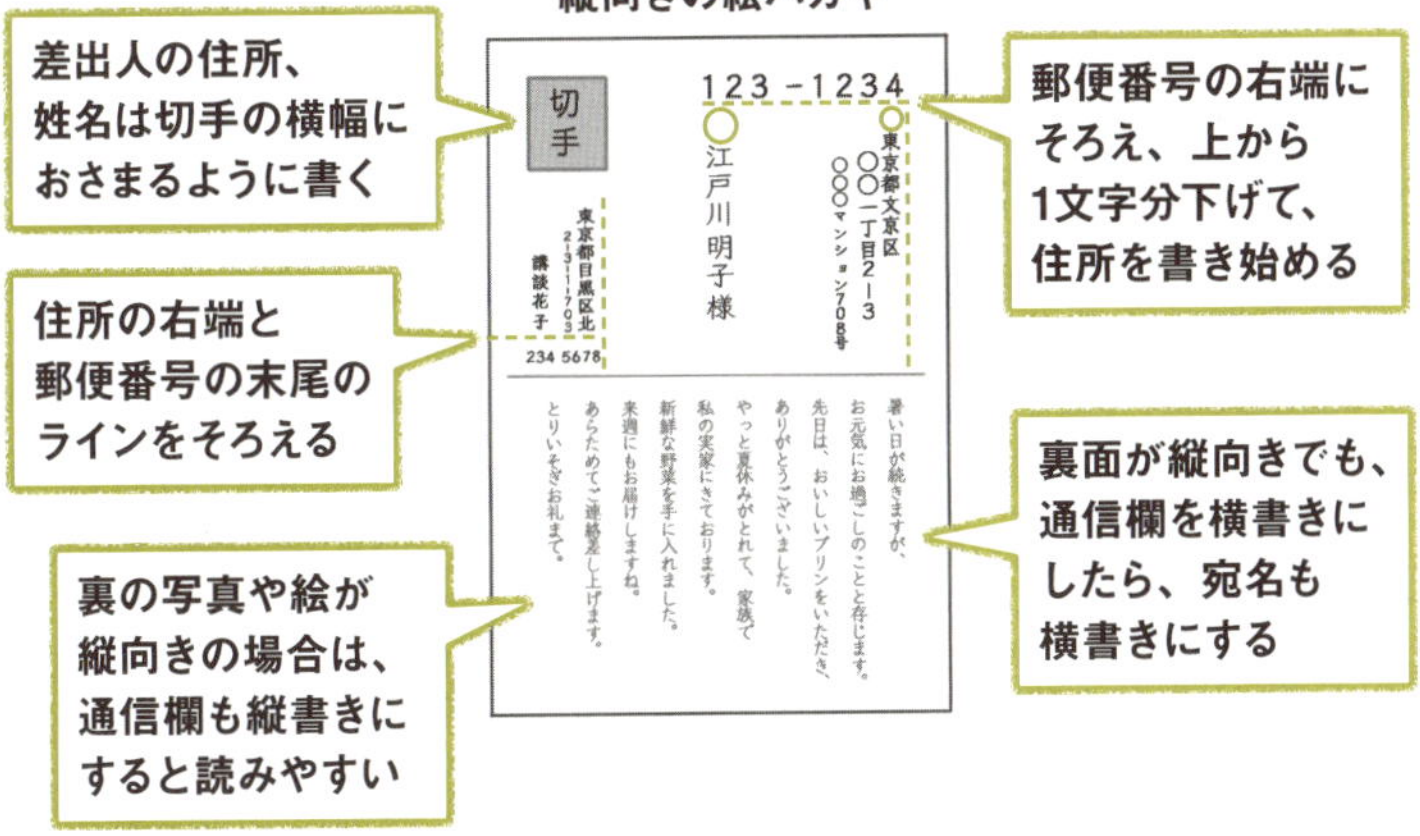

数字はどうする?

あらたまった手紙は「漢数字」で書きますが、日本郵便では、算用数字をすすめています。また、住居表示は、「〇丁目」が漢数字、番地、号は算用数字です。これという決まりはありませんが、読みやすいことが大事。「1-1-1」のような場合は「1の1の1」、漢数字では「ノ」や「之」を使うこともあります。

手紙の折り方・封筒の使い方

三つ折り「和封筒縦書きの場合」

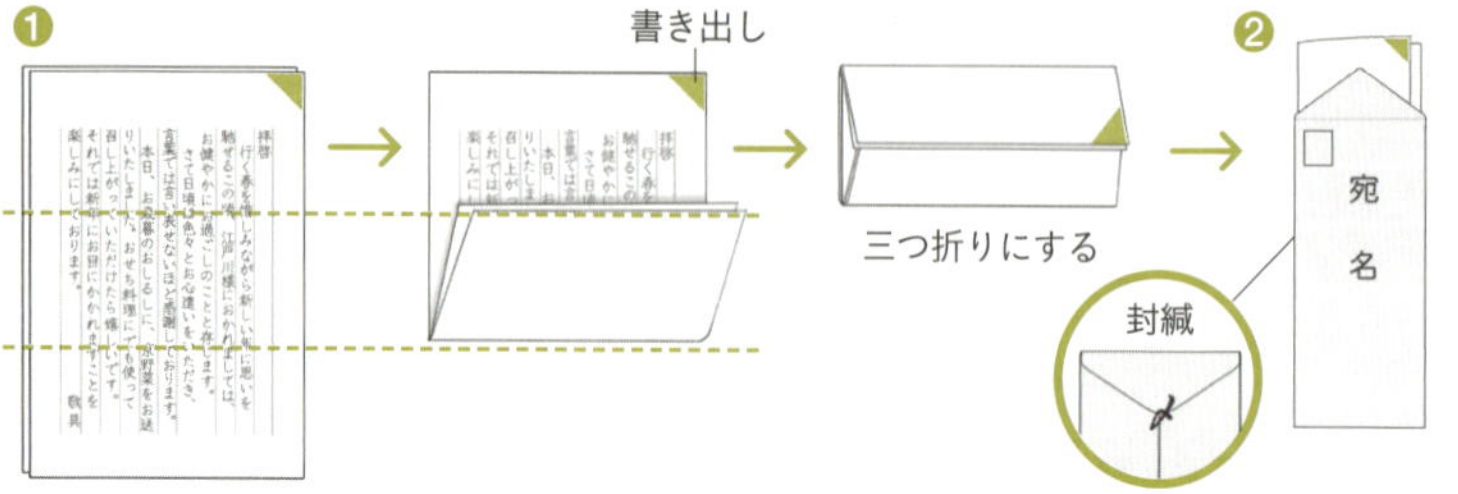
❶
書き出し
三つ折りにする
❷
宛
名
封緘

「〆」が一般的。「X」(バツ)ではなく、必ず封字を使う

❶下から3分の1を上に折り上げ、上の3分の1を重ねて、三つ折りにする。
❷封筒の表面から見て、手紙の書き出しが右上にくるように入れる。ふた（フラップ）をのりづけしたら、境目に「封」「〆」などの文字を書いて「封緘」する。

封緘のいろいろ→P236

●洋封筒の場合

縦書きの手紙で洋封筒を使う際は、宛先、差出人名などは封筒が右開きになるように書き（弔事以外）、手紙は三つ折りにし、書き出しが右上にくるように入れる。

差出人

封筒の選び方が大事

●「お見舞い」「お悔やみ」の手紙

紙が重なることは、「不幸が重なる」「よくないことがくり返す」など、不吉な連想をさせるため、封筒は一重のものを選ぶ。

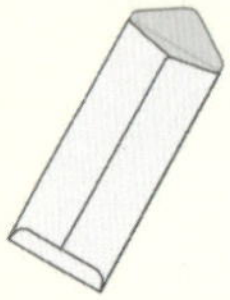

●慶び事の場合

おめでたいことや中を見られたくない重要な手紙を送る場合は、内側に紙が貼ってある二重封筒を選ぶようにする。

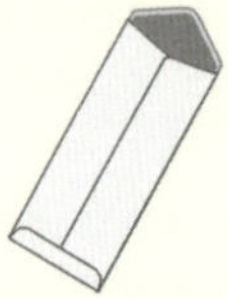

●縦書きで洋封筒を使うときは、慶事は「右開き」、弔事は「左開き」にする

封筒のふたを左側にして、差出人名・住所は右下に書く
弔
封
差出人
慶
封
差出人
封筒のふたを右側にして、差出人名・住所は左下に書く

弔事や、法事の案内状などで洋封筒を縦書きにして使う場合、必ず封筒を「左開き」にします。また、弔事以外は、慶事と同じ「右開き」にします。

四つ折り「洋封筒を使う場合」

縦書きの手紙

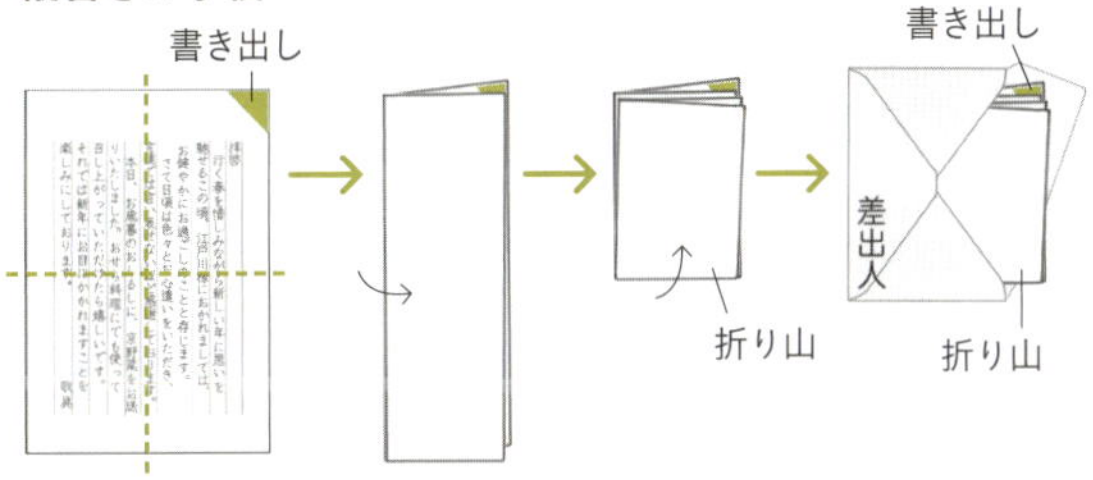

折り方　手紙の書き出しを上にして、横2分の1を左から右へ、縦2分の1を下から上へと折って、四つ折りにする。

入れ方　手紙の書き出しが上、折り山が封筒の底にくるようにして入れる。

横書きの手紙

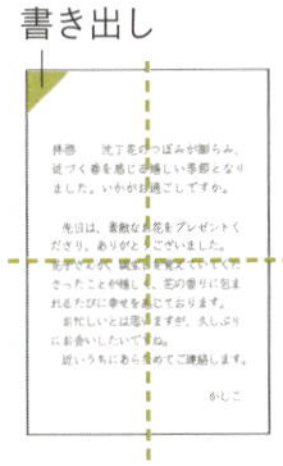

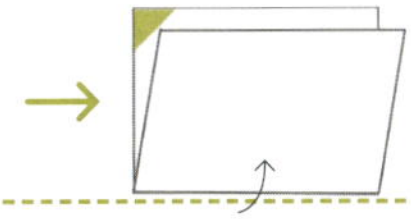

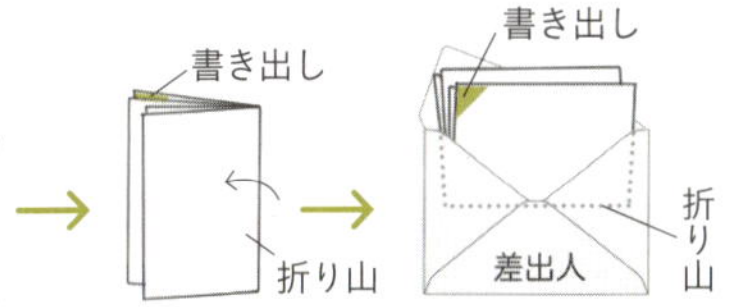

折り方　手紙の書き出しを上にして、縦2分の1を下から上へ、横2分の1を右から左へ折って、四つ折りにする。

入れ方　手紙の書き出しが上、折り山が封筒の底にくるようにして入れる。

添え状をつける、書類などを折らないで送る場合

添え状をつける

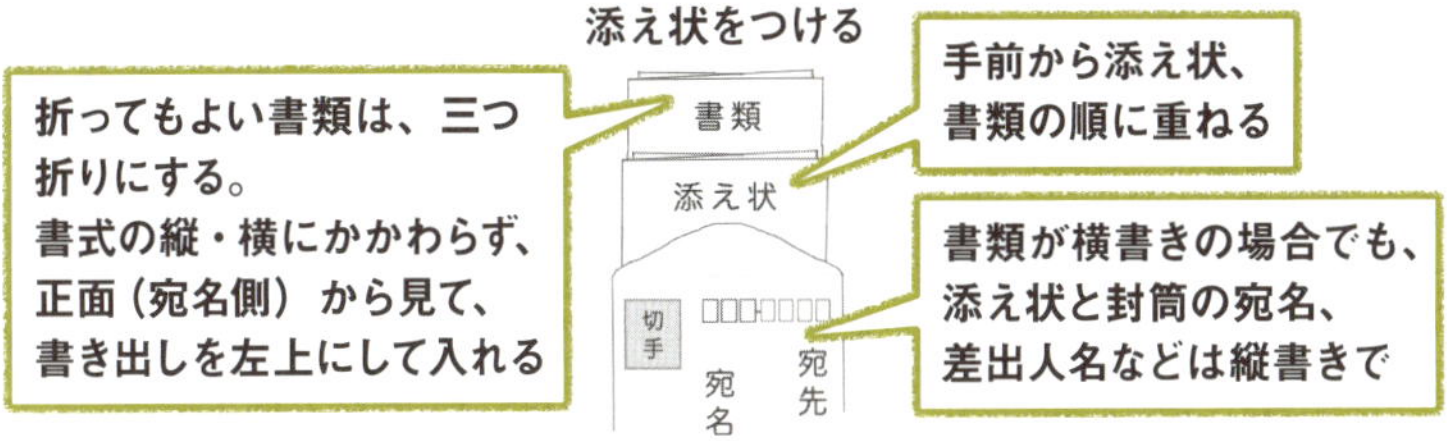

書類を折らずに送る

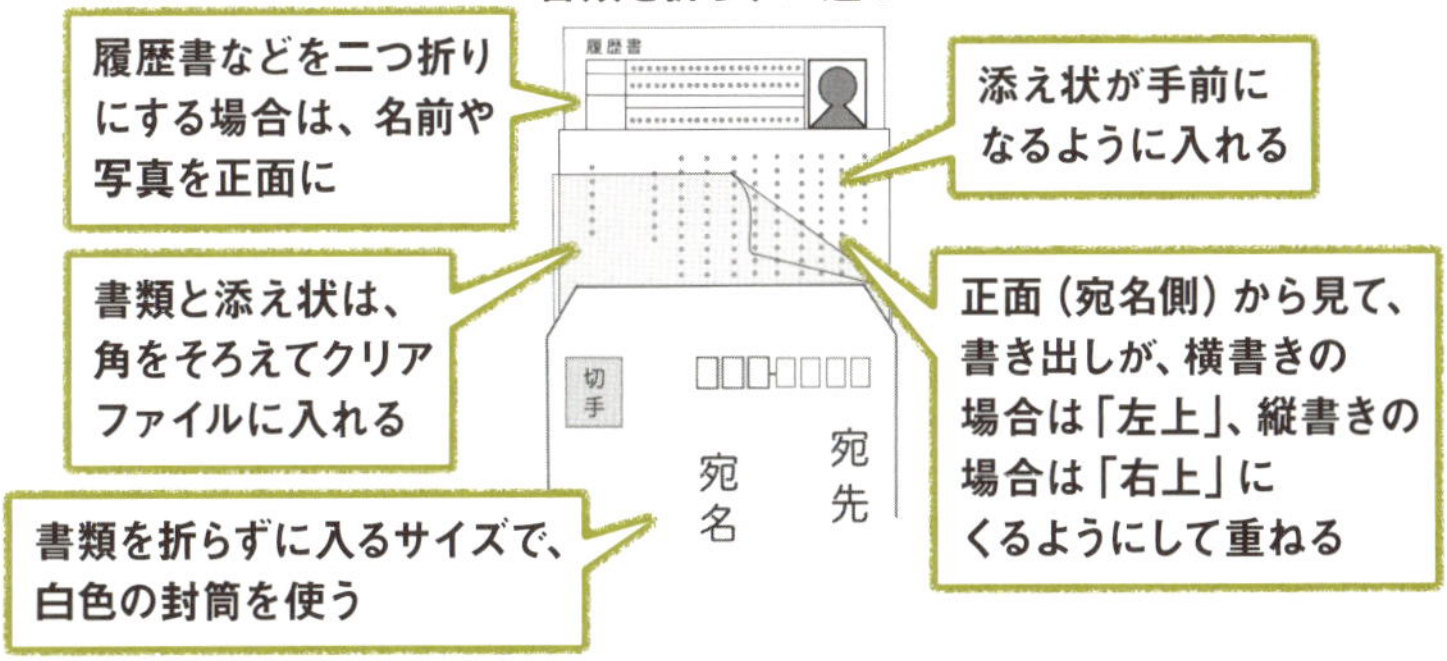

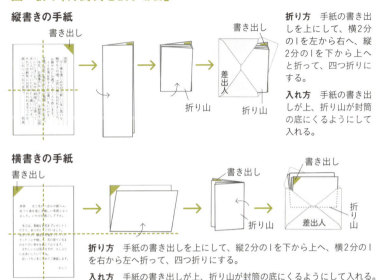

日本のしきたり雑記帳

新年を寿ぐ「賀詞」の使い方

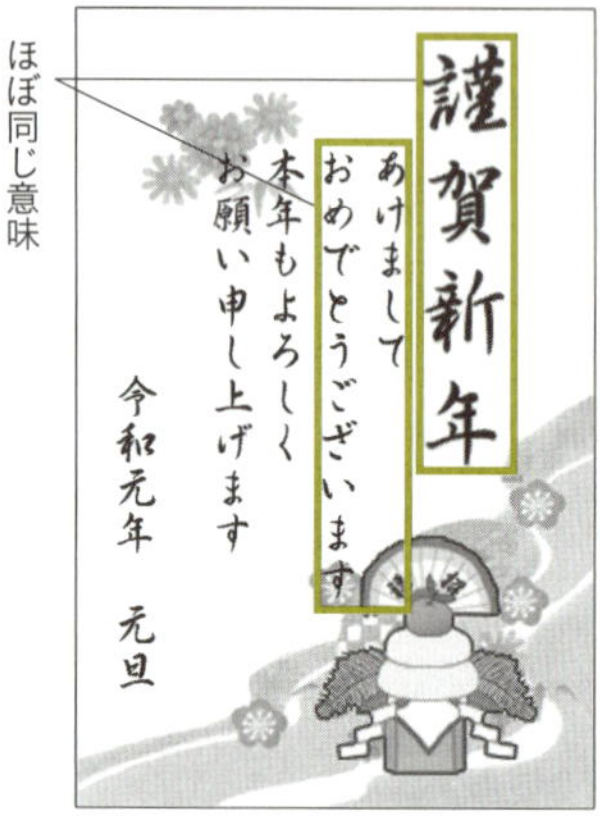
ほぼ同じ意味
謹賀新年
あけまして
おめでとうございます
本年もよろしく
お願い申し上げます
令和元年　元旦

「賀詞」が重複している例

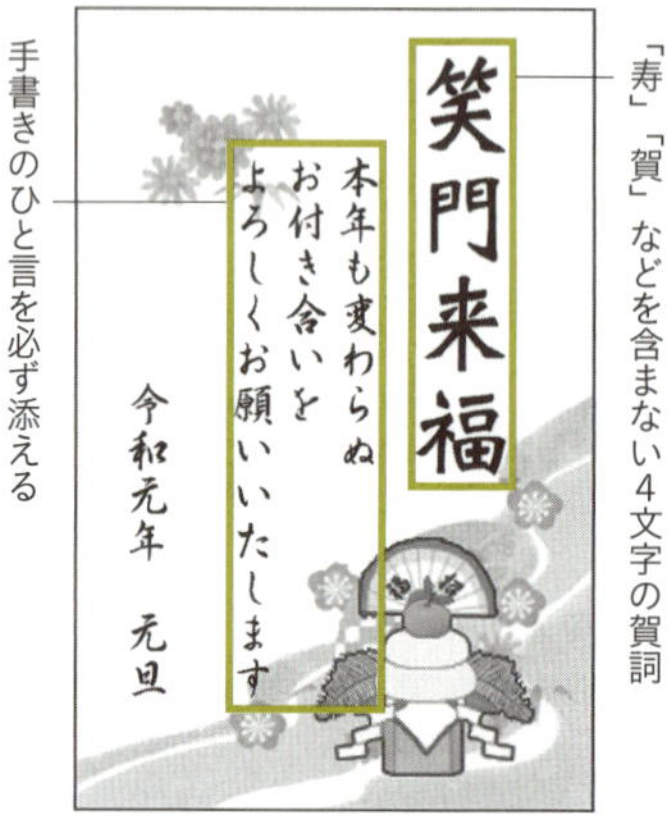
手書きのひと言を必ず添える
「寿」「賀」などを含まない4文字の賀詞
笑門来福
本年も変わらぬ
お付き合いを
よろしくお願いいたします
令和元年　元旦

「おめでとう」と書きにくいときの例

昔は１枚ずつ手書きしていた年賀状も、今では家庭で簡単に印刷できるようになりました。年賀状に書く、新年を祝う言葉「賀詞」は、送る相手によって使い分けるものですが、何種類も作るのはけっこうな手間になります。親しい人にも、目上の人にも同じ年賀状を送りたい場合は、「謹賀新年」「恭賀新正」など４文字の賀詞を選ぶとよいでしょう。

文章の賀詞も、「謹んで新年をお祝い申し上げます」と敬う言葉が含まれていればよいのですが、「あけましておめでとうございます」は敬意やていねいさは感じられません。また、おめでたい言葉とはいえ、賀詞は重複して使わないこと。「謹賀新年」の後に「あけましておめでとうございます」と続けるのは、「馬から落馬する」と同じように文章として違和感があります。

相手が、入院中や災害に見舞われたことを知っていると、「おめでとう」という意味の賀詞が入った年賀状を出していいものか、悩むところです。この場合は、時期をずらして「寒中見舞い」とするのもよいですが、賀詞を選んで、手書きの年賀状を出してはいかがでしょう。「賀」「寿」「おめでとう」などの語句が入らない「笑門来福」「天地皆春」や「謹んで年始のご挨拶を申し上げます」は、目上の人に向けても失礼にはあたりません。

巻末付録

日本の行事食12ヵ月

慶事と弔事　水引・表書き早見表

数字の書き方「大字」名入れのしきたり

敬称・尊称と謙称一覧／忌み言葉一覧

袱紗の使い方　慶事と弔事／格式高い風呂敷使い「平包み」

贈り物の包み方「合わせ包み」

封緘のいろいろ／賀詞のいろいろ

日本の行事食12ヵ月

季節ごとの伝統行事やお祝いの日に食べる特別の料理「行事食」には、家族の幸せや健康を願う意味がこめられています。

<table>
<tr><th rowspan="2">月</th><th>行事</th><th>行事食</th></tr>
<tr><th colspan="2">由来・意味など</th></tr>
<tr><td rowspan="6">1月</td><td>正月（1月1日〜7日）</td><td>おせち料理・雑煮</td></tr>
<tr><td colspan="2">おせち料理：〝めでたさを重ねる〞という意味で縁起をかつぎ、重箱に詰めるのが習わし
一般的なおせち料理の詰め方
一の重　祝い肴、かまぼこ、きんとん、昆布巻きなどの口取り
二の重　酢の物、口取りなど
三の重　海川の幸。焼き物（鉢肴）
与の重　煮しめ（山の幸の煮物）
祝い肴　いわいざかな
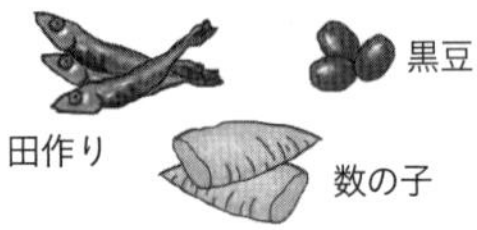

雑煮：年神様に供えた餅や食べ物を元旦に分け合って食べたことが起源</td></tr>
<tr><td>人日の節供（1月7日）</td><td>七草粥</td></tr>
<tr><td colspan="2">7種類の野菜・野草の粥。松の内最後の日の朝に食べて無病息災を願うとされる</td></tr>
<tr><td>小正月（1月15日）、二十日正月（1月20日）</td><td>小豆粥</td></tr>
<tr><td colspan="2">小豆の赤い色には邪気を祓う力があるといわれ、小豆粥を食べることで一年の無病息災を願う</td></tr>
<tr><td rowspan="6">2月</td><td>節分（2月3日頃）</td><td>福豆・福茶</td></tr>
<tr><td colspan="2">近年になって広がった「恵方巻き」は伝統的な行事食ではないが、祭りや行事の先に巻きずしを食べる習慣は江戸時代からあった</td></tr>
<tr><td>針供養（2月8日）</td><td>豆腐、こんにゃく・六質汁 むしつじる</td></tr>
<tr><td colspan="2">「六質汁」は、ごぼう、大根、里芋、こんにゃく、小豆の6種類の具を入れた味噌汁。事八日に食べることから「おこと汁」とも呼ばれる</td></tr>
<tr><td>初午（2月最初の午の日）</td><td>いなり寿司</td></tr>
<tr><td colspan="2">いなり寿司に使う油揚げは、稲荷神社の神の使いである狐の好物とされる</td></tr>
<tr><td rowspan="6">3月</td><td>桃の節句（3月3日）</td><td>ちらし寿司・蛤のお吸い物・菱餅・ひなあられ・白酒</td></tr>
<tr><td colspan="2">蛤は貝殻がぴったりと対になっていることから、仲のよい夫婦を表し、一生一人の人と添い遂げるようにという願いが込められている</td></tr>
<tr><td>十六団子（3月16日）</td><td>16個の団子</td></tr>
<tr><td colspan="2">山と里を行き来する「農業の神様」が、春になって山から下りてくるのをお迎えするために16個のお団子を供えてもてなす行事。11月16日（地域によっては10月16日）には、神様を山にお見送りし、その年の稲作が終了する</td></tr>
<tr><td>春分の日（3月21日頃）</td><td>ぼた餅</td></tr>
<tr><td colspan="2">春の彼岸のお供え物。春に咲く牡丹が名前の由来</td></tr>
</table>

月	行事	行事食	由来・意味など
4月	花祭り（4月8日）	甘茶	お釈迦様の誕生日に、誕生の際の故事に由来する甘茶を誕生仏にかけるお祝い
5月	端午の節供（5月5日）	柏餅・ちまき	柏は、子孫繁栄に結びつき縁起がよいとされる
6月	夏越の祓（6月30日）	水無月	厄祓いによいとされる小豆を使った甘いお菓子には、エネルギー補給の意味も
7月	七夕（7月7日）	そうめん	天の川や織姫の織り糸に見立て「そうめん」を食べるようになったという説も
7月	土用の丑の日（7月29日頃）	うなぎ・「う」のつく食べ物	「う」のつく物は、夏バテ防止に効く、梅干し、うどん、瓜など
8月	旧盆（8月13～16日）	そうめん・精進料理・団子・きゅうりとなす	お盆の精進料理は、青菜の和え物やなますなどの野菜料理に味噌汁と吸い物の二汁五菜が伝統的
9月	重陽の節句（9月9日）	菊酒・菊のお菓子、栗ご飯、秋なす	菊は薬草にもなり、長寿の象徴とされる
9月	十五夜（9月中旬～10月中旬の満月）	月見団子	五穀豊穣の感謝を込めて収穫したお米で作ったお団子を供える
9月	秋分（9月23日頃）	おはぎ	「おはぎ」は、秋の彼岸の頃に咲く萩の花が由来
10月	十三夜（10月中旬～下旬）	月見団子・栗ご飯・豆	秋の収穫のお祝いでもあり、秋にとれる大豆や栗などを中心に供える
11月	神迎えの朔日（11月1日）	赤飯	出雲に出かけていた神様が地元の神社に帰ってくる日のお祝い
11月	亥の子（11月最初の亥の日）	亥の子餅	この日に「穀物を混ぜ込んだ餅を食べると病気にならない」という故事に由来。
11月	七五三（11月15日）	千歳飴・赤飯	千歳飴は、親が子どもの長寿への願いを込めた縁起物
12月	乙子の朔日（12月1日）	小豆餅	水神を祀る行事。餅をついて食べると水難に遭わないといわれる
12月	冬至（12月22日頃）	かぼちゃ・「ん」のつくもの	縁起担ぎや栄養をつけて寒い冬を乗り切るという意味がある
12月	大晦日（12月31日）	年越しそば	そばは、切れやすいことから、「一年の災厄を断ち切る」という意味も

慶事と弔事　水引・表書き早見表

伝統的な贈り物の包みは、和紙、のし、水引が用いられます。

和紙
金封の上包みには、楮（こうぞ）を原料として作られた高級和紙「檀紙」や奉書紙が使われる

のし 現在では実際に熨斗鮑を使うことはなくなり、のしや水引が印刷されたのし紙を使うことが多い。弔事の進物、慶事や一般の進物でもなま物を贈る場合はのしをつけない

水引 5本、7本など奇数に結ぶのがしきたり。本数が多いほど格式が高く、婚礼では10本水引が使われる

金封は包む金額と見合ったものを選ぶ

品物には、のしや水引が印刷された「のし紙」を使うのが一般的ですが、現金を贈る際に使う金封は、金額に見合ったものを選びましょう。贈る金額の100分の1程度の値段で選ぶのが基本ですが、目上の人に贈る場合は、華美なものは避けます。

1万円程度	のしや水引が印刷されたものでもよい。
2万円～3万円	赤白または金銀の水引とのし飾りがついたものを選ぶ。
5万円程度	檀紙という高級和紙を使ったものや、のしや水引が豪華なもの。
5万円以上	檀紙が二枚重ね、松、鶴、亀などの縁起物があしらわれたもの。

贈り物の用向きで水引の結び目・本数・色を選ぶ

蝶結び（行結び） 何度でもほどいて結び直すことができる結び方 → おめでたいことに

何度あってもいいお祝い事、お礼、お返し、お中元・お歳暮など一般的な贈答に使う。

結び切り 固く結ばれ、ほどけないことを願う結び方 → 婚礼・お見舞い・弔事

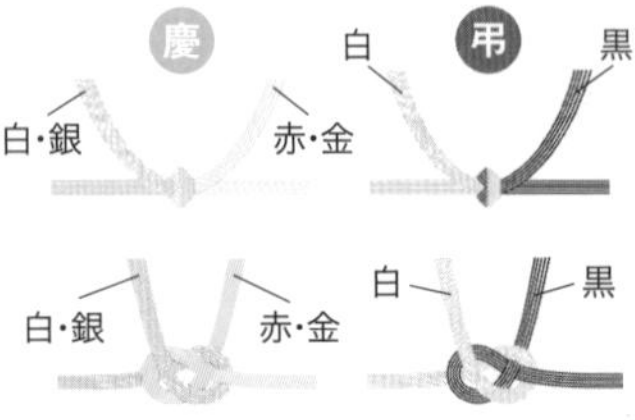

●**結び留め（真結び）**
「再度くり返してほしくない」という気持ちを込めて、赤白は結婚祝いやお見舞い、黒白は弔事に使う。

●**あわび（あわじ）結び**
結びきりの変形のひとつ。鮑を模したから「あわび結び」、また、淡路島近くの瀬戸内海の渦潮に形が似ていることから「あわじ結び」とも呼ばれる。

婚礼用の結び切りには、「輪（日の出）結び」「老いの波」もある。

水引は、右濃・左淡。右側に濃い色がくるように結ぶ。

銀のみの「双銀」、白のみの「双白」、関西で使われる「黄白」もある。

	用途	のし	水引	表書きの例	備考
婚礼	結婚祝い	有	赤白・金銀 10本結び切り	寿 御結婚御祝	金額にふさわしい金封を選ぶ
	仲人（媒酌人）へのお礼	有		御礼 寿	のし・水引が印刷された祝儀袋は使わない
	披露宴の引き出物	有	赤白 結び切り	寿	のし紙をかける
	関係者へのお礼	有		御礼 御祝儀	宗教は問わない。白無地封筒でもよい
	神職へのお礼	有	赤白・金銀 結び切り	初穂料 御玉串料	神前結婚式の場合
	僧侶へお礼	有		御布施 御供物料	仏前結婚式の場合
	教会へのお礼	無	白無地袋・封筒	献金	キリスト教式。 カトリック、プロテスタント共通
出産	岩田帯を贈る	有	赤白 蝶結び	祝の帯 御帯	実家から贈る場合 他家の人が贈る場合
	帯祝いに現金を贈る	有		寿 御帯祝	金額に合わせて金封またはのし袋を使う
	出産祝いに現金、品物を贈る	有		御出産御祝 祝 御安産	金封またはのし袋。品物にはのし紙をかける
	出産祝いのお返し	有		内祝	赤ちゃんの名前で贈る
その他のお祝い	入学、卒業、成人、長寿などのお祝い	有	赤白 蝶結び	御祝 祝 ○○	金封またはのし袋。品物にはのし紙をかける
	お返しの品を贈る	有		御礼 ○○内祝	子どもにいただいたお祝いのお返しは、子どもの名前で贈る
贈り物一般	お中元、お歳暮、お世話になったお礼の贈り物	有	赤白 蝶結び	御中元 御歳暮 御礼	基本的にお返しは不要。 礼状は必ず送る
御見舞い	病気や災害のお見舞いを贈る	無	白無地袋・封筒	御見舞	金封・のし袋を使う場合は、のしなし、赤白結び切りのものにする
	競技・選挙などの激励	有	赤白 蝶結び	陣中御見舞	金封、のし袋、品物には掛け紙をかける

●弔事で用いる金封、のし袋、掛け紙（のし紙）には、「のし」はつけません。
●水引を結んだものを使うか、印刷したものを使うかは、金額に応じて決めます。

金額の目安	金封
1万円未満	水引が印刷された金封。封筒型でもよい
1万円〜3万円未満	黒白の水引を結んだ金封。中包みがついているもの
3万円以上	双銀の水引を結んだ金封。中包みがついているもの

※郵送時に使う場合は金額を問わず、水引が印刷された封筒型でかまいません。

	用途	表書きの例	水引	お返し	
				表書き	水引
葬儀	仏式	御霊前、御香典、御香料	黒白・双銀 結び切り	志、会葬御礼	黒白・双銀 結び切り
	僧侶へのお礼	御布施、志、 御経料、御礼	黒白・双銀 結び切り		
	神式 現金を供える	御玉串料、 御霊前、御榊料	黒白・双銀 結び切り	偲び草、志、 しのび草、御礼	黒白・双銀 結び切り
	神職へのお礼	御祭祀料、 御玉串料、御礼	白無地袋・封筒		
	キリスト教式 現金を供える	御花料、 御霊前	十字架などがついた専用袋	偲び草、志、 しのび草、御礼	白無地の掛け紙、または奉書紙
	教会へのお礼	献金	白無地袋・封筒		
法要・霊祭・追悼ミサ・記念式	仏式 金品を供える	御仏前、 御供（品物）	黒白・双銀 結び切り	志、○○日志、 粗供養	黒白 結び切り
	お寺への お礼	御布施、 志、御礼	黒白・双銀 結び切りまたは 白無地袋		
	神式 金品を供える	御玉串料、 御神饌料	黒白・双銀 結び切り	偲び草、志、 しのび草、御礼	黒白または双銀結び切り、奉書紙
	神職へのお礼	御礼、御玉串料	白無地袋・封筒		
	キリスト教式 現金を包む	御ミサ料（カトリック） 御花料（プロテスタント）	十字架などがついた専用袋	偲び草 志	黒白結び切り、奉書紙
	神父・牧師へ のお礼	御礼、感謝	白無地袋・封筒		
その他	僧侶・神官・ 神父・牧師へ のお車代	御車代	白無地袋・封筒		
	葬儀、法要の 心づけ	志、 御礼	白無地袋・封筒		

数字の書き方「大字」名入れのしきたり

数字の書き方　例：10,000円

金壱萬圓
頭に「金」と書く
「零」や「〇」など漢字の「ゼロ」は使わず「10＝拾」「1,000＝阡」「10,000＝萬」を使う
「円」のあとに「也」はつけない

金封の中包みに金額を書くときは、「大字（だいじ）」という昔の漢数字を使います。

一	二	三	五	六	七
壱	弐	参	伍	六	七
八	十	百	千	万	円
八	拾	百	阡	萬	圓

大字は金銭を表記する際に、改ざんを防ぐために使われます。「銭」の単位があった時代は「円」のあとに「也」をつけましたが、現在は不要です。

名入れのしきたり

御祝
〇〇〇〇
贈り主
名前の右側に小さめに書く

❶会社名や肩書を入れる

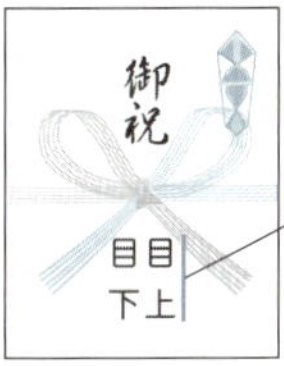
御祝
目上
目下
目上の人の名前を右から左へ順に書く。連名は3人まで

❷連名にする

御祝
代表者名
外一同
「代表者名　外一同」または「有志一同」とし、全員の氏名を書いた紙を添える

❸多人数で贈る場合

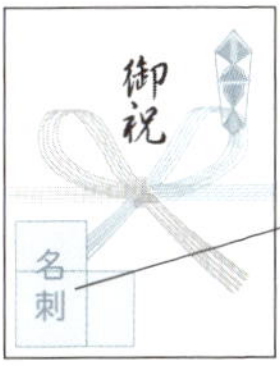
御祝
名刺
名刺を貼るのは略式。名刺を貼って金封を届けるように頼まれた場合は、左下に貼るのが一般的

❹名刺を貼るように頼まれた場合

「七五三」などと表書きの右側に小さめの文字で書く
名目
御祝
贈り主
贈り先の宛名
「〇〇様」など敬称をつけて、上段左に表書きよりやや上に、小さく書く

●名目を書き加える
●贈り先の宛名を書き添える

❶〜❹は、慶事、弔事に共通しています。文字は、のしや水引にかからないように書きましょう。

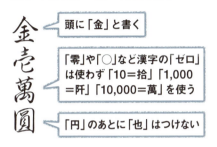

敬称・尊称と謙称一覧

文中で敬称や尊称をつける場合、そのあとに続く文章でも敬語を用いて主語と述語を一致させることが大切。また、手紙や文書で用いる「尊称」や「謙称」には、普段の会話では使わない特有の表現もあるので、使用する際は気をつけましょう。

	よく使う敬称
様	個人につける敬称（尊称）。相手が個人であれば、会話、手紙・文書を問わず使用できる
殿(どの)	公用、商用、社内文書などで、役職を冠した個人につける敬称。私的な手紙などでは、自分の子どもなど目下の人間に使うものとされ、目上の人に使うと失礼にあたる
先生	医師、弁護士など「師・士」がつく職業、公に「先生」と呼ばれる教師、作家など個人につける敬称
御中	会社や団体、あるいは部、課、係などの、個人ではない組織・団体の宛名に使う敬称。個人宛てに「○○様御中」のような使い方は誤り
各位	個人ではなく複数の人を対象にした文書などで使われる敬称。「各位」自体が敬称なので、「○○様各位」「○○各位様」といった使い方はしない
御一同様	私信、公用、商用を問わず、まとまった人たちにつける敬称。年賀状を家族全員に宛てるときなどに「○○様　御家族御一同様」と書く

	相手側の呼び方	自分側の呼び方
本人	○○様・あなた様・そちら様	私（わたくし）・小生
妻	奥様・令夫人・ご令室様	妻・家内・○○（妻の名前）・愚妻
夫	ご主人様・○○様	主人・夫・○○（夫の姓）
両親	ご両親様・お二方様	両親・父母・老父母
母親	お母様・ご母堂様・お母上・御母君	母・母親・家母・老母
父親	お父様・ご尊父様・お父上・御父君	父・父親・家父・老父
娘	ご息女・ご令嬢・お嬢様	娘（むすめ）
息子	ご子息・ご令息・ご賢息	息子・倅（せがれ）・愚息
孫	貴孫・御令孫・御愛孫	孫・小孫
親族	御一門・御親族	親戚・親族
上役	御上司・貴部長・貴課長	上司・部長・課長
住まい	お宅・貴家・ご尊家	私宅・拙宅・当家
会社	貴社・御社	当社・小社・弊社
場所	御地・貴地・御市内・尊地	弊地・僻地・当方・当地
店舗	貴店・御店（おたな）	弊舗・当店・弊店
訪問	御来臨・ご光来	お訪ね・お伺い
意見	御高見・御名案・仰せ	愚考・私見
手紙	尊簡・玉章・貴墨	書状・寸書・一筆
品物	美酒・お品物・佳品	粗品・粗菓・粗肴

忌み言葉一覧

	忌み言葉
結婚	出す・出る・去る・分かれる・別れる・切る・切れる・終わる・離れる・帰す・帰る・返す・追う・追われる・浅い・冷える・飽きる・嫌う・薄い・戻る・破る・あせる・退く・滅びる・去年・思い切って・折り返し・出席・特別・別便・別封・返事・返却・返送・帰宅・帰郷・病気・暇・死・四・九・涙・憂・憂う再び・重ね重ね、ますます、いよいよ、さまざま、皆々様などの「重ね言葉」
出産	死・四・流れる・落ちる・くずれる・逝く・破れる・薄い・浅い・枯れる・滅びる
長寿	死・四・病・枯れる・終わる・倒れる・参る
入学・入社	やめる・落ちる・終わる・中止・変更
新築	火・倒れる・散る・焼ける・傾く・燃える・崩れる・つぶれる・飛ぶ・流れる・赤・紅・するめ
開店・開業	あわれ・失う・破れる・閉じる・つぶれる・落ちる・しまう・枯れる・さびれる・刷る、擦るなど「する」の音になる言葉
お見舞い・弔事	また、再三、なお、重ねて、追って、次々、かえすがえす、かつ、しみじみ、しばしば、くれぐれなどの「重ね言葉」や「くり返し」を連想させる言葉

贈り物の礼状や挨拶状で使用を避ける言葉と替え言葉

終わる→開く・披く／切る→はやす／打つ→なでる／泣く→潮たれる／血→赤汁／肉→草びら／病→休み／死→直る・身罷る／穴→園／墓→土くれ／僧→髪長（かみなが）／尼僧→女髪長／経→そめ紙／寺院→瓦ぶき／仏堂→香《こり》たき／葬儀→吉事

不吉とされる言葉と替え言葉

四（シ・死に通じる）→与、よん／塩（死の音が含まれる）→波の花／醤油（死の音が含まれる）→むらさき／するめ（「減らす」に通じる）→あたりめ／すり鉢（「すり減らす」に通じる）→当たり鉢／すずり箱（「すり減らす」に通じる）→あたり箱／顔・ひげを剃る（「すり減らす」に通じる）→顔・ひげをあたる／梨（「無し」を連想させる）→ありの実／猿（「去る」を連想させる）→えて／葦（「悪し」に通じる）→よし

袱紗の使い方　慶事と弔事

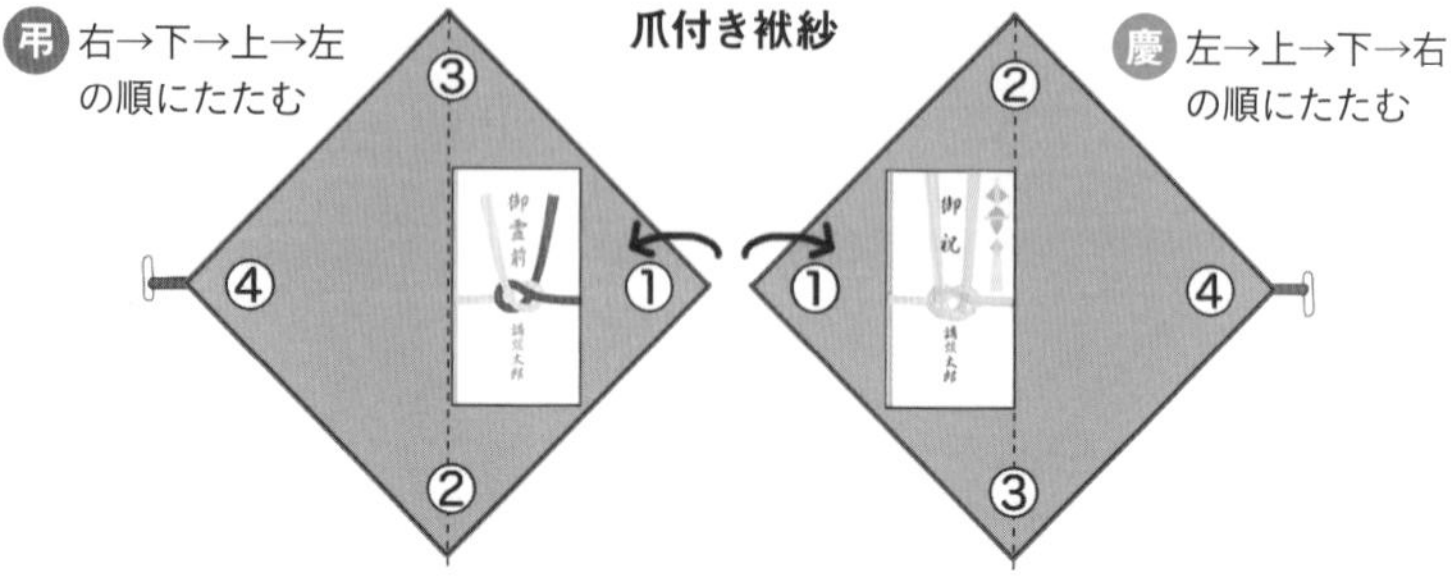

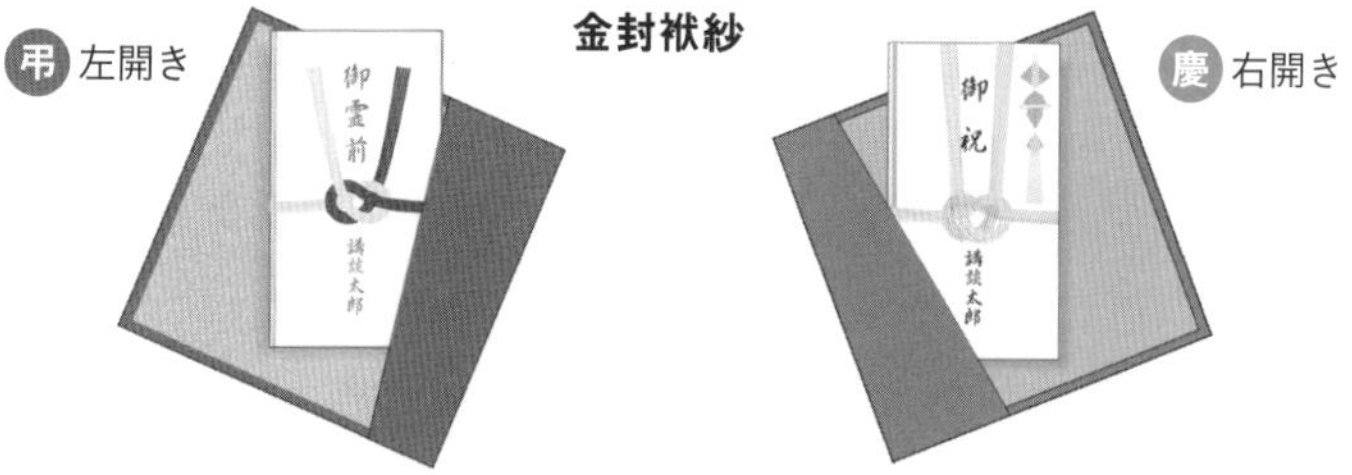

格式高い風呂敷使い「平包み」

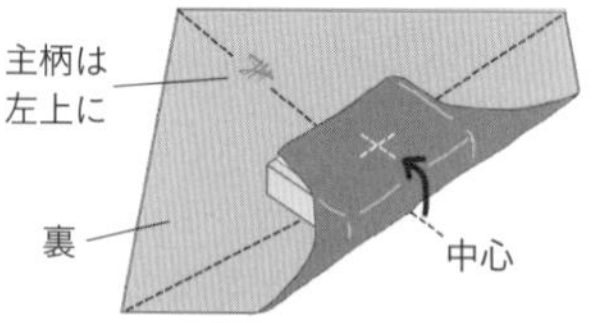

❶品物を風呂敷の中心に置き、右下側をかぶせる。

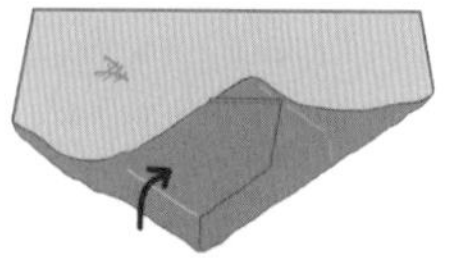

❷左下側をかぶせる。先端が余ったら折り込まずに手前に折りたたむ。

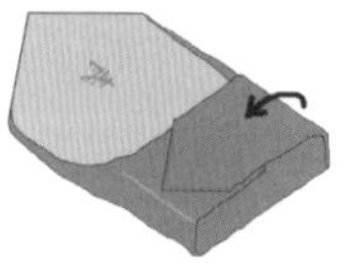

❸同じように右上側をかぶせる。

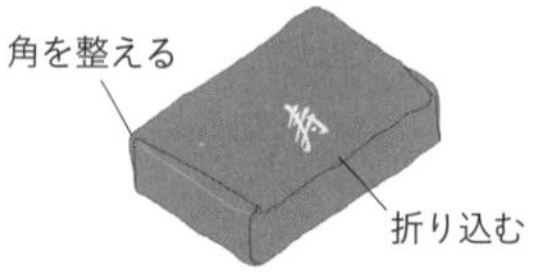

❹左上側をかぶせ、端をなかに折り込む。

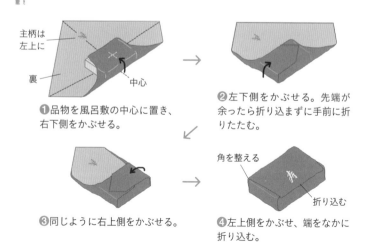

贈り物の包み方「合わせ包み」

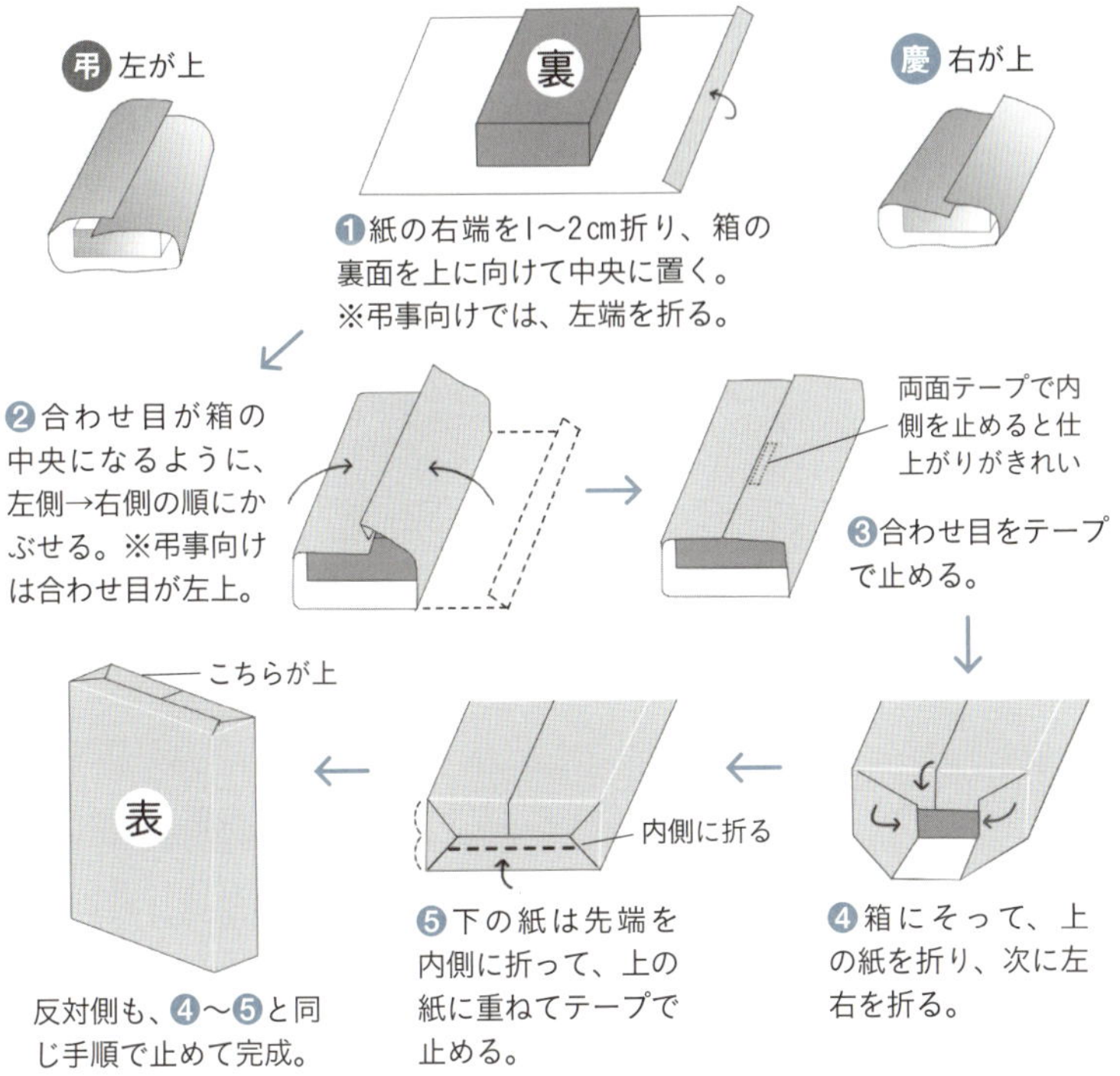

掛け紙をかける（水引が印刷されたものの場合）

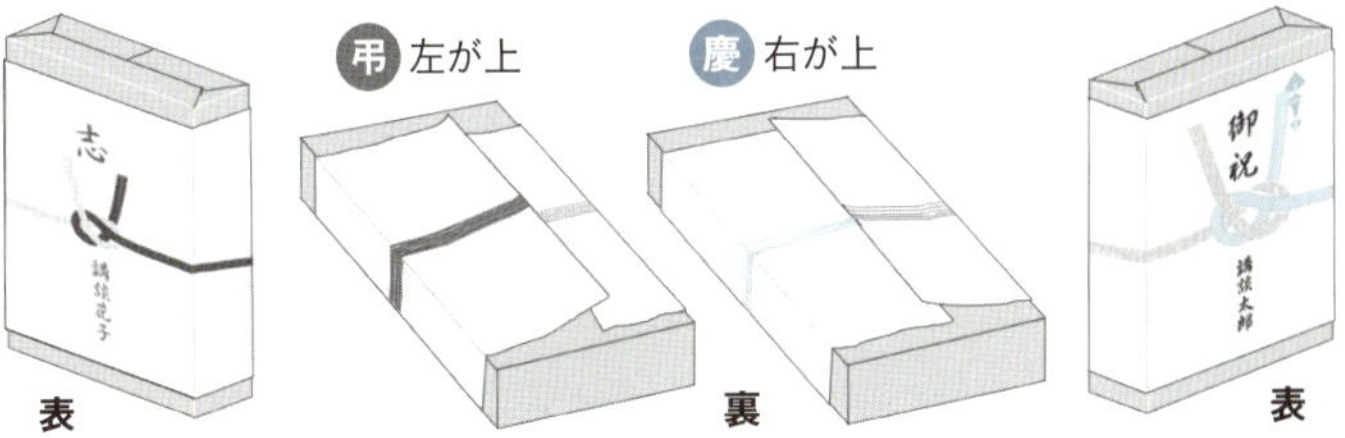

掛け紙が長いときは、品物の寸法に合わせて下側を中に折り込みます。掛け紙が裏で重なる場合は、慶事・一般のときは「右側が上」、弔事のときは「左側が上」になるようにしましょう。横長の品物の場合は、品物の左側を上にして掛け紙をかけます。

封緘のいろいろ

「封緘」とは、宛名人以外は開封していないことを知らせるために行うもの。あらたまった手紙、目上の人へ出す手紙、重要書類には、封筒の封じ目に「封字」などで印をつけます。

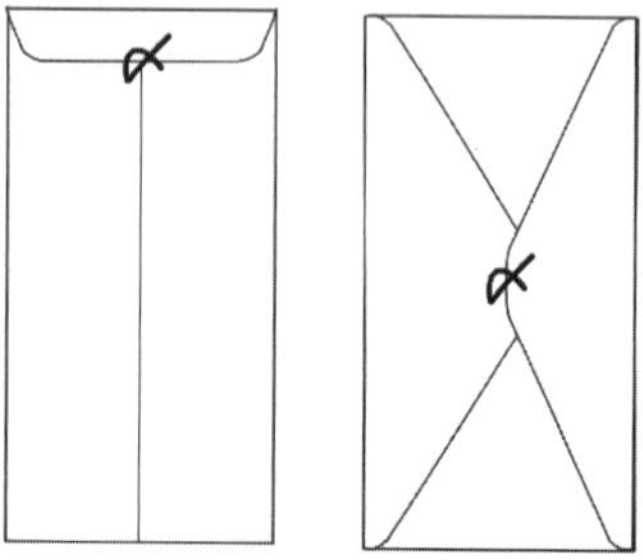

和封筒・洋封筒／縦書き

●封筒を閉じる際には、液体のりか両面テープを使う。
●封筒の中心線上、封じ目にかかるように「封字」を書く。
●洋封筒を横書きで使う場合や、外国宛ての郵便には、封字を書く必要はない。

封字	読み	意味
〆	しめ	一般的な手紙で使われる封字で、「締」の代わりに用いる。「締」がそのまま使われる場合もある
封	ふう	封じるという意味で、「〆」「締」よりていねいで少しあらたまった印象を与える封字
緘	かん	重要な手紙や書類で使われ、重々しい印象を与える封字。各種証明書などの重要な書類で厳封とされているときには「緘」の印鑑でしめられていることが多い
寿	ことぶき	おめでたい意を込めて、婚礼などの慶事に用いられる
賀	が	「賀」は喜ぶという意味。寿と同じくおめでたい意を込めて、祝い事や祭り事などの慶事に用いられる
蕾・莟	つぼみ	つぼむ＝「まだ開いていませんよ」という意味の、女性専用の封字。最近はあまり使われなくなったが、情緒的でしなやかな印象を与える

●会葬御礼、法事・法要の案内など弔事には、封字は「〆」を用います。
●お悔やみの手紙は、封字はあってもなくてもかまいません。
●弔事用の切手がありますが、これを使用すると事前に用意していたような印象を与えますので通常の切手を使いましょう。

賀詞のいろいろ

賀詞	読み方	意味
謹賀新年	きんがしんねん	謹んで新年をお祝い申し上げます
謹賀新春	きんがしんしゅん	謹んで新しい年をお祝い申し上げます
恭賀新年	きょうがしんねん	恭しく新年をお祝い申し上げます
恭賀新正	きょうがしんせい	恭しく新たな正月をお祝い申し上げます
恭賀新春	きょうがしんしゅん	恭しく新しい年をお祝い申し上げます
恭頌新禧	きょうしょうしんき	恭しく新年の喜びをおたたえ申し上げます
敬寿歳旦	けいじゅさいたん	元日の朝を迎え、お祝い申し上げるとともに幸運をお祈りいたします
慶賀光春	けいがこうしゅん	輝かしい新年のお慶びを申し上げます
新春来福	しんしゅんらいふく	新しい年に福が来ることをお祈り申し上げます
瑞祥新春	ずいしょうしんしゅん	新年を喜び、吉兆をお届けいたします
迎春万歳	げいしゅんばんざい	新年を迎え、お喜び申し上げます
笑門来福	しょうもんらいふく	笑顔でいられるよう、幸福をお祈りいたします
鶴寿千歳	かくじゅせんざい	千年生きる鶴のように長寿をお祈り申し上げます
麗雅懿春	れいがいしゅん	鮮やかにして奥ゆかしく麗しい春をお喜び申し上げます
一陽来復	いちようらいふく	新年を迎え、お喜び申し上げます
新春萬福	しんしゅんばんぷく	新しい年に幸福の多いことをお祈りいたします
新春来福	しんしゅんらいふく	新しい春に福が来ることをお祈り申し上げます
人和年豊	じんわねんぽう	平和と豊かな年であるようお祈り申し上げます
瑞気集門	ずいきしゅうもん	めでたい気が家の門に集まるようお祈りいたします
永寿嘉福	えいじゅかふく	長寿と幸運をお祈り申し上げます
嘉祥陽春	かしょうようしゅん	美しくあたたかな春をお喜び申し上げます
寿祥佳春	じゅしょうかしゅん	美しい春を喜び、幸福をお祈り申し上げます
敬頌新禧	けいしょうしんき	恭しく新年の喜びをお讃え申し上げ奉ります

参考文献一覧

書籍

『赤ちゃん・子どものお祝いごとと季節のイベント』岩下宣子／著　河出書房新社
『あなたの人生を変える日本のお作法』岩下宣子／監修　自由国民社
『日常のマナーから結婚式、葬儀までお付き合いの基本ルールがひと目でわかる！ 冠婚葬祭　しきたりとマナーの事典』岩下宣子／監修　日本文芸社
『おもしろくてためになる暦の雑学事典』吉岡安之／著　日本実業出版社
『冠婚葬祭「きちんとマナー」ハンドブック』岩下宣子／著　主婦の友社
『作法が身につく　しきたりがわかる　冠婚葬祭マナーの便利帖』岩下宣子／著　高橋書店
『旧暦七十二候の暮らし術』花島ゆき／著　ブルーロータスパブリッシング
『困ったときに役立つ慶弔事典―結納と結婚のしきたりから、葬儀・法要の作法まですべてがわかる』岩下 宣子／著　日本文芸社
『暦の百科事典〈2000年版〉』暦の会／編・著　本の友社
『しきたりの日本文化』神崎宣武／著　角川学芸出版
『食のことわざ歳時記　伝承の食生活の知恵120』平野雅章／著　講談社
『図解 社会人の基本 マナー大全』岩下宣子／著　講談社
『[図解] 日本のしきたりがよくわかる本　日常の作法から年中行事・祝い事まで』日本の暮らし研究会／著　PHP研究所
『髙島屋のしきたり事典 老舗百貨店の門外不出「贈答・おつきあい」教本』
髙島屋／著　小学館
『日本人なら知っておきたい暮らしの歳時記　伝えていきたい、和の心』新谷尚紀／監修　宝島社
『日本人のしきたり』飯倉晴武／編・著　青春出版社
『日本人の品格を上げる 四季のしきたり作法』花島ゆき／著　岩下宣子／監修　枻出版社
『日本のたしなみ帖 縁起物』『現代用語の基礎知識』編集部／編　自由国民社
『日本のたしなみ帖 季節のことば』田村理恵／著　自由国民社
『日本のたしなみ帖 しきたり』竹中龍太、川口澄子、荒川洋平／著『現代用語の基礎知識』編集部／編　自由国民社
『必携保存版 塩月弥栄子の冠婚葬祭しきたり事典』塩月弥栄子／著　講談社
『平安時代史事典』古代学協会、古代学研究所／著　角川書店

ウェブサイト

〝食文化〟農林水産省Webサイト
http://www.maff.go.jp/j/keikaku/syokubunka/index.html
〝マナー〟ゆうびん.jp　https://yu-bin.jp/manner/
〝国立天文台暦計算室〟国立天文台（NAOJ）Webサイト
http://eco.mtk.nao.ac.jp/koyomi/

岩下宣子（いわした・のりこ）
「現代礼法研究所」主宰。NPOマナー教育サポート協会理事長。1945年、東京都に生まれる。共立女子短期大学卒業。30歳からマナーの勉強を始め、全日本作法会の故・内田宗輝氏、小笠原流・故小笠原清信氏のもとで学ぶ。1985年、現代礼法研究所を設立。マナーデザイナーとして、企業、学校、商工会議所、公共団体などでマナーの指導、研修、講演と執筆活動を行う。著書には『知っておきたいビジネスマナーの基本』（ナツメ社）、『ビジネスマナーまる覚えBOOK』（成美堂出版）、『好感度アップのためのマナーブック』（有楽出版社）、『図解　社会人の基本　マナー大全』『図解　社会人の基本　敬語・話し方大全』（講談社）などがある。

カバーイラスト　吉田なおこ
本文イラスト　吉田なおこ、編集部
装丁　村沢尚美（NAOMI DESIGN AGENCY）
本文デザイン　片柳綾子、田畑知香、原 由香里（DNPメディア・アート OSC）
編集協力　稲田智子

講談社の実用BOOK
図解《ずかい》 日本人《にほんじん》なら知《し》っておきたい しきたり大全《たいぜん》
2019年11月27日　第1刷発行
2020年3月11日　第3刷発行
著　者　岩下宣子《いわしたのりこ》

発行者　渡瀬昌彦
発行所　株式会社 講談社
東京都文京区音羽2-12-21　〒112-8001
電話　編集 03-5395-3560　販売 03-5395-4415　業務 03-5395-3615

印刷所　大日本印刷株式会社
製本所　株式会社国宝社

定価はカバーに表示してあります。ISBN978-4-06-517847-8